Das große Buch der
Lebensweisheiten

Das große Buch der
Lebensweisheiten

2222 humorvolle
und
geistreiche
Sprüche

Reader's Digest

DEUTSCHLAND · SCHWEIZ · ÖSTERREICH

Zitatenauswahl und Dokumentation: Iris Seidenstricker
Projektabwicklung: bookwise GmbH, München
Layout: Cordula Schaaf
Illustrationen: Marion Burbulla, Heidi Stulle-Gold

Reader's Digest
Redaktion: Joachim Zeller
Grafik: Cornelia Hammer
Bildredaktion: Christina Horut
Prepress: Andreas Engländer
Produktion: Thomas Kurz

Ressort Buch
Redaktionsdirektorin: Suzanne Koranyi-Esser
Redaktionsleiterin: Dr. Renate Mangold
Art Director: Susanne Hauser

Operations
Leitung Produktion Buch: Norbert Baier

Satz und Reproduktion
Meyle+Müller GmbH+Co. KG, Pforzheim
Druck und Binden
Mohn media Mohndruck, Gütersloh

© 2008 Reader's Digest Deutschland, Schweiz, Österreich
Verlag Das Beste GmbH, Stuttgart, Zürich, Wien

UK 1959/IC

Printed in Germany
ISBN 978-3-89915-515-0

Besuchen Sie uns im Internet:
www.readersdigest.de

Die passenden Worte zu finden, ist nicht immer einfach. Oft fehlt einem nur die gute Idee für den Anfang oder ein Motto. Mit mehr als 2000 Lebensweisheiten hilft dieses Buch weiter: Die sorgfältig ausgewählten Zitate reichen von der Antike bis zur Gegenwart, stammen von Dichtern, Denkern und Menschen der Zeitgeschichte. Sie sind so übersichtlich gegliedert, dass man schnell das richtige Zitat für jeden Zweck findet. Reichhaltig illustriert und mit Fabeln angereichert, lädt das Buch auch zum Blättern und Schmökern, Innehalten und Schmunzeln ein – so nimmt man es immer wieder gern in die Hand, sei es für zwei Stunden oder auch nur fünf Minuten. Man wird in jedem Fall Gewinn daraus ziehen.

Inhalt

*Gib jedem Tag
die Chance,
der schönste
deines Lebens
zu werden.*

Mark Twain

Menschliches und allzu Menschliches

Von der Krone der Schöpfung bis zum Kind im Manne, von guten Vorsätzen bis zu Humor, Herz und Verstand – eben von allem, was den Menschen so ausmacht.

Die Krone der Schöpfung

Der Mensch wurde am Ende der Wochenarbeit
erschaffen, als Gott bereits müde war.

Mark Twain, Biografie 1900–07

Im Übrigen ist der Mensch ein Lebewesen,
das klopft, schlechte Musik macht
und seinen Hund bellen lässt.
Manchmal gibt er auch Ruhe, aber dann ist er tot.

Kurt Tucholsky, Der Mensch

*Die ersten Menschen
waren nicht die letzten Affen.*

Erich Kästner

Der Mensch:
ein durch die Zensur gerutschter Affe.

Gabriel Laub, Aphorismen

Ich habe, glaube ich, die Zwischenstufe zwischen
Tier und Homo sapiens gefunden: Wir sind es.

Konrad Lorenz

Perfekt ist kein Mensch!

Die Wahrheit über einen Menschen liegt
auf halbem Wege zwischen seinem Ruf
und seinem Nachruf.

Robert Lembke

Menschen, an denen nichts auszusetzen ist,
haben nur einen, allerdings entscheidenden Fehler:
Sie sind uninteressant.

Zsa Zsa Gabor

Es gab einmal ein Zeitalter – es war
das griechische –, da war der Mensch
das Maß aller Dinge.
Heute sind die Dinge
das Maß aller Menschen.

Werner Finck

Wir sind gegen keine Fehler
an anderen intoleranter, als welche
die Karikatur unserer eigenen sind.

Franz Grillparzer, Aphorismen

Viele Leute glauben, wenn sie
einen Fehler erst eingestanden haben,
brauchen sie ihn nicht mehr abzulegen.

Marie von Ebner-Eschenbach, Aphorismen

Wann ist der Mensch ein Mensch?

Mensch werden ist eine Kunst.

Novalis, Fragmente

Mensch sein ist vor allem die Hauptsache.
Und das heißt:
fest und klar und heiter sein,
ja heiter trotz alledem,
denn das Heulen ist Geschäft der Schwäche.

Rosa Luxemburg, an Mathilde Wurm 1916

Seine Grundsätze soll man für die wenigen
Augenblicke in seinem Leben aufsparen,
in denen es auf Grundsätze ankommt,
für das meiste genügt ein wenig Barmherzigkeit.

Albert Camus

Die Menschen sind eben so!

Bei einer Begegnung mit Konrad Adenauer beklagte sein Staatssekretär Karl Theodor zu Guttenberg: „Herr Bundeskanzler, ich verstehe nicht die Unvernunft, die Ihrer Politik entgegengebracht wird." Darauf entgegnete Adenauer ihm: „Herr von Guttenberg, würden Sie von mir einen Rat annehmen?" „Von niemandem lieber als von Ihnen, Herr Bundeskanzler", bejahte von Guttenberg. Adenauer antwortete: „Dann nehmen Sie die Menschen, wie sie sind – andere gibt's nicht!"

Man muss sich besiegen lassen
und Menschlichkeit haben.

Molière, Scapins Schelmenstreiche

Die wahre Vollkommenheit des Menschen
liegt nicht in dem, was er hat,
sondern in dem, was er ist.

Oscar Wilde, Der Sozialismus und die Seele des Menschen

Und ewig lockt die Versuchung

Entweder man lebt, oder man ist konsequent.

Erich Kästner

Eine Versuchung ist dazu da,
dass man ihr nachgibt.

Madonna

Versuchungen sind wie Vagabunden:
Wenn man sie freundlich behandelt,
kommen sie wieder und bringen andere mit.

Mark Twain

Ich kann allem widerstehen –
außer der Versuchung.

Oscar Wilde, Lady Windermeres Fächer

> ### Ecce homo!
>
> Pontius Pilatus
>
> „Seht, welch ein Mensch!" Der Statthalter der römischen Provinz Judäa, Pontius Pilatus, soll diese Worte ausgesprochen haben, als er dem gegeißelten Jesus von Nazareth gegenüberstand. Später wurde der Ausspruch des Pilatus zu einem kunstgeschichtlichen Fachbegriff. Unter „Ecce homo" versteht man die Darstellung des gegeißelten Christus mit der Dornenkrone. Auch eine philosophische Schrift von Friedrich Nietzsche trägt den Titel „Ecce homo".

Edel sei der Mensch ...

Selbstaufopferung sollte gesetzlich verboten sein.
Sie wirkt so demoralisierend auf die Menschen,
für die man sich aufopfert.

Oscar Wilde, Ein idealer Gatte

Wenn es keine schlechten Menschen gäbe,
gäbe es keine guten Juristen.

Charles Dickens, Der Raritätenladen

Es hat sich bewährt, an das Gute
im Menschen zu glauben, aber sich
auf das Schlechte zu verlassen.

Alfred Polgar

So mancher meint, ein gutes Herz zu haben,
und hat nur schwache Nerven.

Marie von Ebner-Eschenbach, Aphorismen

Wie man das Leben sieht

Ein Optimist ist ein Mensch, der alles
halb so schlimm oder doppelt so gut findet.

Heinz Rühmann

Der Pessimist sieht in jeder Chance eine Bedrohung,
der Optimist in jeder Bedrohung eine Chance.

ostasiatische Weisheit

Der Realist ist ein Mann, der alle sichtbaren
Faktoren einer gegebenen Situation erwogen hat und
der nach der Feststellung, dass die Chancen gegen
ihn sind, entscheidet, dass Kämpfen sinnlos ist.

Franz von Sales

OSCAR WILDE (1854–1900)
Der in London stadtbekannte
Dandy, Dramatiker und Autor
vertrat auf extravagante, geistreiche Art seine exzentrischen
Ansichten und entblößte mit
scharfsinnigem Humor menschl-
liche Schwächen. Sein Roman
„Das Bildnis des Dorian Gray"
löste einen Skandal aus. Die
Aufführung seines Stücks
„Salome" wurde in London verboten. Wegen eines homosexuel-
len Verhältnisses angeklagt, ver-
büßte Wilde eine zweijährige
Haftstrafe und floh darauf nach
Paris. Dort lebte er mittellos und
krank im Hotel d'Alsace. „Ich
sterbe über meine Verhältnisse"
waren seine letzten Worte.

Was die Bibel zum Menschen sagt

Zur Aufmunterung

Fördert euch gegenseitig,
jeder mit der Gabe,
die Gott ihm geschenkt hat.

1. Petrus 4,10

* * *

Ein freundlicher Blick
erfreut das Herz,
und eine gute Nachricht
stärkt die Glieder.

Sprichwörter 15,30

* * *

Wie gut ist das richtige Wort
zur rechten Zeit.

Sprichwörter 15,23

* * *

Am Glückstag erfreue dich
deines Glücks, und am
Unglückstag sieh ein: Auch
diesen hat Gott geschaffen.

Kohelet 7,14

Alles ist eitel …

Wenn dich die Lust
ankommt, dich selbst
zu loben, ob zu Recht
oder zu Unrecht,
dann halte dir lieber
den Mund zu.

Sprichwörter 30,32

* * *

Zu viel Honig
und zu viel Ehre
bekommen dir nicht.

Sprichwörter 25,27

* * *

Wo kein Holz mehr ist,
geht das Feuer aus;
und wo kein Klatsch mehr ist,
hört der Streit auf.

Sprichwörter 26,20

* * *

Niemand lebt davon,
dass er viele Güter hat.

Lukas 12,15

Zur Warnung und Ermahnung

Macht euch nicht
zu Sklaven eurer
Wünsche und Triebe!
Römer 13,14

* * *

Wer jedes Gerücht
weiterträgt, plaudert auch
Geheimnisse aus.
Darum meide Leute,
die zu viel reden.
Sprichwörter 20,19

* * *

Für unberechtigtes
Aufbrausen gibt es
keine Entschuldigung;
wer sich vom Zorn
hinreißen lässt, bringt
sich selbst zu Fall.
Sirach 1,22

* * *

Eifersucht und Ärger
verkürzen das Leben,
und Sorgen machen
vorzeitig alt.
Sirach 30,24

Guter Rat

Keine Versprechungen
machen ist besser,
als etwas versprechen
und es dann nicht halten.
Kohelet 5,4

* * *

Dummköpfe haben
das Herz auf der Zunge;
kluge Menschen denken,
bevor sie reden.
Sirach 21,26

* * *

Sieh dir die Ameise an,
du Faulpelz!
Nimm dir ein Beispiel an ihr,
damit du gescheit wirst.
Sprichwörter 6,6

* * *

Überlege genau,
was du tun willst,
und dann tu es
entschlossen!
Sprichwörter 4,26

* * *

Seid aber Täter des Worts
und nicht Hörer allein.
Jakobus 1,22

Die Gaben des Geistes

Dummheit ist auch eine natürliche Begabung.

Wilhelm Busch, Spricker

Nichts auf der Welt ist so gerecht verteilt wie
der Verstand. Denn jedermann ist überzeugt,
dass er genug davon habe.

René Descartes

Dummheit ist keine Schande.
Hauptsache, man hält den Mund dabei.

Werner Mitsch

Die wirklich intellektuellen Menschen sind
letztlich die, mit denen man über alles reden kann.

Iris Berben, Der Spiegel, Nr. 16/2007

Der Vorteil der Klugheit liegt darin,
dass man sich dumm stellen kann.
Das Gegenteil ist schon schwieriger.

Kurt Tucholsky

Gewohnheiten? Gewohnheiten!

Der Mensch ist ein Gewohnheitstier.

Gustav Freytag, Die Grenzboten (Zeitschrift für Politik, Kunst und Literatur)

Die Macht, unter der sich Menschen am wohlsten
fühlen, ist die Macht der Gewohnheit.

Robert Lembke, Grüße aus dem Fettnäpfchen

Angewohnheiten kann man leider nicht
aus dem Fenster schmeißen.
Man muss sie die Treppe hinunterprügeln –
Stufe für Stufe.
Mark Twain

Wer keine üblen Gewohnheiten hat,
hat wahrscheinlich auch keine Persönlichkeit.
William Faulkner

Plaudertaschen und Lästermäuler

Es ist ganz abscheulich, wie die Leute
heutzutage herumgehen und hinter
dem Rücken eines Menschen Dinge sagen,
die ganz und gar wahr sind.
Oscar Wilde, Das Bildnis des Dorian Gray

Wie glücklich würde mancher leben,
wenn er sich um anderer Leute Sachen
so wenig bekümmerte als um seine eigenen.
Georg Christoph Lichtenberg, Sudelbücher

Klatschen heißt,
anderer Leute Sünden beichten.
Wilhelm Busch

Man braucht zwei Jahre,
um sprechen zu lernen,
und fünfzig, um schweigen zu lernen.
Ernest Hemingway

> ## Wer zu spät kommt, den bestraft das Leben.
>
> Michail Gorbatschow
>
> Der Staatspräsident der einstigen UdSSR, Michail Gorbatschow, hat diesen Satz so nicht ausgesprochen. Die Sentenz stammt aus der deutschen Übersetzung seiner Rede zum 40. Jahrestag der Gründung der DDR (7.10.1989). Im russischen Original sagte Gorbatschow zu Erich Honecker: „Ich glaube, Gefahren warten nur auf jene, die nicht auf das Leben reagieren." Erst zwei Tage darauf, so Gorbatschow, habe er in einem Vieraugengespräch mit Honecker geäußert: „Das Leben verlangt mutige Entscheidungen. Wer zu spät kommt, den bestraft das Leben."

Zaudern und Zögern

Ich gehöre zu dem Typ Mensch,
der schon im Sport die gesamte Unterrichtsstunde
auf dem Dreimeterbrett gestanden hat
und erst in der 45. Minute gesprungen ist.

Angela Merkel, Welt am Sonntag, 31. Dezember 2000

Es ist nicht wenig Zeit, die wir haben,
sondern es ist viel Zeit, die wir nicht nutzen.

Seneca d. J., Von der Kürze des Lebens 1,3

Mögen hätt' ich schon wollen,
aber dürfen hab' ich mich nicht getraut.

Karl Valentin

Gute Vorsätze und was sie nutzen

Der schwierigste Weg,
den der Mensch zurückzulegen hat,
ist der zwischen Vorsatz
und Ausführung.

Wilhelm Raabe

Gute Vorsätze sind nichts anderes
als Schecks, auf eine Bank ausgestellt,
bei der man kein Konto hat.

Oscar Wilde, Das Bildnis des Dorian Gray

Der Weg zur Hölle
ist mit guten Vorsätzen gepflastert.

Sprichwort

Courage und Charakter

Leute mit Mut und Charakter sind den andern
Leuten immer sehr unheimlich.

Hermann Hesse

Es gibt Leute, die als charaktervoll bezeichnet
werden, bloß weil sie zu bequem sind,
ihre Ansichten zu ändern.

Robert Lembke, Grüße aus dem Fettnäpfchen

Charakterstärke entwickelt sich langsam,
kann aber sehr schnell nachlassen.

Faith Baldwin

Jedenfalls ist es besser,
ein eckiges Etwas zu sein
als ein rundes Nichts.

Friedrich Hebbel

Durch nichts bezeichnen die Menschen mehr
ihren Charakter als durch das,
was sie lächerlich finden.

Johann Wolfgang von Goethe, Wahlverwandtschaften II

Ich habe erst spät entdeckt, wie leicht es ist,
einfach nur „Nein" zu sagen.

William Sommerset Maugham

Man kann meist viel mehr tun,
als man sich gemeinhin zutraut.

Aenne Burda

Der gewisse Hang zur Bequemlichkeit

Jeder Mensch kommt mit einer sehr großen Sehnsucht nach Herrschaft, Reichtum und Vergnügen sowie einem starken Hang zum Nichtstun auf die Welt.

Voltaire, Philosophisches Taschenwörterbuch

Nichtstun ist die allerschwierigste Beschäftigung und zugleich diejenige, die am meisten Geist voraussetzt.

Oscar Wilde, Der Kritiker als Künstler

Wer sich auf seinen Lorbeeren ausruht,
trägt sie an der falschen Körperstelle.
Heiner Geissler

Jedermann schneidet gern die Bretter, wo sie am dünnsten sind: Man bohrt nicht gern durch dicke Bretter.

Martin Luther

Wir bleiben nicht ewig jung

Lang leben will halt alles, aber alt werden will kein Mensch.

Johann Nestroy, Die Anverwandten

Alternde Menschen sind wie Museen: Nicht auf die Fassade kommt es an, sondern auf die Schätze im Innern.

Jeanne Moreau

Der Haushahn
und die Mägde NACH ÄSOP

Ein gutes, altes Hausmütterchen weckte ihre Mägde
alle Morgen gewöhnlich mit dem ersten Hahnenschrei.
Dies frühe Aufwecken und Aufstehen verdross diese.
„Wäre bloß der verzweifelte Hahn nicht", sagten sie,
„so dürften wir alle auch länger schlafen" – und so
drehten sie dem Hahn den Hals um.
Aber oft und viel wünschten sie ihn
ins Leben zurück, weil sie von der
Hausfrau, welche altershalber wenig
schlief und ihre gewohnte Hausuhr,
den Hahn, nicht mehr hatte, nun
sogar um Mitternacht geweckt wurden.
Man sucht oft kleinen Unannehmlich-
keiten zu entgehen und kommt doch
noch in weit größere.

**SIR PETER USTINOV
(1921–2004)**

Er war ein Alleskönner und
wunderbarer Erzähler mit einer
Riesenportion Humor, wuchs
viersprachig auf und erklärte
seine Herkunft mit „in Sankt
Petersburg gezeugt, in London
geboren und in Schwäbisch
Gmünd getauft". Als Kaiser Nero
in „Quo vadis?" (1951) oder als
Hercule Poirot prägte er die
Filmgeschichte. Der Charakter-
darsteller, den die Queen 1990
zum Ritter schlug, wirkte auch
als Regisseur, Produzent, Autor
und als Sonderbotschafter des
UN-Kinderhilfswerks UNICEF und
gründete das Ustinov-Institut zur
Erforschung von Vorurteilen.

Die Menschen verlieren zuerst ihre Illusionen,
dann ihre Zähne und ganz zuletzt ihre Laster.
Hans Moser

Ich würde alles auf der Welt tun, um meine
Jugend wiederzuerlangen – außer Sport treiben,
früh aufstehen oder ehrbar werden.
Oscar Wilde, Das Bildnis des Dorian Gray

Wir werden alt, wenn die Erinnerung
uns zu freuen beginnt.
Wir sind alt, wenn sie uns schmerzt.
Peter Sirius

Ich bereue nichts. Damit verschwendet man
nur Zeit, die immer wertvoller wird.
Sir Peter Ustinov, Peter Ustinovs geflügelte Worte

Schein, Sein und Eitelkeit

Der Mensch besteht aus Knochen, Fleisch,
Blut, Speichel, Zellen und Eitelkeit.
Kurt Tucholsky, Schnipsel, 1973

Von einem guten Kompliment
kann ich zwei Monate leben.
Mark Twain

Sich selbst darf man nicht für so göttlich halten,
dass man seine eigenen Werke nicht gelegentlich
verbessern könnte.
Ludwig van Beethoven

Ein großer Fehler: Dass man sich mehr dünkt,
als man ist, und sich weniger schätzt,
als man wert ist.

Johann Wolfgang von Goethe, Maximen und Reflexionen

Es gibt nur eine Unannehmlichkeit,
die peinlicher ist, als in aller Munde zu sein:
nicht in aller Munde zu sein.

Oscar Wilde, Das Bildnis des Dorian Gray

Die Leute bitten um Kritik,
aber sie wollen nur gelobt werden.

William Somerset Maugham, Der Menschen Hörigkeit

Everybody's darling ist everybody's Depp.

Franz Josef Strauß

Wir sind so eitel, dass uns sogar an
der Meinung der Leute, an denen uns
nichts liegt, etwas gelegen ist.

Marie von Ebner-Eschenbach, Aphorismen

Mehr sein als scheinen.

Graf Alfred von Schlieffen

Dieses Motto empfahl der preußische Generalfeldmarschall Graf Alfred von Schlieffen (1833–1913), der für den nach ihm benannten „Schlieffen-Plan" bekannt ist, in einer Rede anlässlich seines Dienstjubiläums den Generalstabsoffizieren der preußischen Armee als Wahlspruch. Gemeint war mit diesem Ausspruch ein Aufruf zur Bescheidenheit. In ähnlichen Formulierungen ist dieses Motto bereits aus der Antike bekannt und taucht später immer wieder auf – unter anderem als Wahlspruch deutscher Adelsgeschlechter. Heute ist auch die Formulierung „Mehr Schein als Sein" als geflügeltes Wort gebräuchlich.

ROBERT LEMBKE (1913–89)
Die Frage „Welches Schweinderl hätten'S denn gern?", die Robert Lembke beim heiteren Beruferaten seinen Studiogästen in der erfolgreichen ARD-Sendung „Was bin ich?" stellte, ging in die Fernsehgeschichte ein. Als Journalist und Moderator assistierte er 1954 Herbert Zimmermann in Bern beim legendären Fußballspiel Deutschland gegen Ungarn und war 1972 für die Rundfunk- und Fernsehübertragung der Olympiade in München verantwortlich. Lembke prägte Bonmots wie: „Wenn die Menschen nur über Dinge reden würden, von denen sie etwas verstehen – das Schweigen wäre bedrückend."

Der Wahrheit ins Auge sehen

Größeres lässt sich von keinem Menschen sagen,
als dass man wahr gegen ihn sein darf.
Friedrich von Schlegel

Wenn sich jemand selbst belügen will,
so gelingt es ihm sehr bald.
Karl Emil Franzos, Die Juden von Barnow

Es ist fast immer schlimmer,
als du denkst.
August Strindberg

Neid – eine Form der Anerkennung

Der Mensch tut viel, um geliebt zu werden,
aber alles, um beneidet zu werden.
Mark Twain, Following the Equator

Gegen große Vorzüge eines andern gibt es
kein Rettungsmittel als die Liebe.
Johann Wolfgang von Goethe, Die Wahlverwandtschaften II

Mitleid bekommt man geschenkt.
Neid muss man sich verdienen.
Robert Lembke

Jeder kann für die Leiden eines Freundes
Mitgefühl aufbringen. Es bedarf aber eines
wirklich edlen Charakters, um sich über
die Erfolge eines Freundes zu freuen.
Oscar Wilde, Der Sozialismus und die Seele des Menschen

Humor ist keine Gabe
des Geistes, er ist
eine Gabe des Herzens.

Ludwig Börne, Denkrede auf Jean Paul

Nachdem Gott die Welt erschaffen hatte,
schuf er Mann und Frau.
Um das Ganze vor dem Untergang
zu bewahren, erfand er den Humor.

Guillermo Mordillo

Humor – eine Göttergabe,
doch was der eine zu viel hat,
hat der andere zu wenig.

Carl Zuckmayer

Mut zur Lücke und zu Fehlern

Wenn ich mein Leben noch einmal leben könnte,
würde ich die gleichen Fehler machen. Aber ein
bisschen früher, damit ich mehr davon habe.

Marlene Dietrich

Wenn man einen Fehler gemacht hat,
muss man sich als Erstes fragen,
ob man ihn nicht sofort zugeben soll.
Leider wird einem das als Schwäche angekreidet.

Helmut Schmidt

Jeder Mensch macht Fehler.
   Das Kunststück liegt darin, sie zu machen,
wenn keiner zuschaut.

Sir Peter Ustinov

Seine eigenen Erfahrungen bedauern heißt,
seine eigene Entwicklung aufhalten.

Oscar Wilde, De Profundis

Ich bedauere nie etwas.
Ich hätte mein Leben nicht so gelebt,
wie ich es getan habe,
wenn ich mir Sorgen darüber gemacht hätte,
was die Leute über mich sagen.

Ingrid Bergman

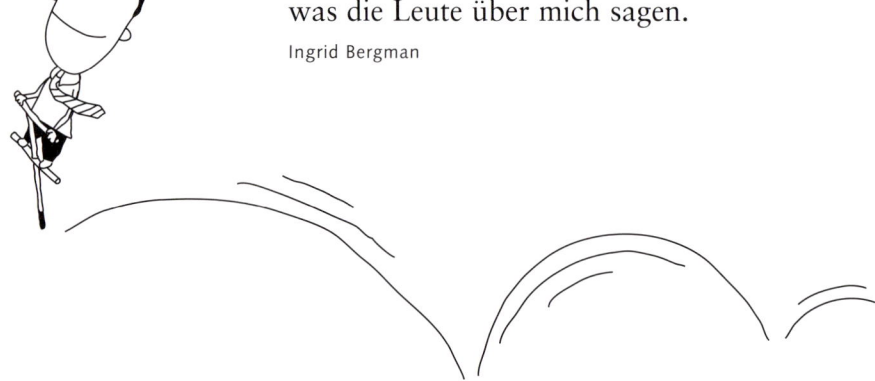

Herz und Verstand

Der Verstand kann uns sagen,
was wir unterlassen sollen.
Aber das Herz kann uns sagen,
was wir tun müssen.

Joseph Joubert

Wir sollten darauf achten,
nicht den Intellekt
zu unserem Gott zu machen.

Albert Einstein

Das Herz hat Gründe,

von denen der Verstand nichts weiß.

Blaise Pascal, Pensées

Zum Lichte des Verstandes können wir
immer gelangen, aber die Fülle des Herzens
kann uns niemand geben.

Johann Wolfgang von Goethe, Wilhelm Meisters Lehrjahre

Aufgeben gilt nicht!

Unser größter Ruhm liegt nicht darin,
niemals zu fallen, sondern immer wieder
aufzustehen, wenn wir gescheitert sind.

Konfuzius

Nicht das Beginnen ist zu loben,
sondern das Durchhalten.

Katharina von Siena

Niederlagen stählen, aber eben nur,
wenn es nicht zu viele werden.

Willy Brandt, Erinnerungen

Courage ist gut, aber Ausdauer ist besser.
Ausdauer, das ist die Hauptsache.

Theodor Fontane, Der Stechlin

Ein großer Teil des Fortschreitens besteht darin,
dass wir fortschreiten wollen.

Seneca d. J.

Nur die Sache ist verloren, die man aufgibt.

Gotthold Ephraim Lessing

Wofür der Zweifel gut ist

Es sind die Zweifel, die die Menschen vereinen.
Ihre Überzeugungen trennen sie.

Sir Peter Ustinov, Der alte Mann und Mister Smith

Der Zweifel ist ein Schmerz,
der zu einsam ist,
um zu wissen, dass das Vertrauen
sein Zwillingsbruder ist.

Khalil Gibran

Glaube und Zweifel bedingen einander
wie Ein- und Ausatmen;
sie gehören zusammen.

Hermann Hesse

Es ist besser, sich von Zweifeln beunruhigen
zu lassen, als lange im Irrtum zu verweilen.
Alessandro Manzoni

In der Welt läuft so vieles schief,
weil die Dummen immer so sicher sind
und die Gescheiten immer Zweifel haben.
Bertrand Russell

Irren ist menschlich

Man kann sich wohl in einer Idee irren,
man kann sich aber nicht mit dem Herzen irren.
Fjodor Dostojewski, Briefe

Die Irrtümer des Menschen machen ihn
eigentlich liebenswürdig.
Johann Wolfgang von Goethe, Maximen und Reflexionen

Irren ist menschlich – es ist aber noch
menschlicher, es auf jemand anderen zu schieben.
Arthur Bloch

Die Erkenntnis von heute
kann die Tochter eines Irrtums
von gestern sein.
Marie von Ebner-Eschenbach, Aphorismen

Umwege erhöhen die Ortskenntnis.
Heimito von Doderer

Nur der Irrtum ist das Leben,
und das Wissen ist der Tod.
Friedrich Schiller, Kassandra

> ## Irren ist menschlich.
>
> Hieronymus
>
> Die lateinische Fassung „errare humanum est" geht zurück auf den Kirchenvater Hieronymus (um 347– 420 n. Chr.). Der Gedanke allerdings ist älter und taucht schon in der griechischen Literatur auf. Auch im Englischen ist diese Wendung unter „to err is human" sprichwörtlich geworden. Der Dichter Alexander Pope (1688–1744) prägte schließlich den Satz „to err is human, to forgive divine" („Irren ist menschlich, vergeben göttlich").

Das Wissen von Experten

Das Telefon hat zu viele ernsthaft zu bedenkende
Mängel für ein Kommunikationsmittel. Das Gerät
ist von Natur aus von keinem Wert für uns.
Western Union, interne Meldung, 1876

Schwerer als Luft?
Solche Flugmaschinen sind unmöglich.
Lord Kelvin, Präsident der Royal Society, 1895

Wer zur Hölle will denn Schauspieler reden hören?
Warner Brothers' über Tonfilme, 1927

Wir mögen den Sound nicht –
und außerdem ist Gitarrenmusik
sowieso am Aussterben.
Decca Records,
Begründung für die Zurückweisung der Beatles, 1962

Ich denke, es gibt weltweit einen Markt
für vielleicht fünf Computer.
Thomas Watson, Vorsitzender von IBM, 1943

Ich kann Ihnen versichern, dass
Datenverarbeitung ein Tick ist, welcher
dieses Jahr nicht überleben wird.
Der Herausgeber für Computerbücher bei Pentice Hall, 1957

Es gibt keinen Grund, warum irgendjemand
einen Computer in seinem Haus wollen würde.
Ken Olson, Präsident der Digital Equipment Corp., 1977

Von Männern und Frauen

Was sagen Frauen über Männer? Und umgekehrt? Ob Männer und Frauen sich jemals verstehen? Eine offene Frage, die sich nicht erst an den Handtaschen entzündet …

Männer und Frauen – ganz grundsätzlich

Eine ideale Frau gibt es ebenso wenig wie einen idealen Mann. Bloß ein bisschen öfter.
Vanessa Redgrave

Auf Fragen nach dem Geburtstag

nennen Männer das Jahr

und Frauen den Monat.

Robert Lembke

Die Männer sind im Grunde faul.
Wenn alle Frauen Jobs hätten, würden
die Männer zu Hause bleiben, Bier trinken
und sich alle Fernsehprogramme anschauen.
Fürstin Gracia Patricia

Gestresste Männer trinken Alkohol und rücken
in fremde Länder ein. Gestresste Frauen essen
Schokolade und rücken in Einkaufszentren ein.
Allan und Barbara Pease, Warum Männer nicht zuhören
und Frauen schlecht einparken können

Mir tut schon alles weh vom ständigen Lächeln.
Warum wird von den Frauen erwartet, dass sie
immerzu strahlen? Das ist unfair.
Wenn ein Mann feierlich aussieht, wird
automatisch angenommen, dass er ein ernsthafter
Mensch ist, und nicht, dass es ihm dreckig geht.
Elizabeth II., Königin von England

Ich glaube, ein Mann will von einer Frau das
Gleiche wie eine Frau von einem Mann: Respekt.
Clint Eastwood

Frauen sind anders –
Männer auch

Brüllen Frauen, sind sie hysterisch.
Brüllen Männer, sind sie dynamisch.

Hildegard Knef

Für Männer gelten die Gesetze der Optik nicht.
Wenn man sie unter die Lupe nimmt,
werden sie plötzlich ganz klein.

Grethe Weiser

Wenn Sie in der Politik etwas gesagt haben wollen,
wenden Sie sich an einen Mann.
Wenn Sie etwas getan haben wollen,
wenden Sie sich an eine Frau.

Margaret Thatcher

Männer sind in fremder,

Frauen in eigener Sache

die besseren Diplomaten.

Sigmund Graf, Vom Baum der Erkenntnis, Aphorismen

Frauen sind erstaunt,
was Männer alles vergessen.
Männer sind erstaunt,
woran Frauen sich erinnern.

Peter Bamm

Wenn Frauen lieben, lieben sie ganz.
Liebende Männer haben zwischendurch zu tun.

Jean Paul

Frauen möchten in der Liebe Romane erleben,
Männer Kurzgeschichten.

Daphne du Maurier

Was Männer fürchten

Männer fürchten sich vor dem Verstand
ihrer Frauen – und dann gehen sie hin
und beklagen sich, von ihren Frauen
nicht verstanden zu werden.
Jeanne Moreau

Männer haben Angst vor mir –
und das ist gut so.
Catherine Deneuve

Die Männer hatten schon immer Angst, dass
die Frauen ohne sie zurechtkommen könnten.
Margaret Mead

Männer finden nur das emanzipiert, was ihnen
nicht wirklich gefährlich werden kann.
Svende Merian

Männer laufen vor gescheiten Frauen davon.
Marilyn Monroe

Mit den Waffen einer Frau

Es ist wahr: Die meisten Schlachten werden täglich an der männlichen Front geschlagen. Auch Frauen kämpfen, sie bevorzugen aber andere Waffen als rohe Gewalt. „Die Liebe ist die Fortsetzung des Krieges mit anderen Mitteln", weiß die österreichische Schriftstellerin und Nobelpreisträgerin Elfriede Jelinek – und der weiblichen Kriegsführung mit einer Taktik aus Charme, Klugheit sowie femininem Reiz kann man(n) kaum etwas entgegensetzen. Die Redewendung „Mit den Waffen einer Frau" ist der deutsche Titel des französischen Films „En cas de malheur" von 1959 mit Jean Gabin und Brigitte Bardot.

Man(n) muss Frauen schon einiges bieten

Ich bin eigentlich ganz stolz darauf, die einzige Frau zu sein, die auf der Leinwand zu Robert Redford „Nein" gesagt hat.

Glenn Close

Sie ließ sich beizeiten von ihm scheiden, weil er Witze um die entscheidende Nuance zu langsam erzählte.

Kurt Tucholsky, Schnipsel

Ein Mann mit einem hohen Bankkonto kann gar nicht hässlich sein.

Zsa Zsa Gabor

Am liebsten erinnern sich Frauen an die Männer, mit denen sie lachen konnten.

Anton Tschechow

Straßenräuber verlangen Geld oder Leben. Frauen verlangen beides.

Samuel Butler

Einander verstehen

Wenn es darauf ankommt, in den Augen einer Frau zu lesen, sind die meisten Männer Analphabeten.

Heidelinde Weis

Wenn Frauen unergründlich erscheinen, dann liegt es am fehlenden Tiefgang der Männer.

Katharine Hepburn

ZSA ZSA GABOR (* 1917)

Sie ist berühmt für ihre Schönheit, ihr Temperament und ihre Schlagfertigkeit. Die gebürtige Budapesterin begann in den 1940er Jahren in Wien eine Karriere als Operettensängerin und ging nach der geplatzten Ehe mit einem türkischen Diplomaten nach Hollywood, um dort beim Film Karriere zu machen. Als Starlet brillierte sie in eher zweitklassigen Filmen, eroberte sich aber durch ihre zahlreichen Affären, Skandale, Hochzeiten mit millionenschweren Männern sowie Scheidungsprozesse als extravagante Diva einen festen Platz in den Klatschspalten von Hollywood.

Manche Männer bemühen sich lebenslang,
das Wesen einer Frau zu verstehen.
Andere befassen sich mit weniger schwierigen
Dingen wie zum Beispiel der Relativitätstheorie.

Albert Einstein

Die große Frage, die ich trotz meines
dreißigjährigen Studiums der weiblichen Seele
nicht zu beantworten vermag, lautet:
„Was will eine Frau eigentlich?"

Sigmund Freud

Der Mann ist leicht zu erforschen,
die Frau verrät ihr Geheimnis nicht.

Immanuel Kant, Kant-Brevier – Ein philosophisches Lesebuch für freie Minuten

Richtig verheiratet ist ein Mann erst dann,
wenn er jedes Wort versteht,
das seine Frau nicht gesagt hat.

Alfred Hitchcock

Unter Diskussionen verstehen Männer die Kunst,
den Partner zum Schweigen zu bringen.
Frauen verstehen darunter die Kunst,
den Partner nicht zum Reden kommen zu lassen.

Fritz Eckhardt

Wenn eine Frau nicht spricht, soll man sie
auf keinen Fall unterbrechen.

Clint Eastwood

Von einer Frau kann man alles erfahren,
wenn man keine Fragen stellt.

William Somerset Maugham

Was Frauen über Männer denken

Die Frauenfußball-Nationalmannschaft ist
ja schon Fußballweltmeister, und ich sehe
keinen Grund, warum Männer nicht
das Gleiche leisten können wie Frauen.

Angela Merkel, erste Neujahrsansprache als Kanzlerin, 31. Dezember 2005

Alle Männer sind ichbezogene Kinder.

Christa Wolf, Kassandra

Ich glaube nicht, dass Männer von Natur aus
aggressiv sind. Was sie aggressiv werden lässt,
ist Macht, zu viel Macht. Diese Macht
korrumpiert, nicht das Geschlecht.

Alice Schwarzer

Die Männer haben nur deshalb ihre führende
Position erreichen können, weil sie durch keine
Schwangerschaft behindert worden sind.

Anna Magnani

Von Mann zu Mann

Eine Frau ist der beste Gefährte fürs Leben.

Martin Luther, Tischreden

Ich ziehe Frauen mit Vergangenheit vor.
Man kann sich mit ihnen so verdammt
gut unterhalten.

Oscar Wilde, Lady Windermeres Fächer

Man sollte einer Frau nie widersprechen.
Man sollte warten, bis sie es selbst tut.

Humphrey Bogart

Die Männer sind alle Verbrecher

Wenn Frauen sich so richtig über einen Mann geärgert haben, verschaffen sie sich nicht selten mit diesem Zitat Luft. Es ist die Anfangszeile eines Liedes aus der 1913 entstandenen Berliner Gesangsposse „Wie einst im Mai". Die Männer kommen jedoch gut weg, denn der vollständige Text lautet: „Männer sind alle Verbrecher, ihr Herz ist ein finsteres Loch, hat tausend verschied'ne Gemächer, aber lieb, aber lieb sind sie doch."

Die Frauen sind so unberechenbar, dass man sich nicht einmal auf das Gegenteil dessen verlassen kann, was sie sagen.

Sir Peter Ustinov

Rede mit jeder Frau, als würdest du sie lieben, und mit jedem Mann, als würde er dich langweilen.

Oscar Wilde, Eine Frau ohne Bedeutung

Wie Männer Männer sehen

Männer beherrschen die Welt.
Und das ist der Grund, weshalb es so ein beschissenes Durcheinander gibt.

Sting

Die verbitterten Gesichtzüge eines Mannes sind oft nur die festgefrorene Verwirrung des Knaben.

Franz Kafka

Der Mann steht im Mittelpunkt

und somit auch im Wege.

Pablo Neruda

Frauen lieben die einfachen Dinge des Lebens. Zum Beispiel – Männer.

Robert Lembke

Frauen lieben uns wegen unserer Fehler. Wenn wir genügend davon haben, vergeben sie uns alles, sogar unseren Verstand.

Oscar Wilde, Das Bildnis des Dorian Gray

Männer haben es einfach schwerer

Es gibt Frauen, die Darwin
völlig falsch verstanden haben:
Sie machen aus jedem Mann einen Affen.

Carola Höhn, Weisheiten und Torheiten

Frauen haben es besser als Männer:

Sie trinken nicht, rauchen nicht,

und Weiber sind sie selber.

André Gide

Die Frauen haben es ja von Zeit zu Zeit
auch nicht leicht. Wir Männer aber
müssen uns rasieren.

Kurt Tucholsky

Männer haben es schwerer als wir Frauen.
Vor allem müssen sie mit uns fertigwerden.

Françoise Sagan

Frauen altern besser.

Max Frisch, Tagebuch 1966–71

Männer haben's schwer,
nehmen's leicht,
außen hart und innen ganz weich,
werden als Kind schon auf Mann geeicht.
Wann ist der Mann ein Mann?

Herbert Grönemeyer, Refrain aus dem Song „Männer"

Jede Frau erwartet von einem Mann,
dass er hält, was sie sich von ihm verspricht.

Chariklia Baxevanos

**ARTHUR SCHOPENHAUER
(1788–1860)**

Dass philosophische Texte keine trockenen Stilübungen sein müssen, lernen Studenten spätestens, wenn sie sich mit Schopenhauer beschäftigen. Der in Danzig geborene Frankfurter führte eine spitze Feder. Er vermochte nicht nur seine Theorien plastisch zu erklären, sondern äußerte sich oft auch polemisch, z. B. seinem Kollegen Hegel gegenüber, mit dem ihn eine herzliche Abneigung verband. Geistreich, aber ungerecht mokierte er sich über die Frauen. Biografen sehen den Grund für die frauenfeindliche Haltung des Junggesellen in seiner gestörten Mutterbeziehung.

Typisch Macho!?

Wo wäre die Macht der Frauen,
wenn die Eitelkeit der Männer nicht wäre?
Marie von Ebner-Eschenbach, Aphorismen

Es ist eine Schwäche der Männer,
Frauen gegenüber stark erscheinen zu wollen.
Hildegard Knef

So schlecht können wir Männer gar nicht sein,
sonst würden nicht so viele Frauen versuchen,
uns ähnlich zu werden.
Marcello Mastroianni

Keine Frau ist so schlecht,
dass sie nicht die bessere Hälfte
eines Mannes sein könnte.
Karl Farkas

Ein Macho ist ein Mann,
der die Frauen besonders liebt und verehrt,
und versucht, sie zu beschützen.
Hans-Joachim Kulenkampff

Die Frauen, die gewohnt sind zu denken,
sind die Frauen, an die man nicht denkt.
George Bernard Shaw

Das niedrig gewachsene, schmalschultrige,
breithüftige und kurzbeinige Geschlecht
das schöne zu nennen, dies konnte nur
der vom Geschlechtstrieb umnebelte
männliche Intellekt fertigbringen.
Arthur Schopenhauer

Der Hahn

VON ROBERT REINICK

In der Sonne steht der Hahn, redet seine Hennen an: „Seht
mich an! Wo ist der Mann, der sich mit mir messen kann?
Seht, dies Auge groß und mächtig, meine Federn, golden,
prächtig, meines Kammes Majestät, diese rote Krone seht!
Meine Haltung, stolz und schlank, meines Rufs Trompeten-
klang. Und mein königlicher Gang, an den Füßen diese Sporen:
Alles zeigt euch einen Mann, der wahrhaftig sagen kann,
dass zum Helden er geboren."
Also spricht der stolze Hahn, kräht, so laut er krähen kann.
Plötzlich kommt ein kleiner Mops, springt und bellt
mit lust'gem Hops nur
zum Spaß den Helden an,
und – o seht! – der
kühne Mann läuft,
was er nur laufen
kann. Ach, du
jämmerlicher Hahn!

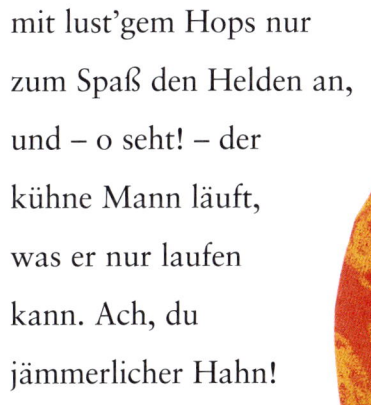

Das kann man nur als Frau verstehen

Frauen lieben es gar nicht, Klatsch
weiterzuerzählen. Sie wissen nur nicht,
was sie sonst damit tun sollen.
Romy Schneider

Die Schuhfabriken machen Frauenschuhe
zum Stehenbleiben. Dabei brauchen wir eher
Schuhe zum Davonlaufen.
Alice Schwarzer

Die Schönheit brauchen wir Frauen,
damit die Männer uns lieben,
die Dummheit, damit wir die Männer lieben.
Coco Chanel

Ein intelligentes Mädchen wird sich immer
bemühen, weniger zu wissen als der Mann,
mit dem es sich gerade unterhält.
Hildegard Knef, Brigitte, 22/1987

Über den Männlichkeitswahn

Jeder Mann, den ich kennenlerne, will mich
beschützen. Ich weiß bloß nicht, wovor.
Mae West

Niemand ist den Frauen gegenüber aggressiver
und herablassender als ein Mann, der sich
seiner Männlichkeit nicht ganz sicher ist!
Simone de Beauvoir

Was mich wirklich bis zu Mordgelüsten bringt,
sind diese besonders männlichen Männer.

Elfriede Jelinek

Das Schlimmste ist, dass ein Mann bereits
als Mann geboren wird. Damit, meint er,
sei das Wichtigste schon erledigt.
Mehr müsse er nicht tun.

Tina Turner

Ich habe mich immer darüber geärgert, wie
man Frauen behandelt. Oft hatte man das Gefühl,
es gäbe nur ein Geschlecht, die Männer.

Astrid Lindgren, Die Zeit, 13. November 1992

Starkes und schwaches Geschlecht – nur … wer ist was?

Wenn Männer Babys kriegen müssten,
hätte jeder höchstens eines.

Lady Diana

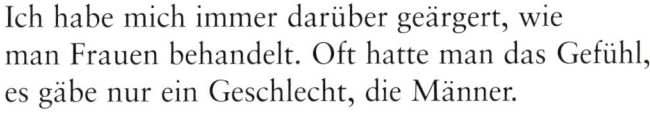

Gegenüber sehr attraktiven Frauen ist meist der Mann der Schutzbedürftige.

Oscar Wilde, Ein idealer Gatte

Männer haben nie Schnupfen,
sondern eine Virusgrippe, nie Kopfschmerzen,
sondern einen Gehirntumor.

Verfasser unbekannt

Das schwächere Geschlecht ist das stärkere wegen
der Schwäche des Stärkeren für das Schwächere.

Greta Garbo

Vom Charme und dem gewissen Etwas

Es ist absolut sinnlos, die Frauen verstehen zu wollen, wo doch ihr größter Reiz in der Unergründlichkeit liegt.
Alfred Hitchcock

Eine richtige Frau wirkt voll bekleidet auf einen Mann anziehender als ein nacktes Weib.
Romy Schneider

Wenn ein Mann sich für unwiderstehlich hält, liegt es oft daran, dass er nur dort verkehrt, wo kein Widerstand zu erwarten ist.
Françoise Sagan

Darin besteht ja die Teufelei weiblicher Reize,
dass sie einen zwingen,
sein eigenes Verderben herbeizusehnen.
George Bernard Shaw

Von Frau zu Frau

Natürlich muss man die Männer nehmen, wie sie sind – aber man darf sie nicht so lassen.
Zsa Zsa Gabor

Wer einen guten Freund heiratet, verliert ihn, um dafür einen schlechten Ehemann einzutauschen.
Françoise Sagan

Wenn du weißt, dass die meisten Männer
wie Kinder sind, weißt du alles.
Coco Chanel

Es gibt nur eine einzige Zeit, einen Mann
zu ändern: Wenn er ein Baby ist.
Nathalie Wood

Bewegte Frauen

Feministin zu sein ist das Mindeste,
was eine Frau tun kann.
Rita Süssmuth

Frauen sind nicht etwa die besseren Menschen,
sie hatten bisher nur nicht so viel Gelegenheit,
sich die Hände schmutzig zu machen.
Alice Schwarzer

Die Geschichte des Widerstandes der Männer
gegen die Emanzipation der Frau ist vielleicht
interessanter als die Geschichte selbst.
Virginia Woolf

Ist Verpackung alles?

Der Gipfel der Ungerechtigkeit:
Falten machen einen Mann männlicher,
eine Frau älter.
Jeanne Moreau

Frauen tun für ihr Äußeres Dinge, für die jeder
Gebrauchtwagenhändler ins Gefängnis kommt.
Nick Nolte

ALICE SCHWARZER (* 1942)
Der Feminismus hat in Deutsch-
land einen Namen: Alice
Schwarzer. Die Wuppertalerin
studierte Psychologie sowie
Soziologie und arbeitete als
Journalistin, bis sie in den
1970er Jahren als Aktivistin der
Frauenbewegung für Furore
sorgte. 1977 gründete sie die
Zeitschrift Emma, bis heute
das bekannteste Magazin des
Feminismus in Deutschland. Ihre
Erfolge verdankt sie nicht nur
ihrer Kampfbereitschaft, sondern
auch ihrer humorvollen Eloquenz.

Wenn man schöne Beine behalten will, muss man
sie von den Blicken der Männer massieren lassen.
Marlene Dietrich

Ohne Schnurrbart ist ein Mann
nicht richtig angezogen.
Salvador Dalí

Weiberkram?
Nein – Frauenpower!

Es gibt zwei Sorten von Frauen:
Diejenigen, die in der Welt Macht ausüben wollen,
und diejenigen, die im Bett Macht ausüben wollen.
Jacqueline Kennedy-Onassis

Männer, die behaupten, sie seien
die uneingeschränkten Herren im Haus,
lügen auch bei anderen Gelegenheiten.
Mark Twain

*Viele Männer haben zu Hause
noch die Hosen an,
darüber allerdings die Schürze.*
Otto Waalkes

Mit Frauen soll man sich nie unterstehen
zu scherzen.
Johann Wolfgang von Goethe, Faust I

Man tut das meiste im Leben, auch wenn man
andere Gründe vorschützt, der Frauen wegen.
Hermann Hesse, Prosa und Feuilletons aus dem Nachlass

Die Handtasche einer Frau
ist ein ebensolches Mysterium
wie die Frau selbst.

Simon Le Bon

Eigentlich doch schön,
dass Männer das mit
Frauen und ihren
Handtäschchen nicht
kapieren – haben wir
wenigstens was Eigenes.

Elke Heidenreich

Frauen und ihre Handtaschen –
bei diesem Thema, das doch sehr heikel
sein kann, sollten wir Männer besser schweigen,
wenigstens dieses eine Mal.

Marius Müller-Westernhagen

Man(n) nehme sich in Acht!

Der Zweck heiligt die Mittel.
Dies muss sich der liebe Gott gedacht haben,
als er das Weib erschuf.

Thomas Niederreuther, Aphorismen

Ich habe keine Einwände gegen frauliche
Entblößung, wenn es um die Ellenbogen geht.

Alice Schwarzer

Frauen, die lange ein Auge zudrücken,
tun es am Ende nur noch, um zu zielen.

Humphrey Bogart

Wenn ein Mann zurückweicht, weicht er zurück.
Eine Frau weicht nur zurück, um besser
Anlauf nehmen zu können.

Zsa Zsa Gabor

Du weißt so lange nichts von einer Frau,
bis du ihr vor Gericht begegnest.

Norman Mailer

Wenn du zum Weibe gehst, vergiss die Peitsche nicht.

Friedrich Nietzsche

Wer hat ihn nicht schon mal gehört, diesen wohlbekannten Ausspruch des Philosophen Friedrich Nietzsche? Der literarisch zugespitzte Satz stammt aus Nietzsches philosophischer Dichtung „Also sprach Zarathustra" – und zwar aus dem Kapitel „Von alten und jungen Weiblein". Ein altes Weib bittet hier den weisen Zarathustra, ihm etwas über die Frauen zu sagen. Nach seiner Antwort bedankt sich das Weiblein bei Zarathustra und fügt hinzu: „Du gehst zu Frauen? Vergiss die Peitsche nicht." Nietzsche selbst glückte zeitlebens nie eine dauerhafte Beziehung zu einer Frau. Vielleicht schwingt in dem Zitat ja ein wenig verletzte Eitelkeit des Autors mit.

Was Männer wirklich brauchen

Der Mann braucht die Frau,
um über sich selbst hinauszugelangen.
Simone de Beauvoir

Ich brauche keinen Butler.
Ich habe eine junge Frau.
Thomas Doll

Jeder Mann braucht fünf Ehefrauen: einen
Filmstar, ein Dienstmädchen, eine Köchin,
eine Zuhörerin und eine Krankenschwester.
Mark Twain

Überdurchschnittliche Männer brauchen
orientalische Frauen, die an nichts anderes denken
als an die Bedürfnisse der Männer.
Honoré de Balzac

Vieles hängt vom Köpfchen ab

Eine gescheite Frau hat Millionen geborener
Feinde: alle dummen Männer.
Marie von Ebner-Eschenbach, Aphorismen

Intelligenz und Charakter
sind bei einem Mann unvereinbar.
Cosima Wagner

Da will einer ein Gehirn kaufen und stellt fest,
dass die grauen Zellen einer Frau sehr viel billiger
sind als die eines Mannes. Warum, werden Sie
sich fragen. Antwort: Sie waren gebraucht.
Sharon Stone

Kluge Frauen sind meistens einsame Frauen.

Vanessa Redgrave

Ich beobachte, dass Frauen fragen, weil sie
wirklich etwas wissen wollen – nicht, um bestätigt
zu bekommen, was sie schon zu wissen glauben.

Anne Will, Spiegel, Nr. 7/2007, auf die Frage, wie sich weiblicher und
männlicher Journalismus unterscheiden

Die einzige Art von Tiefe, die Männer

bei einer Frau schätzen, ist die ihres Dekolletés.

Zsa Zsa Gabor

Eine Frau, die so klug ist, den Rat eines Mannes
einzuholen, wird bestimmt nicht so dumm sein,
ihn auch zu befolgen.

Elsa Maxwell

Dass Frauen das letzte Wort haben,
beruht hauptsächlich darauf, dass
den Männern nichts mehr einfällt.

Hanne Wieder

Damen und Herren von Welt

In vermintem Gelände sind alle Männer
Gentlemen nach dem Motto: Ladies first!

Barbra Streisand

Wenn ein Mann einer Frau höflich
die Wagentüre aufreißt, dann ist entweder
der Wagen neu oder die Frau.

Uschi Glas

Damen sind Frauen, die es Männern
leicht machen, Herren zu sein.

Hildegard Knef

Ein Gentleman ist ein Mann, der immer weiß,
wie weit er bei einer Frau zu weit gehen darf.

Sir Alec Guinness

Gentleman: ein Mann, der seiner Frau
die Hoteltür öffnet, damit sie das Gepäck
in die Halle tragen kann.

Sir Peter Ustinov

Über die Ehe

Die Ehe ähnelt einem Pilz – ob er gut oder
giftig war, merkst du erst, wenn es zu spät ist.

Miguel de Cervantes

Manche Männer, von denen man denkt,
sie seien längst tot, sind bloß verheiratet.

Peter Sellers

Die größte militärische Leistung
des Jahrhunderts ist meine Ehe.

Friedrich Dürrenmatt

Man sollte wirklich nur die zusammenleben
lassen, die ohne einander sterben würden.

Ludwig Anzengruber

Im Leben jeder Frau gibt es zwei Männer:
den, den sie geheiratet, und den, den sie
nicht geheiratet hat.

Robert Lembke, Grüße aus dem Fettnäpfchen

Eine sehr glückliche Frau ...

Franz von Sales (1567–1622)
gilt als „Gentleman" unter den
Heiligen, da er sich viel Zeit für
die Anliegen der Frauen und
Männer nahm. Als sein pedan-
tischer Bruder sich wieder mal
über Franz beschwerte, weil er
wegen eines Gesprächs mit
einem Dienstmädchen zu spät
zum Essen kam, lächelte Franz.
Sein Bruder fragte nach.
„Wenn du es unbedingt wissen
willst", antwortete er, „ich
dachte an eine sehr glückliche
Frau." Neugierig fragte der
Bruder, welche Frau er meine.
Franz antwortete: „Die Frau,
die du nicht geheiratet hast."

Wünsche und Gedanken zur Verlobung und Hochzeit

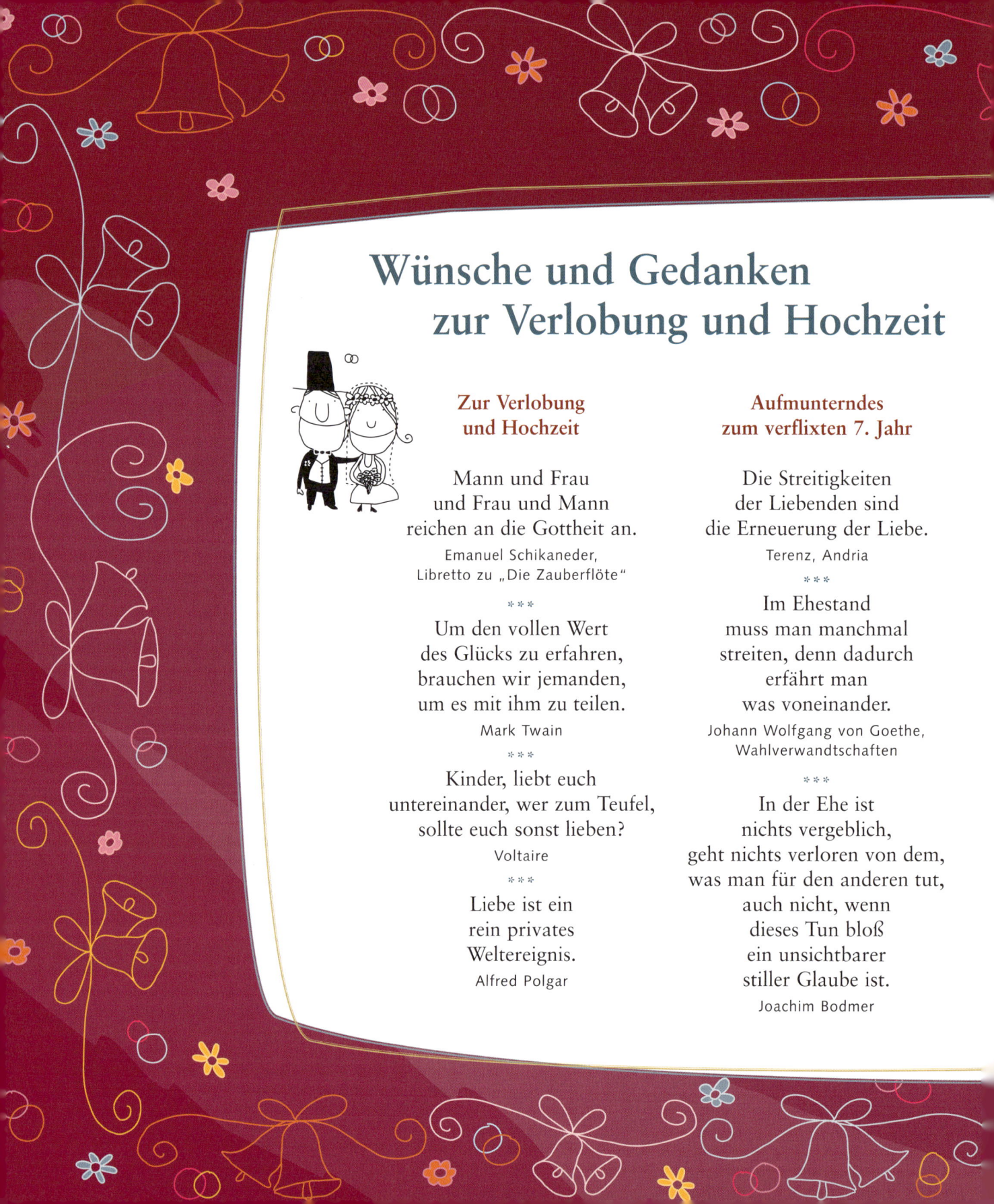

Zur Verlobung und Hochzeit

Mann und Frau
und Frau und Mann
reichen an die Gottheit an.

Emanuel Schikaneder,
Libretto zu „Die Zauberflöte"

* * *

Um den vollen Wert
des Glücks zu erfahren,
brauchen wir jemanden,
um es mit ihm zu teilen.

Mark Twain

* * *

Kinder, liebt euch
untereinander, wer zum Teufel,
sollte euch sonst lieben?

Voltaire

* * *

Liebe ist ein
rein privates
Weltereignis.

Alfred Polgar

Aufmunterndes zum verflixten 7. Jahr

Die Streitigkeiten
der Liebenden sind
die Erneuerung der Liebe.

Terenz, Andria

* * *

Im Ehestand
muss man manchmal
streiten, denn dadurch
erfährt man
was voneinander.

Johann Wolfgang von Goethe,
Wahlverwandtschaften

* * *

In der Ehe ist
nichts vergeblich,
geht nichts verloren von dem,
was man für den anderen tut,
auch nicht, wenn
dieses Tun bloß
ein unsichtbarer
stiller Glaube ist.

Joachim Bodmer

Zur silbernen Hochzeit

Die Ehe ist und bleibt die
wichtigste Entdeckungsreise,
die der Mensch
unternehmen kann.

Sören Kierkegaard

* * *

Die Ehe ist ein Bauwerk,
das jeden Tag neu
errichtet werden muss.

André Maurois

* * *

Ein heiteres Ehepaar ist
das Beste, was sich
in der Liebe erreichen lässt.

Thomas Niederreuther, Wer hat
schon Mitleid mit einem Krokodil?

* * *

Ob zwei Leute gut getan
haben, einander zu heiraten,
kann man bei ihrer silbernen
Hochzeit noch nicht wissen.

Marie von Ebner-Eschenbach,
Aphorismen

* * *

Ehen und Wein haben eines
gemeinsam: Die wahre Güte
zeigt sich erst nach Jahren.

William Somerset Maugham

Zur goldenen Hochzeit

Einen Menschen zu lieben
heißt, einwilligen mit ihm
alt zu werden.

Albert Camus

* * *

Frühe Hochzeiten, lange Liebe.

Novalis, Heinrich von Ofterdingen

* * *

Echte Liebesgeschichten
gehen nie zu Ende.

Marie von Ebner-Eschenbach,
Aphorismen

* * *

Dies ist des Lebens Höhetag,
der viele Jahre dauern mag.
Links der Jugend grüner Rain,
rechts der goldne Abendschein.
Morgen und Abend –
und mittendrin schreite
ein glückliches Leben hin.

Theodor Fontane

* * *

Soweit die Erde
Himmel sein kann,
ist sie es in einer
glücklichen Ehe.

Marie von Ebner-Eschenbach,
Aphorismen

Junggesellenglück

Junggesellen sollten hohe Steuern zahlen.
Es ist nicht gerecht, dass einige Männer
glücklicher sein sollen als andere.
Oscar Wilde

Ehemänner leben länger, Junggesellen glücklicher.
Ephraim Kishon, Kishon für alle Fälle

Ein Junggeselle ist ein Mann,
der nur ein einziges Problem hat –
und das ist lösbar.
Woody Allen

Junggesellen wissen, dass man einer Frau
nicht zu lange den Hof machen darf,
weil man ihn sonst kehren muss.
Peter Weck

Es ist eine allgemeine, anerkannte Tatsache,
dass ein alleinstehender Mann im Besitz
eines ansehnlichen Vermögens nichts
dringender bedarf als einer Frau.
Jane Austen, Stolz und Vorurteil

Junggesellen sind Männer,
die gern verheiratet wären,
aber nicht ständig.
Helen Vita

Ein Junggeselle ist ein Mann,
der lieber sucht als findet.
Caterina Valente

Ach, die liebe Familie

Als Gott am sechsten Schöpfungstag alles ansah,
was er gemacht hatte, war zwar alles gut,
aber dafür war auch die Familie noch nicht da.

Kurt Tucholsky, Die Familie

*Eine Familie ist in Ordnung, wenn man
den Papagei unbesorgt verkaufen kann.*

Will Rogers (William Penn Adair)

Alle glücklichen Familien sind einander ähnlich;
jede unglückliche Familie jedoch ist
auf ihre besondere Weise unglücklich.

Leo Tolstoi, Anna Karenina

Ganz aufgehen in der Familie heißt
ganz untergehen.

Marie von Ebner-Eschenbach, Aphorismen

Wie Familie funktioniert

Väter sollte man weder sehen noch hören.
Das ist die einzige geeignete Basis
für das Familienleben.

Oscar Wilde, Ein idealer Gatte

In einer Familie, die nicht nur aus Mumien
besteht, gehören Konflikte dazu.

Reinhard Mey, Interview in Reader's Digest, Oktober 2005

Wer Ja sagt zur Familie,
muss auch Ja sagen zur Frau.

Helmut Kohl

Alte Gewohnheit

Ein Ehepaar feierte goldene Hochzeit. Beim Frühstück dachte die Frau: „Fünfzig Jahre lang habe ich auf meinen Mann Rücksicht genommen und ihm immer das knusprige Oberteil des Brötchens gegeben. Heute gönne ich mir mal das Oberteil." Wider Erwarten war dieser jedoch hocherfreut, küsste ihre Hand und sagte: „Liebling, du bereitest mir die größte Freude des Tages. Fünfzig Jahre habe ich das Unterteil nicht gegessen, das ich eigentlich am liebsten mag. Ich dachte, du solltest es haben, weil es Dir doch so schmeckt."

Um den Mann dreht sich alles – alle Rechte, alle Gesetze, alle sozialen Einrichtungen und die ganze Familie.
Johanna Elberskirchen

Nur die Frau kann eine Familie schaffen. Aber eine Familie kann auch an ihr zerbrechen.
Mutter Teresa

Wenn es kriselt und kracht

Die meisten Differenzen in der Ehe entstehen dadurch, dass die Frau zu viel redet und der Mann zu wenig zuhört.
Curt Goetz

Ich habe in meinen beiden früheren Ehen Pech gehabt. Die erste Frau verließ mich, die zweite tat es nicht.
Woody Allen

Das Drama einer Ehe, das ist nicht die ganz große Erschütterung – das sind die kleinen Irritationen, die sich summieren.
Liv Ullmann

Männer heiraten, weil sie müde sind; Frauen, weil sie neugierig sind. Beide werden enttäuscht.
Oscar Wilde, Das Bildnis des Dorian Gray

Nicht der Mangel an Liebe, sondern der Mangel an Freundschaft macht die unglücklichsten Ehen.
Friedrich Nietzsche

Von der Kunst,
eine gute Ehe zu führen

Heutzutage sollte uns nichts überraschen –
außer glückliche Ehen.

Oscar Wilde, Eine Frau ohne Bedeutung

Loki und ich kennen uns jetzt seit siebzig Jahren.
Seit sechsundfünfzig Jahren sind wir verheiratet.
Da können sich Lafontaine und Schröder mal 'ne
Stange von abschneiden!

Helmut Schmidt, in seiner Dankesrede anlässlich des Staatsaktes
zu seinem 80. Geburtstag, Januar 1999.

Geld gehört zum Ehestande,
Hässlichkeit ist keine Schande,
Liebe ist beinah absurd.

Wilhelm Busch, Zu guter Letzt, Verwunschen

Ein glückliches Paar:
Er tut, was sie will – und sie tut,
was sie will.

Peter Altenberg

Wir beide, wir haben Humor.
Sie in der Praxis, ich in der Theorie.

Edmund Stoiber, Der Spiegel, 13/2006

Glücklich verheiratet kann man nur dann sein,
wenn man getrennt voneinander lebt.

Shirley MacLaine

Man sollte, um die Romantik in der Ehe
zu bewahren, so weiterleben wie vor der Hochzeit,
am besten in getrennten Wohnungen.

Claudia Cardinale

Die idealen Partner

Der ideale Ehemann ist ein unbestätigtes Gerücht.

Brigitte Bardot

Denn wenn ein Mann uns immer noch die größten
Rätsel aufgibt nach zehn Jahren, dann hat man
das große Los gezogen.

Ingeborg Bachmann

Wenn du einmal heiraten solltest,

so nimm nicht den Dichter,

sondern den Verleger.

August Strindberg, an seine Tochter

Manche Ehe gilt nur deshalb als gut,
weil beide Partner ungewöhnlich begabte
Schauspieler sind.

Vanessa Redgrave

Die glücklichste Ehe, die ich mir persönlich
vorstellen kann, wäre die Verbindung zwischen
einem tauben Mann und einer blinden Frau.

Samuel Coleridge

Nach den Vorstellungen einer amerikanischen
Frau ist der ideale Ehemann ein Butler mit
dem Einkommen eines Generaldirektors.

William Somerset Maugham

In der Ehe pflegt gewöhnlich immer einer
der Dumme zu sein. Nur wenn zwei Dumme
heiraten – das kann mitunter gut geh'n.

Kurt Tucholsky, Schnipsel

Liebesfreud – Liebesleid

Ob im siebten Himmel oder im Tal der Tränen – der Mensch ist Amors Macht ausgeliefert. Davon wissen nicht nur Shakespeare und Schiller Tiefsinniges zu berichten.

Im 7. Himmel – herrlich verrückte Zeit

Zu lieben und vernünftig zu sein
ist kaum einem Gott möglich.

Publilius Syrus, Sententiae 22

Verliebte sehen in der Welt nur sich,
doch sie vergessen, dass die Welt sie sieht.

August von Platen

Das Problem mit manchen Frauen ist,
dass sie wegen nichts völlig aus dem Häuschen geraten –
und ihn dann heiraten.

Cher

Mancher findet sein Herz nicht eher,
als bis er seinen Kopf verliert.

Friedrich Nietzsche

Es ist Unsinn, sagt die Vernunft.
Es ist, was es ist, sagt die Liebe.

Erich Fried, Was es ist

Seid verliebt, und ihr werdet glücklich sein!

Paul Gauguin

Habt ihr noch nie gehört,
dass Liebe Wahnsinn ist?

Lydia Sevcik

Nur Verliebte haben eine Vorstellung
von der Ewigkeit.

Emanuel Wertheimer

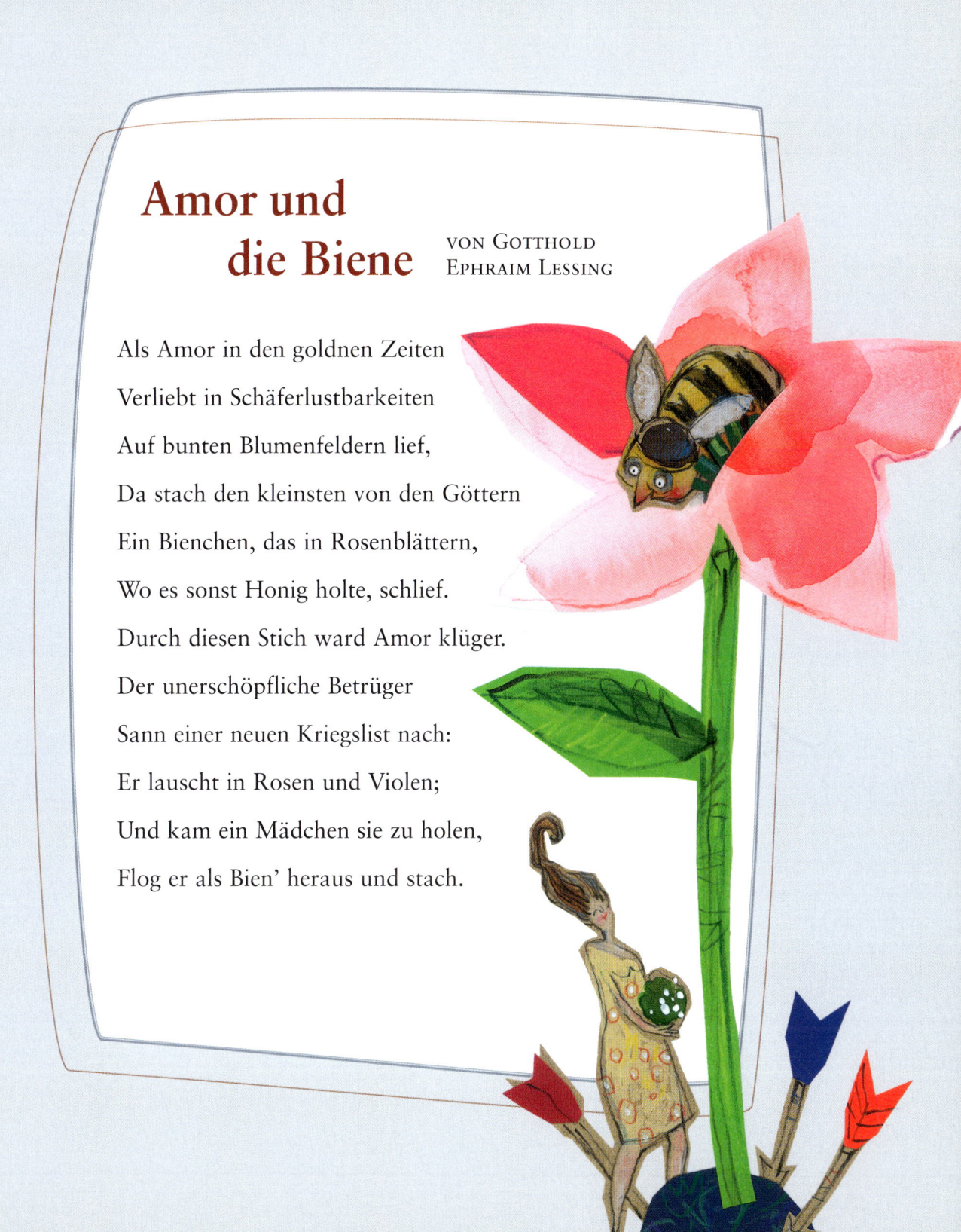

Amor und
die Biene

VON GOTTHOLD
EPHRAIM LESSING

Als Amor in den goldnen Zeiten

Verliebt in Schäferlustbarkeiten

Auf bunten Blumenfeldern lief,

Da stach den kleinsten von den Göttern

Ein Bienchen, das in Rosenblättern,

Wo es sonst Honig holte, schlief.

Durch diesen Stich ward Amor klüger.

Der unerschöpfliche Betrüger

Sann einer neuen Kriegslist nach:

Er lauscht in Rosen und Violen;

Und kam ein Mädchen sie zu holen,

Flog er als Bien' heraus und stach.

Rund ums Rendezvous

Es ist besser, dem Traummann im Traum
zu begegnen als in der Wirklichkeit.
Aus dem Traum kann man immerhin aufwachen.
Jeanne Moreau

Der einzige Ort, an dem die Männer eine Frau
bestimmt nicht sitzen lassen, sind die Sitzplätze
in den öffentlichen Verkehrsmitteln.
Shirley MacLaine

Ein perfektes Rendezvous ist eines,
zu dem weder er noch sie gekommen ist.
Oscar Wilde

Frauen lassen einen Mann nur deshalb warten,
weil sie damit die Vorfreude vergrößern wollen.
Hannelore Elsner

Kleine Affäre?

Es gibt im Leben einer Frau vielleicht Zeiten,
in denen sie nicht verliebt ist. Aber dann
sollte sie wenigstens eine Affäre haben.
Jeanne Moreau

Man muss einen prosaischen Ehemann haben
und sich einen romantischen Liebhaber zulegen.
Stendhal, Über die Liebe, Fragmente

Heiraten ist eine Pflicht,
einen Liebhaber nehmen ein Luxus.
Simone de Beauvoir, Das andere Geschlecht

Viele Frauen sind nur auf ihren guten Ruf
bedacht; aber die anderen werden glücklich.

Josephine Baker

Die meisten Männer, die Kluges über Frauen
gesagt haben, waren schlechte Liebhaber.
Die großen Praktiker reden nicht,
sondern handeln.

Jeanne Moreau

Ich war wohl nie ein großer Liebhaber;
jedenfalls hat nie eine Frau den Liebesakt
unterbrochen, um mir zu applaudieren.

Marcello Mastroianni

Es gibt keine guten Liebhaber.
Es gibt höchstens Männer,
mit denen es völlig hoffnungslos ist,
und einige, mit denen es
nicht ganz so hoffnungslos ist.

Ingeborg Bachmann

Es ist leichter, Liebhaber zu sein als Ehegatte,
denn es ist schwieriger, jeden Tag
Geist zu besitzen, als von Zeit zu Zeit
hübsche Dinge zu sagen.

Honoré de Balzac

Das Verhältnis zur Geliebten steht unter
permanentem Druck einer zweifachen Angst:
dass es enden und dass es dauern könnte.

Alfred Polgar

In Liebesdingen ist der Liebhaber der Künstler,
der Ehemann der Handwerker.

Georges Feydeau

**MARCELLO MASTROIANNI
(1924–96)**
Über 40 Jahre stand er für die
größten Regisseure seiner Zeit
vor der Kamera. Federico Fellini
machte ihn mit der Rolle des
Marcello Rubini in „La dolce
vita" („Das süße Leben") zum
Weltstar. Als Liebhaber war er
die Idealbesetzung. Mastroianni
studierte Architektur und Volks-
wirtschaft. Im Zweiten Weltkrieg
flüchtete er aus einem deutschen Arbeitslager und hielt sich
bis zum Kriegsende auf einem
Dachboden in Venedig ver-
steckt. Der Filmemacher Luchino
Visconti entdeckte ihn bei einer
studentischen Theatergruppe
an der Universität in Rom.

COCO CHANEL (1883–1971)

Was würden Frauen heute ohne
die Modeneuerungen von Coco
Chanel tragen? Die Designerin
schaffte das Korsett ab, erfand
das „kleine Schwarze" und das
Chanel-Kostüm, kürzte Röcke
auf eine skandalöse Länge knapp
unterhalb des Knies und entwarf
Badeanzüge. 1921 kreierte sie
zudem das erste synthetische
Parfüm (Chanel N° 5). Die extravagante Coco war befreundet mit
Künstlern ihrer Zeit wie Picasso
und Strawinsky, aber auch mit
Persönlichkeiten wie Churchill.

Was ist dran
an der „großen Liebe"?

Mit der wahren Liebe ist es wie mit
Gespenstererscheinungen: Alle Welt spricht davon,
aber wenige haben sie gesehen.

François de la Rochefoucauld, Maximen und Reflexionen

Die ewige Liebe ist für vierzehn Tage
gar nicht so schlecht.

Julia Roberts

Wenn Liebe in Freundschaft übergeht,
kann sie nicht sehr groß gewesen sein.

Katharine Hepburn

Verwechsle nicht die Freude am Gefallen
mit dem Glück der Liebe.

Coco Chanel

Der einzige Unterschied zwischen einer Laune
und der ewigen Liebe besteht darin,
dass die Laune etwas länger dauert.

Oscar Wilde, Das Bildnis des Dorian Gray

Eine große Liebe lässt sich durch die
Wirklichkeit des Geliebten nicht stören.

Hannah Arendt

Es sind die kleinen Rechthabereien,
die eine große Liebe zermürben.

Max Frisch, Mein Name sei Gantenbein

Ewige Liebe: die Ewigkeit in
ihrer vergänglichsten Form.

Hans Krailsheimer

Die Kunst des Flirtens

Die Einladung zum Flirt wird
mit den Augen geschrieben.

Jeanne Moreau

Das Schwierige am Flirt ist nicht der Anfang,
sondern das Ende.

Hans Clarin

Flirtende Ehemänner am Strand sind
keine Gefahr, denn sie schaffen es nicht lange,
den Bauch einzuziehen.

Heidi Kabel

Ein Flirt ist wie eine Tablette:

Niemand kann die Nebenwirkung

genau voraussagen.

Catherine Deneuve

Der Flirt ist ein Versuch, gleichzeitig Feuer
zu fangen und zu löschen.

Senta Berger

Wie gern Frauen doch gefährliche Dinge tun.
Das ist eine ihrer Eigenschaften,
die ich am meisten bewundere.
Eine Frau wird mit jedem in der Welt flirten,
solange andere Menschen zusehen.

Oscar Wilde, Das Bildnis des Dorian Gray

Der Flirt ist die Kunst, einer Frau in die Arme
zu sinken, ohne ihr in die Hände zu fallen.

Sacha Guitry

» **Schau mir in die Augen, Kleines!**

Zitat aus dem Film „Casablanca"

Das Zitat „Here's looking at you, Kid!" stammt aus dem legendären Film „Casablanca" von 1942 mit Humphrey Bogart (Rick) und Ingrid Bergman (Ilsa). Rick sagt diesen Satz jedes Mal, wenn er Ilsa zuprostet. In einer frühen Synchronfassung wurde der Satz mit „Ich schau dir in die Augen, Kleines!" übersetzt. Die fast wörtliche Übersetzung entstellt den Sinn des englischen Ausdrucks, der eigentlich ein Trinkspruch ist, völlig. Im Drehbuch stand sogar: „Here's good luck for you!", was so viel heißt wie „Auf dein Wohl!" Bogart allerdings vernuschelte den Satz so, dass daraus beim Synchronisieren das berühmte Zitat wurde.

Von tiefen Blicken

Wo Verliebte sich ansehen, erhält das Feuer ihrer Liebe neue Nahrung.
Gottfried von Straßburg, Tristan

Die Männer beteuern immer,
sie lieben die innere Schönheit der Frau –
komischerweise gucken sie aber
ganz woanders hin.
Marlene Dietrich

Die Frauen machen sich nur deshalb schön,
weil das Auge des Mannes besser entwickelt ist
als sein Verstand.
Doris Day

Geständnisse und Liebesgeflüster

Die Liebeserklärung eines Mannes kommt
ungefähr so spontan wie das elektrische Licht:
Jemand muss erst den Schalter betätigen.
Senta Berger

Eine Liebeserklärung ist wie
die Eröffnung beim Schach:
Die Konsequenzen sind unabsehbar.
Hans Söhnker

Um einen guten Liebesbrief zu schreiben,
musst du anfangen, ohne zu wissen,
was du sagen willst, und endigen,
ohne zu wissen, was du gesagt hast.
Jean-Jacques Rousseau

Wenn Männer verliebt sind

Der Mann kann der größte Charmeur sein,
redegewandt, herzlich und voller kleiner
Aufmerksamkeiten.
Aber wenn er wirklich verliebt ist, wird er
herumstehen und aussehen wie ein Schaf.

Agatha Christie

Eine Frau macht niemals
einen Mann zum Narren;
sie sitzt bloß dabei und sieht zu,
wie er sich selbst dazu macht.

Frank Sinatra

Das erste Anzeichen wirklicher Liebe
ist bei einem jungen Mann Schüchternheit,
bei einem jungen Mädchen Kühnheit.

Victor Hugo

Liebe und ihre (Neben-)Wirkungen

Wenn die Liebe ein Medikament wäre –
der Beipackzettel wäre ein dickes Buch.

Ernst Ferstl, Bemerkenswert

Liebe macht blind – jawohl! Dummköpfe!
Gescheite Leute macht sie
recht scharfsinnig und hellsehend.

Johannes Friedrich Freiherr von Cottendorf Cotta

Die Liebe bringt auf Ideen und
in Gefahren.

Heinrich Mann, Eine Liebesgeschichte

Verliebte Männer

Der junge Oskar Kokoschka war unsterblich verliebt in die Nichte des Verlegers Samuel Fischer, Ruth Landshoff, die viele Verehrer hatte. Eines Nachts, von Leidenschaft entflammt, stieg er in das Fenster der Angebeteten ein. In der Annahme, es seien Einbrecher, empfing ihn Frau Landshoff mit vorgehaltener Pistole. Als sie ihn erkannte, fragte sie: „Was wollen Sie hier?" Schlagartig ernüchtert stotterte Kokoschka: „Ich ... ich, würde Sie gern malen". Mit der Pistole dirigierte ihn Frau Landshoff zum Tisch, zog den Morgenmantel an, setzte sich in Pose und ließ sich skizzieren.

Liebe ist eine tolle Krankheit –
da müssen immer gleich zwei ins Bett.
Robert Lembke

Die Liebe ist nichts anderes als ein Kampf,
in dem beide gewinnen.
Madonna

An Rheumatismus und an wahre Liebe
glaubt man erst, wenn man davon befallen ist.
Marie von Ebner-Eschenbach, Aphorismen

Liebe ist eine vorübergehende Geisteskrankheit,
die durch Heirat heilbar ist.
Ambrose Bierce, The Devil's Dictionary

Den Liebenden schlägt keine Stunde

Die Liebe ist das Werk der Jugend.
Dennoch lohnt es sich, es im Alter
noch einmal zu kopieren.
Franz Blei

Alter schützt vor Liebe nicht,
aber Liebe schützt manchmal vor Alter.
Coco Chanel

Der ideale Mann ist der,
den man auf den ersten Blick liebt.
Ob er zwanzig oder achtzig ist,
spielt keine Rolle, denn
der ideale Mann hat kein Alter.
Françoise Sagan

Die einzige Speise, derer man nicht satt werden kann, ist der Kuss.

Christian Dietrich Grabbe

Küssen, das ist die Übermittlung einer Drucksache an den Empfänger ohne Mitwirkung der Post.

Georg Thomalla

Am selben Tag habe ich zum ersten Mal ein Mädchen geküsst und meine erste Zigarette geraucht. Seither hatte ich nie wieder Zeit zum Rauchen.

Arturo Toscanini

Ein Kuss ist vielleicht nicht die Wahrheit, aber er ist das, wovon man sich wünscht, dass es die Wahrheit wäre.

Steve Martin in dem Film „L.A. Story"

ARTHUR RUBINSTEIN (1887–1982)

Schon mit fünf Jahren gab der in Lodz geborene Arthur sein erstes Klavierkonzert. Mit 16 Jahren zog er nach Paris, wo er zum Liebling der Pariser Bohème wurde. Doch statt seine Aussichten durch ein intensives Studium zu verbessern, genoss er lieber das süße Pariser Leben: „Als junger Mensch war ich faul. Ich hatte Talent, aber es gab vieles in meinem Leben, was mir wichtiger war als das Üben." Als Vladimir Horowitz ihm im Paris der 1930er Jahre den Rang streitig machte, kam die Wende: Rubinstein strebte nach einer Karriere und wurde weltberühmt.

Frauen kann man(n) nichts vormachen

Frauen werden durch Komplimente niemals entwaffnet. Männer stets.

Oscar Wilde, Ein idealer Gatte

Eine Frau kann jederzeit hundert Männer täuschen, aber nicht eine einzige Frau.

Michèle Morgan

Sobald ein Mann anfängt, sich lächerlich zu benehmen, weiß man, dass er es ernst meint.

Sidonie-Gabrielle Colette

Die Anfänger in der Liebe erkennt man daran, dass sie nicht aufhören können.

Kim Basinger

Bei Frauen punkten

Das Geheimnis meines Erfolges bei Frauen ist einfach: Ich habe die Frauen geliebt. Und die Frauen lieben es, geliebt zu werden.

Arthur Rubinstein

Der Erfolg eines Mannes bei einer Frau beginnt dann, wenn sie ihn bewundert, weil er drei große Stücke Torte zu essen vermag.

Robert Musil

Mann: die beliebteste von allen Erfindungen, die der Frau die Arbeit erleichtern oder ersparen soll.

Oscar Wilde

Über die Leidenschaft

In einer wirklichen Liebesgeschichte
bleibt Leidenschaft nur Episode.
Françoise Sagan

Die Leidenschaft will nicht warten.
Friedrich Nietzsche, Menschliches, Allzumenschliches I

Die Liebe ist ein Feuer,

das im Laufe der Jahre

mehr Rauch entwickelt als Hitze.

Maurice Chevalier

Kein Toter ist so gut begraben
wie eine erloschene Leidenschaft.
Marie von Ebner-Eschenbach, Aphorismen

Es gibt keine Leidenschaft, die nicht eine Qual ist.
Anne Louise Germaine de Staël

Wer mit Eifer sucht ...

Eifersucht ist eine Krankheit,
aber die natürlichste von allen.
Ephraim Kishon, Kishon für alle Fälle

Der Eifersüchtige weiß nichts,
ahnt viel und fürchtet alles.
Curt Goetz

Eifersucht ist Angst vor dem Vergleich.
Max Frisch, Tagebuch 1946–49

Wenn wir eifersüchtig sind, entsteht gerade
jene Spannung, die die Frau braucht, um
für den anderen interessant zu werden.
Wie sollte sie also darauf verzichten können?

Peter Altenberg

Wo keine Eifersucht, da ist auch keine Liebe.

Sophokles, Antigone

Lieben und (nicht) geliebt werden

Geliebt zu werden kann eine Strafe sein.
Nicht wissen, ob man geliebt wird, eine Folter.

Robert Lembke, Grüße aus dem Fettnäpfchen

Zu lieben ist Segen,
geliebt zu werden Glück.

Leo Tolstoi, Tagebücher, 1907

Liebe ist nie verloren.
Wird sie nicht erwidert,
so fließt sie zurück und
tröstet und reinigt das Herz.

Washington Irving

Geliebt wirst du einzig, wo du schwach dich
zeigen darfst, ohne Stärke zu provozieren.

Theodor W. Adorno, Minima Moralia –
Reflexionen aus dem beschädigten Leben

Es gibt nichts Schöneres, als geliebt zu werden,
geliebt um seiner selbst willen oder
vielmehr trotz seiner selbst.

Victor Hugo

>> ## Gleich und Gleich gesellt sich gern.

Sprichwort

Diese Weisheit haben nun Psychologen wissenschaftlich untermauert. In westlichen Gesellschaften ist demnach die Selbsteinschätzung entscheidender Faktor bei der Partnerwahl. Menschen suchen in der Liebe nicht nach Gegensätzen und greifen meist auch nicht nach den Sternen. Vielmehr dienen die eigenen Qualitäten als Orientierung. So entscheiden sich Singles häufig für Partner mit entsprechenden Eigenschaften. Je größer das Selbstwertgefühl, desto wählerischer sind Männer wie Frauen bei der Suche nach einem Partner. «

Liebe will Taten

Ich mag nicht Liebe, die mit Worten liebt.
Sophokles

Die Liebe lebt von liebenswürdigen Kleinigkeiten.
Theodor Fontane, Cécile

Güte in den Worten erzeugt Vertrauen,
Güte beim Denken erzeugt Tiefe,
Güte beim Verschenken erzeugt Liebe.
Laotse

Je mehr man liebt, umso tätiger wird man sein.
Vincent van Gogh, Brief an Anthon G. A. Ritter van Rappard, Mai 1883

Respekt und Vertrauen

Es ist nicht unsere Aufgabe, einander
näherzukommen, so wenig wie Sonne und Mond
zueinanderkommen. Unser Ziel ist,
einander zu erkennen und einer im anderen
das zu sehen und ehren zu lernen, was er ist:
des andern Gegenstück und Ergänzung.
Hermann Hesse

Vertrauen und Achtung sind die Grundpfeiler
der Liebe, ohne welche sie nicht bestehen kann.
Heinrich von Kleist, Brief an Wilhelmine von Zenge, Anfang 1800

Nichts Größeres kann ein Mensch schenken
als sein ganzes Vertrauen.
Henry David Thoreau

Liebe ist der Wunsch,
etwas zu geben, nicht zu erhalten.
Liebe ist die Kunst, etwas zu produzieren
mit den Fähigkeiten des anderen.
Dazu braucht man von dem anderen
Achtung und Zuneigung.
Bertolt Brecht

Es ist schön,
mit jemandem schweigen zu können.
Kurt Tucholsky, Schnipsel

Hochzeitsglocken läuten

Wenn wir heiraten, übernehmen wir
ein versiegeltes Schreiben, dessen Inhalt
wir erst erfahren, wenn wir auf hoher See sind.
Lilli Palmer

Wer heiratet, kann die Sorgen teilen,
die er vorher nicht hatte.
Verfasser unbekannt

Drum prüfe,
wer sich ewig
bindet, ob
sich nicht was
Besseres findet.

Volksmund

Friedrich Schiller (1759–1805) hätte sicher nicht gedacht, dass seine Verszeilen einmal einen solchen Bekanntheitsgrad in der deutschen Sprache erreichen würden. Allerdings stammen sie in dieser geläufigen Form auch nur zur Hälfte von ihm selbst. In Schillers „Lied von der Glocke" aus dem Jahr 1799 heißt es nämlich: „Denn wo das Strenge mit dem Zarten, wo Starkes sich und Mildes paarten, da gibt es einen guten Klang. Drum prüfe, wer sich ewig bindet, ob sich das Herz zum Herzen findet." Und wie es oft geschieht, hat sich der Volksmund aus diesen Verszeilen seine eigene Weisheit gemacht.

Die Heirat in China ist, als ob man einen
Kessel mit kaltem Wasser auf das Feuer stellt.
Es kommt sehr bald ins Kochen und bleibt
dann lange heiß. Die Heirat im Westen
jedoch ist, als setze man auf einen kalten Ofen
einen Kessel mit siedendem Wasser,
das sich allmählich abkühlt.

Li Hung-Chang

Wenn ein Mädchen heiratet,

tauscht es die Aufmerksamkeiten vieler Männer

gegen die Unaufmerksamkeit eines einzigen ein.

Helen Rowland

Jeder, der heiratet, ist wie ein Doge,
der sich mit dem Adriatischen Meer vermählt –
er weiß nicht, was drin, was er heiratet:
Schätze, Perlen, Ungetüm, unbekannte Stürme.

Heinrich Heine, Gedanken und Einfälle

Hin und wieder verlieren junge Mädchen
ihren besten Freund, indem sie ihn heiraten.

Françoise Sagan

Ein Mädchen sollte aus Liebe heiraten
und damit weitermachen,
bis es sie gefunden hat.

Zsa Zsa Gabor

Die gefährlichste Klippe
im Leben eines Künstlers
ist die Heirat, besonders eine
sogenannte glückliche Heirat.

Anselm Feuerbach

Shakespeare und Schiller – Experten in Sachen Liebe

Über das Wesen der Liebe

Weise sein und lieben
vermag kein Mensch.

William Shakespeare,
Troilus und Cressida

* * *

Der Liebe leichte Schwingen
trugen mich; kein steinern
Bollwerk kann der Liebe
wehren; und Liebe wagt,
was irgend Liebe kann.

William Shakespeare,
Romeo und Julia

* * *

Wohl darf die Liebe werben
um die Liebe.

Friedrich Schiller, Wallenstein

* * *

Ohne Liebe kehrt kein
Frühling wieder, ohne Liebe
preist kein Wesen Gott!

Friedrich Schiller,
Fantasie an Laura

Wenn Amors Pfeile treffen …

Liebe schaut nicht
mit den Augen, sondern
mit der Seele, und daher
wird der geflügelte Amor
blind dargestellt.

William Shakespeare,
Ein Sommernachtstraum

* * *

Amor ist ein mächtiger Fürst
und hat mich so gebeugt,
dass ich bekenne,
es gibt kein Weh,
das seiner Strafe glich,
doch gibt's nicht größre Lust,
als ihm zu dienen.

William Shakespeare,
Die beiden Veroneser

* * *

Amor steckt von
Schalkheit voll, macht
die armen Weiblein toll.

William Shakespeare,
Ein Sommernachtstraum

Leidenschaft und Eifersucht

Mädchen, kannst
du ewig hassen?
Verzeiht gekränkte Liebe nie?

Friedrich Schiller, Don Carlos

* * *

Das giftige Schrein
der eifersücht'gen Frau
wirkt tödlicher als
tollen Hundes Zahn.

William Shakespeare,
Die Komödie der Irrungen

* * *

Das ist das Ungeheuerliche
in der Liebe, dass der Wille
unendlich ist und
die Ausführung beschränkt,
dass das Verlangen grenzenlos
ist und die Tat ein Sklave
der Beschränkung.

William Shakespeare,
Troilus und Cressida

* * *

Die Leidenschaft flieht,
die Liebe muss bleiben;
die Blume verblüht,
die Frucht muss treiben.

Friedrich Schiller,
Das Lied von der Glocke

Die Qualen unerfüllter Liebe

Das süßeste Glück
für die trauernde Brust,
nach der schönen Liebe
verschwundener Lust, sind der
Liebe Schmerzen und Klagen.

Friedrich Schiller,
Des Mädchens Klage

* * *

So lieb ich dich und
darf mich nicht beklagen:
Was Liebe einträgt,
hat sie zu ertragen.

William Shakespeare, Sonette

* * *

Wenn Lieb' erkrankt
und schwindet,
nimmt sie gezwungene
Höflichkeit an.

William Shakespeare, Julius Cäsar

* * *

Tränen der Liebe
schöner glänzen
in unsern Augen
als die Brillanten
in unserm Haar.

Friedrich Schiller
Kabale und Liebe

Die Sache mit der Treue

Treue kann man nicht verlangen.
Treue ist ein Geschenk.
Lilli Palmer

Wenn Treue nicht ein Gegengeschenk ist,
dann ist sie die törichste aller Verschwendungen.
Arthur Schnitzler, Buch der Sprüche und Bedenken

Fast jede Frau wäre gern treu.
Schwierig ist es bloß, den Mann zu finden,
für den es sich lohnt, treu zu sein.
Marlene Dietrich

Es sind nicht die dümmsten Frauen,
die sich für eine Untreue des Mannes
durch bedingungslose Treue rächen.
Sir Alec Guinness

Wenn eine Frau die Zärtlichkeit rationiert,
geht der Mann auf den schwarzen Markt.
Senta Berger

Die Behauptung, ein Mann könne nicht immer
die gleiche Frau lieben, ist so unsinnig wie
die Behauptung, ein Geigenspieler brauche für
dasselbe Musikstück mehrere Violinen.
Honoré de Balzac

Kein Zweifel, der Hund ist treu.
Aber sollen wir uns deshalb ein Beispiel
an ihm nehmen? Er ist doch dem
Menschen treu und nicht dem Hund.
Karl Kraus, Fackel 251/252 39; Sprüche und Widersprüche

Es ist viel leichter, das grüne Gras
woanders anzuschauen als bei sich
zu Hause im eigenen Garten.

indianische Weisheit

Die Hochzeitsreise – der erste Versuch,
der Eherealität zu entgehen.

August Strindberg

Männer machen immer
ein so dummes Gesicht,
wenn sie ertappt werden.
Und sie werden stets ertappt.

Oscar Wilde, Ein idealer Gatte

Wenn eine Frau dem Mann
reinen Wein einschenkt,
dann ist es bestimmt eine Spätlese.

Peter Frankenfeld

Wenn's drauf ankommt,
eine Geliebte zu betrügen,
da ist der Dümmste ein Philosoph.

Johann Nepomuk Nestroy, Der Treulose

Von Reue keine Spur

Ich bereue nichts im Leben – außer dem,
was ich nicht getan habe ...

Coco Chanel

Lasst uns mit Frauen scherzen beim Weingelage ...
Buße tun und Wasser trinken aber
am anderen Tage.

Lord George Gordon Noel Byron

Ich kann gar nichts bereuen, weil ich mich
niemals daran erinnere, was ich mir einmal
gewünscht habe. Ich bin wie eine Schultafel –
alles, was nicht passiert, wird ausgewischt.

Karl Lagerfeld, Tomorrow Focus, 28. Februar 2005

Es ist besser zu genießen und zu bereuen,
als zu bereuen, dass man nicht genossen hat.

Giovanni Boccaccio, Decamerone

Bedauernswert die Frau,

die nichts zu bereuen hat.

Jeanne Moreau

Die Gesellschaft hat die Strafe erfunden,
die Theologie die Hölle, und für die Fälle,
in denen die irdische Sühne ausbleibt
und der Glaube ans Jenseits versagt,
hat unsere Feigheit die Reue erfunden.

Arthur Schnitzler, Beziehungen und Einsamkeiten

Trotz Liebesfrust –
das Leben geht weiter

Liebe, sagt man, geht durch den Magen.
Ob das auch für die unglückliche Liebe gilt?

Marianne Sägebrecht

Nichts macht eine Frau dicker als ein Mann.

Zsa Zsa Gabor

Jede enttäuschte Liebe macht ein bisschen
immun gegen die nächste.

Ursula Andress

Wenn die Liebe vergeht

Liebe überwindet den Tod,
aber es kommt vor,
dass eine kleine üble Gewohnheit
die Liebe überwindet.

Marie von Ebner-Eschenbach, Aphorismen

Es ist doch immer dasselbe:
Zuerst hat man eine Frau im Herzen,
dann auf den Knien, dann im Arm
und dann am Hals.

Mario Adorf

Das Schicksal kommt in Schuhgröße
41 bis 45 und tritt alles platt.

Maria Schell

Fängt Liebe das Schulmeistern an,
hat sie bald Ferien.

Pearl S. Buck

Trennungen haben auch ihr Gutes

Man muss manchmal von einem Menschen
fortgehen, um ihn zu finden.

Heimito von Doderer, Repertorium

Abschiedsworte müssen kurz sein
wie Liebeserklärungen.

Theodor Fontane, Cécile

Das Schicksal wird uns zwar trennen,
nicht aber entzweien können.

Jean-Jacques Rousseau

Grammatikalisch korrekt, bitte sehr!

Der französische Grammatiker Nicolas Beuazée (1717 bis 1789) ertappte seine Frau in flagranti mit einem Liebhaber. Entsetzt sprang die Frau auf und sagte zu ihrem Liebhaber: „Ich habe dir doch gesagt, dass es Zeit ist, zu gehen!" Da konnte sich der betrogene Ehemann und Grammatiker nicht mehr beherrschen und brüllte: „Wenn du dich schon nicht korrekt verhältst, dann sag wenigstens grammatikalisch korrekt, dass es ‚Zeit gewesen wäre, weggegangen zu sein!'"

Wir irrten uns aneinander;
es war eine schöne Zeit.

Johann Wolfgang von Goethe, Erinnerung

Die Ehe ist die einzige lebenslängliche Verurteilung,
bei der man aufgrund
schlechter Führung begnadigt werden kann.

Alfred Hitchcock

Der einzige solide und dauerhafte Friede
zwischen einem Mann und einer Frau
ist zweifellos die Trennung.

Lord Chesterfield

Gatten, die sich vertragen wollen,
lernen's von uns beiden!
Wenn sich zweie lieben sollen,
braucht man sie nur zu scheiden.

Johann Wolfgang von Goethe, Faust I

Was du liebst, lass es frei. Kommt es zurück,
gehört es dir – für immer.

Konfuzius

Trennung lässt matte Leidenschaften
verkümmern und starke wachsen,
wie der Wind die Kerze verlöscht
und das Feuer entzündet.

François de La Rochefoucauld

Es ist selten, dass man im Guten
auseinandergeht. Denn wenn man im Guten ist,
geht man nicht auseinander.

Marcel Proust

Vom Lebensglück

Dem Glück die Tür öffnen – wer
wünscht sich das nicht! Aber was
macht ein erfülltes Leben aus?
Gesundheit, Liebe, Familie, die
kleinen Dinge des Lebens …

Glück ist …

Man weiß nicht, was Glück ist.
Aber man weiß meistens, was Glück war.
Françoise Sagan

Glück besteht aus einem hübschen Bankkonto,
einer guten Köchin und einer tadellosen Verdauung.
Jean-Jacques Rousseau

Glück ist etwas, was man geben kann,
ohne es zu haben.
Ricarda Huch

Glück ist das Maß für die kleinste Zeiteinheit
im Leben eines Menschen.
Gerd Uhlenbruck, Den Nagel auf den Daumen getroffen, Aphorismen

Glück ist die Erfüllung von Kinderwünschen.
Sigmund Freud

Das Glück ist unsere Mutter,
das Missgeschick unser Erzieher.
Charles-Louis de Montesquieu

Glück ist Selbstgenügsamkeit.
Aristoteles

Glück ist Talent für die Historie oder das Schicksal.
Novalis, Das allgemeine Brouillon, Materialien zur Enzyklopädistik

Glück entsteht oft durch Aufmerksamkeit
in kleinen Dingen, Unglück oft durch
Vernachlässigung kleiner Dinge.
Wilhelm Busch

Alles eine Frage
der richtigen Einstellung

Vergiss nicht, Glück hängt nicht davon ab,
wer du bist oder was du hast; es hängt nur
davon ab, was du denkst.

Dale Carnegie

Glücklich ist nicht, wer anderen so vorkommt,
sondern wer sich selbst dafür hält.

Seneca d. J.

Die meisten Menschen

sind so glücklich, wie sie es sein wollen.

Abraham Lincoln

Wer Glück sagt,
meint auch Liebe

Es gibt kaum ein beglückenderes Gefühl,
als zu spüren, dass man für andere Menschen
etwas sein kann.

Dietrich Bonhoeffer

Glücklich allein die Seele,
die liebt.

Johann Wolfgang von Goethe, Egmont

Glück ist Liebe, nichts anderes.
Wer lieben kann, ist glücklich.

Hermann Hesse

Denn das Glück, geliebt zu werden,
ist das höchste Glück auf Erden.

Johann Gottfried von Herder

Ein Hoch auf die Gesundheit

Gesundheit ist nicht alles,
aber ohne Gesundheit ist alles nichts.

Arthur Schopenhauer

Wer viel Geld hat, ist reich.
Wer keine Krankheit hat, ist glücklich!

chinesische Weisheit

Glück ist ganz einfach gute Gesundheit

und ein schlechtes Gedächtnis.

Ernest Hemingway

Das wahre Glück des Menschen ist Gesundheit
und froher Mut. Wer diese beiden Gaben hat,
kann alle übrigen entbehren.

Verfasser unbekannt

Kommt zu einem schmerzlosen Zustand
noch die Abwesenheit der Langeweile,
so ist das irdische Glück
im Wesentlichen erreicht.

Arthur Schopenhauer, Aphorismen zur Lebensweisheit

Mensch, ärgere dich nicht!

Jede Minute, die man sich ärgert,
kostet sechzig Minuten des Glücks.

Ralph Waldo Emerson

Bemüh dich nur und sei hübsch froh,
der Ärger kommt schon sowieso.

Wilhelm Busch, Aphorismen und Reime

Es wäre dumm, sich über die Welt zu ärgern.
Sie kümmert sich nicht darum.

Marc Aurel

Das Ärgerliche am Ärger ist, dass man
sich schadet, ohne anderen zu nutzen.

Kurt Tucholsky

Das Leben nehmen, wie es ist

Glücklich ist, wer vergisst,
was nicht mehr zu ändern ist.

Karl Haffner und Richard Genée, Libretto zu „Die Fledermaus"

Es gibt nur einen Weg zum Glück,
und der bedeutet, aufzuhören mit der Sorge
um Dinge, die jenseits der Grenzen
unseres Einflussvermögens liegen.

Epiktet

Das Glück ist im Grunde nichts anderes
als der mutige Wille zu leben, indem man
die Bedingungen des Lebens annimmt.

Maurice Barrès

So ist das Leben, und so muss man es nehmen,
tapfer, unverzagt und lächelnd – trotz alledem.

Rosa Luxemburg, Brief an Sonia Liebknecht, Dezember 1917

Halb so schlimm?

Ein Mann klagte bei einem Rabbi: „Rabbi, mein Leben ist unerträglich. Wir wohnen zu sechst in einem Raum. Was soll ich tun?" Der Rabbi antwortete: „Nimm deinen Ziegenbock mit ins Zimmer, und komme in einer Woche wieder." Nach einer Woche kam der Mann, total am Ende. „Wir ertragen es nicht mehr, der Bock stinkt unerträglich." Der Rabbi antwortete: „Stell den Bock wieder in den Stall, und komm nach einer Woche wieder." Der Mann kam wieder. Er strahlte: „Das Leben ist herrlich, Rabbi. Kein Bock mehr – nur wir sechs."

Das Glück der anderen

Glückspilze gehören zu den
ungenießbaren Pilzsorten.
Robert Lembke

Wer sich an kleinen Dingen freut,
kann mir die großen überlassen.
Charles Bukowski

Unser Glück ist unmöglich
ohne das Glück der anderen.
Nikolai G. Tschernyschewski, Was tun?

*Das Glück anderer Leute kann den
heitersten Mann düster stimmen.*
Truman Capote

Wenn andere Menschen glücklich sind,
sollten wir sie darauf hinweisen,
dass alles Positive eine Kehrseite hat.
Françoise Sagan

Dem Glück die Tür öffnen!

Das Glück kommt zu denen, die es erwarten.
Nur müssen sie die Tür auch offen halten.
Thomas Mann

Die Chance klopft öfter an,
als man meint, aber meistens
ist niemand zu Hause.
Will Rogers (William Penn Adair)

Die Tür zum Glück geht nach außen
auf – wer sie „einzurennen" versucht,
der verschließt sie nur.

Sören Kierkegaard

Alle Gelegenheit, glücklich zu werden, hilft nichts,
wer den Verstand nicht hat, sie zu benutzen.

Johann Peter Hebel, Drei Wünsche

Das Glück kann man nicht zwingen,
aber man kann es wenigstens einladen.

Attila Hörbiger

Viele Menschen versäumen das kleine Glück,
während sie auf das große vergebens warten.

Pearl S. Buck

Geheimnisse des Glücks

Das Geheimnis eines glücklichen Lebens
liegt in der Entsagung.

Mahatma Gandhi, Freiheit ohne Gewalt

Wir sind auf Erden, um das Glück zu suchen,
nicht um es zu finden.

Sidonie-Gabrielle Colette

Seine Freude in der Freude des anderen finden
können: Das ist das Geheimnis des Glücks.

Georges Bernanos

Das Glück entflieht uns,
wenn wir ihm hinterherrennen.
In Wahrheit kommt das Glück von innen.

Mahatma Gandhi

» **Dem Glück-
lichen schlägt
keine Stunde.**

Sprichwort

Auf die Uhr – das Maß aller
Dinge in unserer Kultur – achtet
niemand, wird Zeit als schön
und beglückend empfunden.
Wer glücklich ist, dem ist die
Zeit egal. Zum Sprichwort wurde
diese zutiefst menschliche Er-
fahrung durch Friedrich Schillers
Dramentrilogie „Wallenstein"
(1799). Dort sagt der in seine
Cousine Thekla verliebte Max
Piccolomini: „O, der ist aus dem
Himmel schon gefallen, der an
der Stunden Wechsel denken
muss! Die Uhr schlägt keinem
Glücklichen." Daraus machte der
Volksmund „Dem Glücklichen
schlägt keine Stunde". «

Die eigentlichen Geheimnisse auf dem
Weg zum Glück sind Entschlossenheit,
Anstrengung und Zeit.

Tenzin Gyatso, XIV. Dalai-Lama

Nicht das Glücklichsein führt zur Dankbarkeit,
sondern die Dankbarkeit zum Glücklichsein.

David Steindl-Rast

Das allein macht glücklich, wenn wir uns
unserer Rolle bewusst werden, und sei sie
noch so unbedeutend.

Antoine de Saint-Exupéry

Glück im Unglück –
Unglück im Glück

Ein Mensch schaut in die Zeit zurück und sieht:
Sein Unglück war sein Glück.

Eugen Roth, Vieldeutung

Unglück wird zum Glück, wenn man es bejaht.

Hermann Hesse

*Glück ist, wenn das
Pech die anderen trifft.*

Horaz

Die meisten Menschen sind unglücklich,
weil sie, wenn sie glücklich sind,
noch glücklicher werden wollen.

Ingrid Bergman

Zum Trost: Glück strengt genauso an wie Unglück.

Robert Musil

Der Phönix

NACH GOTTHOLD
EPHRAIM LESSING

Nach vielen Jahrhunderten gefiel es dem Phönix,
sich wieder einmal sehen zu lassen. Er erschien,
und alle Tiere und Vögel versammelten sich um ihn.
Sie gafften, sie staunten, sie bewunderten ihn und
brachen in entzückendes Lob aus. Bald aber wandten
selbst die besten und geselligsten mitleidsvoll ihre Blicke
ab und seufzten: „Der unglückliche Phönix!
Ihm ward das
harte Los
zuteil, weder
Geliebte noch
Freunde zu
haben; denn
er ist der
Einzige seiner Art!"

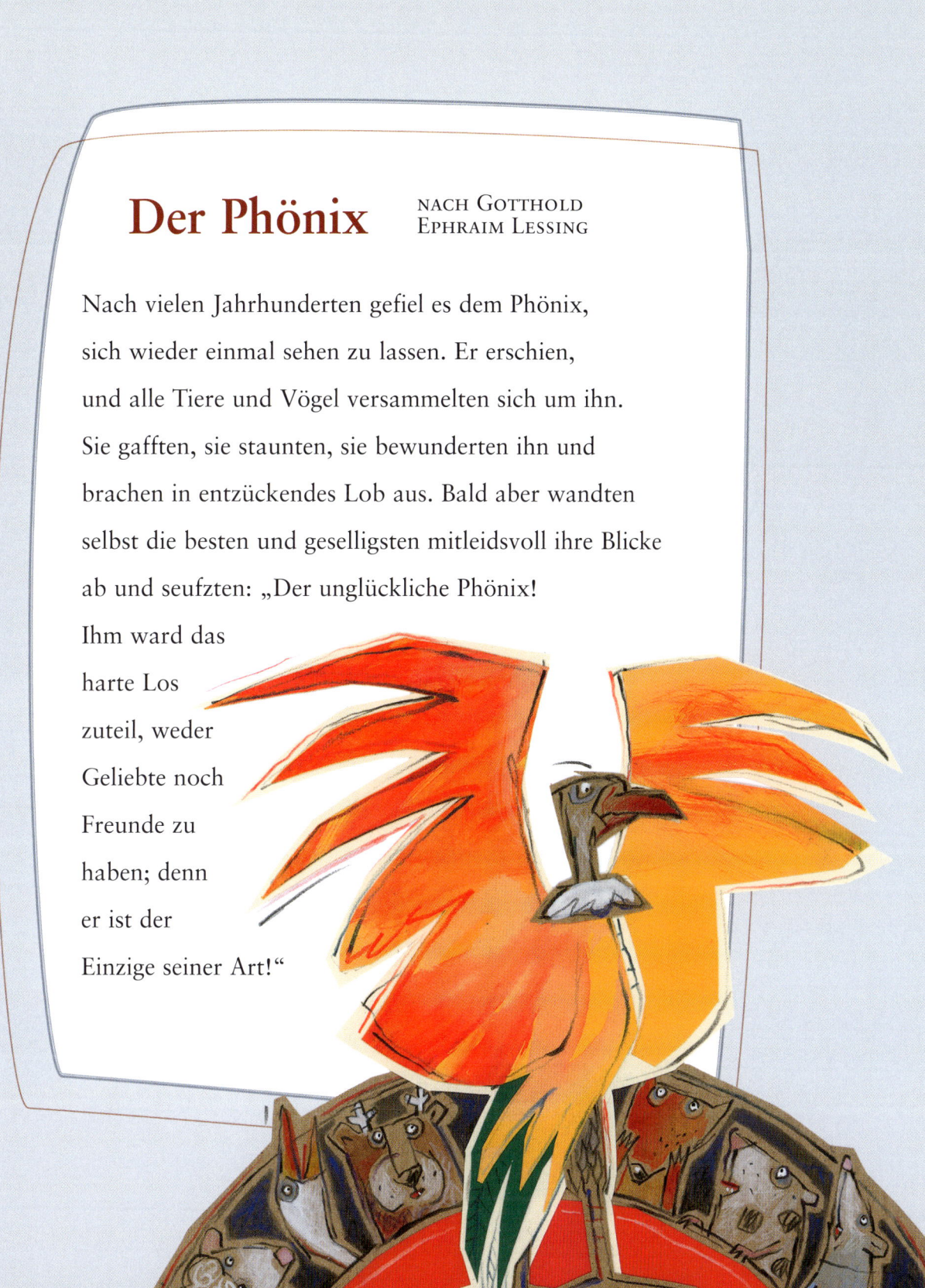

Ein ganzes Leben erfüllt von Glück!
Kein lebender Mensch könnte das ertragen:
Es wäre die Hölle auf Erden.

George Bernhard Shaw, Mensch und Übermensch

Leute, die auf Rosen gebettet sind,
verraten sich dadurch, dass sie immerzu
über Dornen jammern.

Françoise Sagan

Glück und Unglück sind Namen für Dinge,
deren äußerste Grenzen wir nicht kennen.

John Locke

Kurz und so zerbrechlich …

Aus den Wolken muss es fallen,
aus der Götter Schoß, das Glück,
und der Mächtigste von allen Herrschern
ist der Augenblick.

Friedrich Schiller, Die Gunst des Augenblicks

Glück dauert niemals lange, und Unglück
ist mit Geld leichter zu ertragen als ohne.

Françoise Sagan

Glück ist wie ein Brillengestell.
Man sucht es, bis man darauftritt,
und dann ist es hinüber.

Annette von Droste-Hülshoff

Glück gleicht durch Höhe aus,
was ihm an Länge fehlt.

Robert Lee Frost

Vom Glück der Freude

Es ist ein ungeheures Glück,
wenn man fähig ist, sich freuen zu können.
George Bernhard Shaw

Das schönste Geschenk an den Menschen
ist die Fähigkeit zur Freude.
Marquis de Vauvenargues

Freude ist wie ein Wattenmeer,
in dem zu Zeiten der Ebbe
jedermann spazieren gehen kann.
Christian Morgenstern

Du brauchst nur zu lieben und alles ist Freude.
Leo Tolstoi, Tagebücher, 1910

Heiterkeit und Freudigkeit ist der Himmel,
unter dem alles gedeiht.
Jean Paul

Sich selbst im Wege stehen

Verbringe die Zeit nicht mit der Suche
nach einem Hindernis. Vielleicht ist keines da.
Franz Kafka

Man ist eigentlich nur durch Nachdenken
unglücklich.
Joseph Joubert

Der Leitsatz „Nichts zählt außer
Vollkommenheit" kann Lähmung bedeuten.
Sir Winston Churchill

JEAN PAUL (1763–1825)
Sein großes Vorbild war Jean-Jacques Rousseau – und er war auch der Grund, warum sich der deutsche Dichter Johann Paul Friedrich Richter den Namen Jean Paul gab. Charakteristisch für seinen Stil sind ein hintergründiger Humor und skurrile Einfälle, die oft unvermittelt zwischen Bitterkeit und Heiterkeit hin und her schwanken. Jean Paul selbst war kein Kind von Traurigkeit, war sehr gesellig und geistreich, aber überaus sentimental und von fast kindlichem Gemüt.

Jeder ist in dem Maße unglücklich,
in dem er es zu sein glaubt.

Seneca d. J., Moralische Briefe an Lucilius

Wer nach Fehlern sucht,
wird selbst im Paradies welche finden.

Henry David Thoreau

Sich unglücklich fühlen kann
zur schlechten Angewohnheit werden.

George Meredith

Geld und Glück

Geld allein macht nicht glücklich,
aber es ist besser, in einem Taxi zu weinen
als in der Straßenbahn.

Marcel Reich-Ranicki

Geld allein macht noch nicht
unglücklich.

Peter Falk

Geld ist nichts.

Aber viel Geld, das ist etwas anderes.

George Bernard Shaw

Die meisten Menschen wären glücklich,
wenn sie sich das Leben leisten könnten,
das sie sich leisten.

Danny Kaye

Ein reicher Mann ist oft
ein armer Mann mit viel Geld.

Aristoteles Onassis

Als ich klein war, glaubte ich,
Geld sei das Wichtigste im Leben.
Heute, da ich alt bin, weiß ich: Es stimmt.

Oscar Wilde, Das Bildnis des Dorian Gray

Es ist nicht schwer, Menschen zu finden,
die mit 60 zehnmal so reich sind, als sie es
mit 20 waren. Aber nicht einer von ihnen
behauptet, er sei zehnmal so glücklich.

George Bernard Shaw

Ein „reiches" Leben führen

Reich ist man nicht durch das,
was man besitzt, sondern mehr noch durch das,
was man mit Würde zu entbehren weiß.

Epikur von Samos

Wenn ein Mensch behauptet, mit Geld
ließe sich alles erreichen, darf man sich sicher sein,
dass er nie welches gehabt hat.

Aristoteles Onassis

Reich ist man, wenn man etwas hat,
das mehr ist als materielle Dinge.

Ingeborg Bachmann

Reich wird man erst durch die Dinge,
die man nicht begehrt.

Mahatma Gandhi

Wirklich reich ist ein Mensch
nur dann, wenn er das Herz
eines geliebten Menschen besitzt.

Greta Garbo

Ein Lächeln kostet
weniger als Elektrizität
und bringt mehr Licht.

Abbé Pierre

Lächeln ist das
Kleingeld des Glücks.

Heinz Rühmann

Das Leben ist
wie ein Spiegel:
Wenn man hineinlächelt,
lächelt es zurück.

Nubar Gulbenkian

Ein Tag
ohne Lächeln
ist ein verlorener Tag!

Charlie Chaplin

Vom Erfolg im Leben

Ich habe beschlossen, glücklich zu sein,
weil es besser für die Gesundheit ist.
Voltaire

Erfolg ist nie von Dauer.
Wer eine vorbildliche Mausefalle
erfindet, muss damit rechnen, dass
die Mäuse der nächsten Generation
von Natur aus klüger sein werden.
Albert Einstein

Ehrliche, herzliche Begeisterung ist einer
der wirksamsten Erfolgsfaktoren.
Dale Carnegie, Rede, Die Macht des gesprochenen Wortes

Sobald der Geist auf ein Ziel gerichtet ist,
kommt ihm vieles entgegen.
Johann Wolfgang von Goethe

Zielstrebigkeit ist eine der wesentlichen
Voraussetzungen für Erfolg im Leben,
egal welches Ziel man verfolgt.
John D. Rockefeller II.

Ausdauer wird früher oder später belohnt –
meistens aber später.
Wilhelm Busch

Der tägliche kleine Erfolg ist es,
der uns zufrieden und glücklich macht,
nicht der seltene große.
Waltraud Puzicha, Kurz belichtet, Klappe 1

Dem Mutigen winkt das Glück!

Mut steht am Anfang des Handelns,
Glück am Ende.

Demokrit

Was immer du tun kannst oder
erträumst zu können, beginne es jetzt.
Kühnheit besitzt Genie, Macht
und magische Kraft.

Johann Wolfgang von Goethe

In zwanzig Jahren wirst du mehr bedrückt sein
wegen der Dinge, die du nicht getan hast,
als wegen der Dinge, die du getan hast.
Also mach die Leinen los! Verlasse den sicheren
Hafen! Lass den Passatwind in deine Segel wehen!
Forsche! Träume! Entdecke!

Mark Twain

Was wäre das Leben,
hätten wir nicht den Mut,
etwas zu riskieren.

Vincent van Gogh

Glücklich, wer, was er liebt,
tapfer zu verteidigen wagt.

Ovid, Liebesgedichte

Wer erst segelt, wenn alle Gefahren vorüber sind,
wird niemals in See stechen.

Thomas Fuller

Nicht alle Wünsche machen glücklich

Ein jeder Wunsch, wenn er erfüllt,
kriegt augenblicklich Junge.

Wilhelm Busch, Niemals (Schein und Sein)

Statt zu klagen, dass wir nicht alles haben,
was wir wollen, sollten wir lieber dankbar sein,
dass wir nicht alles bekommen, was wir verdienen.

Dieter Hildebrandt

Wenn wir uns auf uns selbst besinnen,
stellen wir fest, dass wir genau das besitzen,
was wir uns wünschen.

Simone Weil

Es gibt erfülltes Leben
trotz vieler unerfüllter Wünsche.

Dietrich Bonhoeffer, an Eberhard Bethge, 19. März 1944

Zu den Enttäuschungen des Lebens
zählen oft die erfüllten Wünsche.

Mutter Teresa

Wenn man glücklich ist, soll man nicht
noch glücklicher sein wollen.

Theodor Fontane

Wenn du einen Menschen glücklich machen willst,
dann füge nichts seinem Reichtum hinzu, sondern
nimm ihm einige von seinen Wünschen.

Epikur von Samos

WILHELM BUSCH (1832–1908)
Er selbst würde sich wohl etwas wundern, wenn er sähe, dass er heute vor allem als Verfasser von Kinderbüchern angesehen wird. Tatsächlich sind seine abgründigen, bissig humorvollen Bildergeschichten nicht als Kinderlektüre erdacht worden und sollten sicher nicht in einem bürgerlichen Sinn zur Moral erziehen. Seine Figuren spiegeln drastisch Glück und Unglück unseres Daseins in allen Facetten. Weil er viele seiner Geschichten mit selbstgezeichneten Bildserien versah, gilt er als der Urvater des Comicstrips; ein berühmter Comicpreis heißt daher auch »Max-und-Moritz-Preis«.

Kleine Gebrauchsanweisung für das Lebensglück

Schritt 1:
Vertraue auf das Leben!

Fürchte dich weniger,
hoffe mehr,
iss weniger,
kaue mehr,
jammere weniger,
atme mehr,
rede weniger,
liebe mehr – und alle Dinge
werden dein sein.

schwedisches Sprichwort

* * *

Habe Vertrauen zum Leben –
und es trägt dich lichtwärts.
Vertrau auf dein Glück –
und du ziehst es herbei.

Seneca d. J.

* * *

Willst du glücklich leben,
hasse niemanden
und überlasse
die Zukunft Gott.

Johann Wolfgang von Goethe

Schritt 2:
Lass das Glück kommen!

Das Glück ist
ein Schmetterling.
Jag ihm nach, und er
entwischt dir. Setz dich hin,
und er lässt sich auf
deiner Schulter nieder.

Anthony de Mello

* * *

Die meisten Menschen
machen das Glück
zur Bedingung.
Aber das Glück findet sich
nur ein, wenn man
keine Bedingungen stellt.

Arthur Rubinstein, Erinnerungen.
Die frühen Jahre

* * *

Glück ist
das Wissen darum,
dass du nicht
notwendigerweise
Glück brauchst.

William Saroyan

Schritt 3:
Vertreibe das Glück nicht!

Das Vergleichen
ist das Ende des Glücks
und der Anfang
der Unzufriedenheit.

Sören Kierkegaard

* * *

Freiheit und Glück
bestehen im Loslassen,
nicht im Sammeln
und Bewahren.

Wolfgang Joop

* * *

Glück kann man
nur festhalten, indem
man es weitergibt.

Werner Mitsch,
Hin- und Widersprüche

Schritt 4: Liebe, was du tust!

Alle Freude, alles Glück,
das wir außen empfinden,
ist eine Widerspiegelung
unseres wahren inneren Selbst,
die dann entsteht,
wenn wir in einer Sache
völlig aufgehen.

Kirpal Singh

Glück besteht nicht darin,
dass du tun kannst, was
du willst, sondern darin, dass
du immer willst, was du tust.

Leo Tolstoi

* * *

Glücklich der Mensch,
glücklich er allein, der das
Heute ganz besitzen kann,
der in sich ruhend sagen kann:
Das Morgen, sei es noch so
schlimm, ich hab heut gelebt.

Horaz

Schritt 5: Denke positiv!

Die wahren Lebenskünstler
sind bereits glücklich, wenn
sie nicht unglücklich sind.

Jean Anouilh

* * *

Das Glück kommt
zu denen, die lachen.

japanisches Sprichwort

* * *

Die Kunst eines glücklichen
Lebens ist es, ein Optimist
zu sein und dabei gleichzeitig
realistisch zu bleiben!

Ines Lachetta

Wo das Glück zu finden ist

Es ist schwer, das Glück in uns zu finden,
und es ist ganz unmöglich, es anderswo zu finden.
Nicolas Chamfort

Das Glück wohnt nicht im Besitze und nicht im
Golde, das Glücksgefühl ist in der Seele zu Hause.
Demokrit

Im Reich der Wirklichkeit ist man nie so

glücklich wie im Reich der Gedanken.
Arthur Schopenhauer

Heute mach ich mir eine Freude
und besuche mich selbst.
Karl Valentin

Und ich habe gemerkt: Das Wunder,
auf das ich so lange gewartet habe,
bin ich selbst.
Selma Lagerlöf

Die Grundlagen, nach denen wir suchen und die
wir auch finden, sind in uns – wie das Königreich
des Himmels – und nicht außerhalb von uns.
Samuel Butler

Das Glück wohnt droben
in dem Schoß des ew'gen Vaters.
Friedrich Schiller, Die Jungfrau von Orleans

Das Tal der Sorgen ist umgeben
von Bergen des Glücks.
Erhard H. Bellermann, Menschs Tierleben

Über die Sehnsucht

Glücklich, wer noch mit dem Aug'
der Sehnsucht sieht.

Robert Hamerling

Alles beginnt mit der Sehnsucht.

Nelly Sachs, Sehnsucht

Der sensible Mensch leidet nicht aus diesem
oder jenem Grunde, sondern ganz allein,
weil nichts auf dieser Erde
seine Sehnsucht stillen kann.

Jean-Paul Sartre, Die Wörter

Wenn du ein Schiff bauen willst,
so trommle nicht Männer zusammen,
um Holz zu beschaffen, Werkzeuge vorzubereiten,
Aufgaben zu vergeben und die Arbeit einzuteilen,
sondern lehre die Männer die Sehnsucht
nach dem weiten endlosen Meer.

Antoine de Saint-Exupéry

Unsere Sehnsüchte sind

unsere Möglichkeiten.

Robert Browning

Sehnsucht – die einzige überlebensnotwendige
Form der Sucht.

Walter Ludin

Des Menschen Sehnsucht geht dahin,
ein Ganzes und Vollkommenes
zu erkennen.

Thomas von Aquin, Summa theologiae

Visionen, Illusionen und Träume

Kein Mensch beginnt zu sein,
bevor er seine Vision empfangen hat.

indianische Weisheit

Die Visionäre von gestern
sind die Realisten von heute.

Helmuth Kohl, Streitgespräch mit Helmut Schmidt in Die Zeit, 1998

Bewahre deine Illusionen.
Wenn sie verschwunden sind,
wirst du weiterexistieren,
aber nicht weiterleben.

Mark Twain, Biografie, Ostindische Reise, 5. Februar 1896

Illusionen platzen immer,
Träume werden immer wahr.

Yoko Ono

Der Träumer ist der eigentliche Tatmensch.

Fernando Pessoa, Das Buch der Unruhe des Hilfsbuchhalters Bernardo Soares

I have a dream.

Martin Luther King

Am 28. August 1963 hielt der schwarze amerikanische Bürgerrechtler Martin Luther King in Washington D.C. die berühmte Rede „I have a dream" („Ich habe einen Traum"). Über 250 000 Menschen hörten zu, als King die Aspekte seiner Vision von einer gerechteren Gesellschaft mehrfach mit den berühmten Worten „I have a dream" einleitete. Diese Rede war eine der wichtigsten Ansprachen während des Marsches der Bürgerrechtsbewegung nach Washington für das Recht auf Arbeit, Freiheit und Gleichheit und zählt zu den Meisterwerken der Rhetorik. „I have a dream" wurde zum geflügelten Wort, wann immer es darum geht, aus Visionen Wirklichkeit werden zu lassen.

Schenken macht glücklich

Was wir geben, sind nicht nur Geschenke,
sondern auch Stücke von uns selbst.
Sir Peter Ustinov

Das Geheimnis des Glücks liegt nicht im Besitz,
sondern im Geben. Wer andere glücklich macht,
wird glücklich.
André Gide

Nicht wer viel besitzt, ist reich,
sondern wer viel gibt.
Erich Fromm, Die Kunst des Liebens

Man liebt den anderen nicht, wenn man sich
nichts von ihm schenken lassen will.
nigerianisches Sprichwort

Gib blind, nimm sehend.
deutsches Sprichwort

Wo man nehmen will, muss man geben.
Laotse, Dao-de-dsching

Richtig schenken bedeutet
zu lieben, ohne zu verletzen.
Alfred Selacher

Das Schönste am Schenken
ist das Leuchten in den Augen der Beschenkten.
aus Russland

Was immer du auf Erden verschenkst,
es wird dich in den Himmel begleiten.
aus dem Koran

Das Glück der Erinnerung

Die Erinnerung ist das einzige Paradies,
woraus wir nicht vertrieben werden können.

Jean Paul, Impromptus, welche ich künftig in Stammbücher schreiben werde

Die Jugend ernährt sich von Träumen,
das Alter von Erinnerungen.

jüdisches Sprichwort

Monde und Jahre vergehen.
Aber ein schöner Moment
leuchtet das Leben hindurch.

Franz Grillparzer

Wie können Erinnerungen vergehen?
Sie sind die Perlen auf dem Boden des Lebenssees.

Raden Mas Noto Soeroto, Flüstern des Abendwinds

Erinnerungen verschönern das Leben,
aber das Vergessen allein macht es erträglich.

Honoré de Balzac

Die Erinnerung
ist oft das Schönste im Leben,
glaube ich.

Romy Schneider

Erinnerungen bewirken im Alter dasselbe
wie Träume in der Jugend.

Daniel Mühlemann

Das schönste Denkmal,
das ein Mensch bekommen kann,
steht in den Herzen seiner Mitmenschen.

Albert Schweitzer

ROMY SCHNEIDER (1938–82)
Als Tochter zweier bekannter Schauspieler war Romys Lebensweg beinahe schon vorgezeichnet. 1955 begann dann mit der Hauptrolle in dem ersten von drei Sissi-Filmen Romys große Karriere als eine der beliebtesten und später auch eine der anerkanntesten Schauspielerinnen deutscher Sprache. Romy Schneiders Lebensweg war allerdings weniger von Glück als vielmehr von Leid gezeichnet. Vor allem den tragischen Unfalltod ihres 14-jährigen Sohns konnte sie kaum überwinden. Mit 43 Jahren starb sie unter nicht geklärten Umständen in ihrer Wahlheimat Paris.

Der Sinn des Lebens

Die Frage nach dem Sinn? Eine der
schwierigsten Fragen, die es gibt!
Viele kluge Leute haben sich daran
versucht – eine allgemein gültige
Antwort kann keiner geben …

Was ist das Leben?

Alles wirkliche Leben ist Begegnung.
Martin Buber, Werke I. Schriften zur Philosophie

Das Leben ist ein Spiel.
Man macht keine größeren Gewinne,
ohne Verluste zu riskieren.
Königin Christine von Schweden

Dies ist, glaube ich, die Fundamentsregel
allen Seins: Das Leben ist gar nicht so.
Es ist ganz anders.
Kurt Tucholsky, Schnipsel

Das Leben besteht aus vielen kleinen Münzen,
und wer sie aufzuheben weiß, hat ein Vermögen.
Jean Anouilh

Was ist das Leben? Das ist, als fragtest du,
was ist eine Mohrrübe?
Eine Mohrrübe ist eine Mohrrübe,
und mehr weiß man nicht davon.
Anton Tschechow

Das Leben ist eine Mischkalkulation.
Johannes B. Kerner, in: Die Welt, 14. Mai 2003

Das Leben eines jeden Menschen ist ein
von Gottes Hand geschriebenes Märchen.
Hans Christian Andersen

Das Leben ist ein Fluss, ob du darin Wasser
oder eine Schwelle bist, entscheidest du selbst.
Pascal Lachenmeier

Wie ein Theaterstück ist das Leben,
nicht wie lange, sondern wie gut es gespielt wurde,
darauf kommt es an.

Seneca d. J.

Das Leben ist ein Versuch, die Leere zu füllen.
Die meisten tun es mit Essen,
was redlicher ist als mit Geschwätz.

Joseph Arthur de Gobineau

Wofür leben wir?

Die einen leben für das „plaisir de vivre",
und die anderen leben gezwungenermaßen.

Zino Davidoff

Es gibt nur eine Aufgabe,
und die besteht darin, dass wir
die Liebe in uns vermehren.

Leo Tolstoi

Wenn ein Mensch nichts gefunden hat,
wofür er sterben würde,
eignet er sich nicht zum Leben.

Martin Luther King

Wenn man das Dasein
als eine Aufgabe betrachtet,
dann vermag man es immer zu ertragen.

Marie von Ebner-Eschenbach, Aphorismen

Frag nicht,
was das Leben dir gibt,
frag, was du gibst.

Alfred Adler

Über die Kunst, zu leben

Die meisten verwechseln Dabeisein mit Erleben.

Max Frisch, Mein Name sei Gantenbein

Das Schwierigste am Leben ist es, Herz und Kopf
dazu zu bringen, zusammenzuarbeiten.
In meinem Fall verkehren sie noch nicht mal
auf freundschaftlicher Basis.

Woody Allen

Es ist besser, sich über eine Rose zu freuen,
als ihre Wurzel unter das Mikroskop zu legen.

Oscar Wilde, Die Wahrheit der Masken

Das Wichtigste im Leben ist, immer zu wissen,
wo der Hinterausgang ist.

Kaiser Wilhelm II.

Man sollte neben Schwerpunkten
auch ein paar Leichtpunkte setzen.

Brigitte Fuchs

Das Leben genießen

Vergessen Sie nicht:
Das Leben ist eine Herrlichkeit!

Rainer Maria Rilke, Briefe

Gib jedem Tag die Chance, der schönste
deines Lebens zu werden.

Mark Twain

Es freue sich, wer da atmet im rosigen Licht!

Friedrich Schiller, Der Taucher

MAX FRISCH (1911–91)
1954 war ein Wendepunkt in
seinem Leben. Der Schweizer
verließ seine Familie, schloss sein
Architekturbüro und arbeitete
fortan erfolgreich als Schriftsteller. Weltbekannt machten ihn
Romane wie „Homo Faber"
(1957). Das Schreiben über sich
und das Leben mit dem An-
spruch, die Welt zu verbessern,
war die Berufung des kritischen,
aber dennoch lebensfrohen Zeitgenossen. Es sei zwar „keine Zeit
für Ichgeschichten", äußert sich
Frisch in „Mein Name sei
Gantenbein" (1964), „und doch
vollzieht sich das menschliche
Leben oder verfehlt sich am
einzelnen Ich, nirgends sonst."

Das Leben ist ein Theaterstück ohne vorherige
Probe. Darum singe, lache, tanze und liebe …
Charles Chaplin (Charlie Chaplin)

Nicht das Vergnügen macht das Leben lebenswert.
Das Leben ist es, das das Vergnügen
vergnügenswert macht.
George Bernard Shaw

Im Alter bereut man vor allem die Sünden,
die man nicht begangen hat.
William Somerset Maugham

Wie Leben gelingt

Es geht nicht darum, dem Leben mehr Tage
zu geben, sondern den Tagen mehr Leben.
Cicely Saunders

Leben muss man das Leben vorwärts,
verstehen kann man es nur rückwärts.
Sören Kierkegaard, Die Tagebücher 1834–55

Wandlung ist notwendig wie
die Erneuerung der Blätter im Frühling.
Vincent van Gogh, Briefe

Jeden Tag seines Lebens eine feine,
kleine Bemerkung einzufangen –
wäre schon genug für ein ganzes Leben.
Christian Morgenstern

Ich lebe nicht im Sein, sondern im Werden.
Martin Luther

Man sollte alle Tage wenigstens ein kleines Lied hören, ein gutes Gedicht lesen, ein treffliches Gemälde sehen und, wenn es möglich zu machen wäre, einige vernünftige Worte sprechen.

Johann Wolfgang von Goethe, Wilhelm Meisters Lehrjahre

Wer Bäume setzt, obwohl er weiß, dass er nie in ihrem Schatten sitzen wird, hat zumindest angefangen, den Sinn des Lebens zu begreifen.

Rabindranath Tagore

Vom Sinn der Arbeit

Die Arbeit ist ein Segen,
der wie ein Fluch aussieht.

Paul Auster

Die Arbeit, die tüchtige, intensive Arbeit,
die einen ganz in Anspruch nimmt
mit Hirn und Nerven,
ist doch der größte Genuss im Leben.

Rosa Luxemburg

Wichtig ist nicht, wo du bist,

sondern, was du tust, wo du bist.

afrikanisches Sprichwort

Ich kann Ihnen nur raten: Hängen Sie
Ihr ganzes Herz an die Arbeit.

Leonard Bernstein

Seien wir uns bewusst, dass das,
was wir tun, nur ein Tropfen im Ozean ist.
Aber gäbe es diesen Tropfen nicht,
würde er im Ozean fehlen.

Mutter Teresa

Das Pferd VON NOVALIS

Ein Wolf sagte zu einem Pferde: „Warum bleibst du denn dem Menschen so treu, der dich doch sehr plagt, und suchst nicht lieber die Freiheit?" „Wer würde mich wohl in der Wildnis gegen dich und deinesgleichen verteidigen", antwortete das philosophische Pferd, „wer mich pflegen, wenn ich krank wäre, wo fänd' ich solch gutes, nahrhaftes Futter, wo einen warmen Stall? Ich lasse dir gern für das alles, was mir meine Sklaverei verschafft, deine Chimäre von Freiheit. Und selbst die Arbeit, die ich habe, ist sie Unglück?"

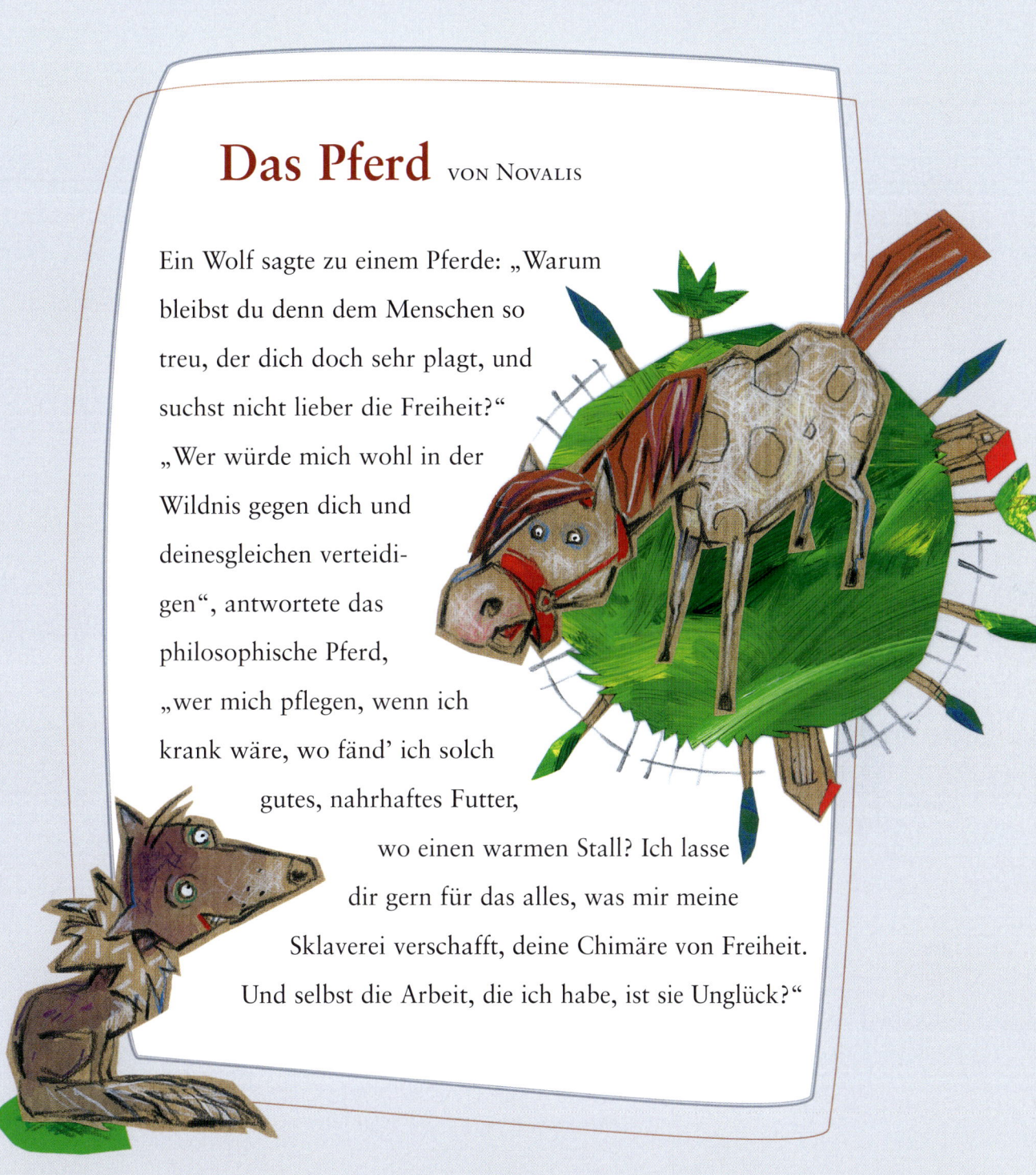

Mit Humor geht es leichter

Gibt es schließlich eine bessere Form,
mit dem Leben fertig zu werden,
als mit Liebe und Humor?

Charles Dickens, David Copperfield

Die Einbildung tröstet die Menschen
über das, was sie nicht sein können,
und der Humor tröstet sie darüber hinweg,
was sie wirklich sind.

Albert Camus

Humor ist die Fähigkeit,
im Leben mit Gegenwind zu segeln.

Günther Pfitzmann

Jedes Mal, wenn ein Mensch lacht,
fügt er seinem Leben ein paar Tage hinzu.

Curzio Malaparte

Humor ist,
wenn man trotzdem lacht.

Otto Julius Bierbaum, Yankeedoodle-Fahrt und andere Reisegeschichten

Wissen und Nichtwissen

Was wir wissen, ist ein Tropfen.
Was wir nicht wissen, ist ein Ozean.

Isaac Newton

Fantasie ist wichtiger als Wissen.
Denn Wissen ist begrenzt.

Albert Einstein

Genug weiß niemand. Zu viel so mancher.
Marie von Ebner-Eschenbach, Aphorismen

Mit dem Wissen wächst der Zweifel.
Johann Wolfgang von Goethe

Es ist des Lernens kein Ende.
Robert Schumann, Es ist des Lernens kein Ende. Spruchweisheiten

Dem Leben eine Richtung geben

Ein Mensch ohne Glauben ist
wie ein Schiff ohne Kompass.
Sinan Gönül

Glauben ist die Fähigkeit,
in Gottes Tempo zu gehen.
Martin Buber, Einsichten

Wo die Erkenntnis aufhört,
da baut sich der Glaube auf.
Augustinus, Predigt 247

Ein Weg braucht kein Wohin,
es genügt ein Woher.
Ernst Barlach

Alles wanket,
wo der Glaube fehlt.
Friedrich Schiller, Wallenstein

Halt an, wo läufst du hin?
Der Himmel ist in dir.
Angelus Silesius, Der cherubinische Wandersmann

> ## Ich weiß, dass ich nichts weiß.
>
> Sokrates
>
> Wer hat nicht schon einmal sein Nichtwissen augenzwinkernd mit diesem Zitat entschuldigt? Es geht zurück auf den griechischen Philosophen Sokrates (469–399 v. Chr.). Aus einem der Gespräche, die sein Schüler Platon überliefert, stammt der Satz: „Daher scheine ich um ein Weniges weiser zu sein als dieser, da ich nicht glaube zu wissen, was ich nicht weiß." Der letzte Teil hat sich als geflügeltes Wort verselbstständigt.

Die menschliche Existenz ohne den Glauben
an Gott für erträglich zu halten,
beruht auf Gedankenlosigkeit.

Richard Rothe

Wer je ein gründliches Erstaunen über die
Welt empfunden, will mehr. Er philosophiert –
und was er auch sagen mag – , er glaubt.

Wilhelm Busch, Brief an Maria Anderson, 25. Mai 1875

Der Mensch denkt, Gott lenkt

Der erste Schluck aus dem Becher der Natur führt
zum Atheismus, aber auf dem Grund wartet Gott.

Werner Heisenberg

Wer Gott aufgibt, der löscht die Sonne aus,
um mit einer Laterne weiterzuwandeln.

Christian Morgenstern, Stufen

Woran du dein Herz hängst, das ist dein Gott.

Martin Luther, Großer Katechismus

Gott beantwortet das Gebet auf seine Weise,
nicht auf die unsrige.

Mahatma Gandhi

Für den gläubigen Menschen steht Gott
am Anfang, für den Wissenschaftler
am Ende aller seiner Überlegungen.

Max Planck

Gottes Wille ist der sicherste Hafen des Friedens.

Edith Stein, Briefe

Hoffnung muss man haben

Wir sollten nicht zulassen,
dass unsere Ängste uns davon abhalten,
unseren Hoffnungen nachzugehen.

John F. Kennedy

Du bist so jung wie deine Zuversicht.

Albert Schweitzer

Wenn du klug bist, so mische eines mit
dem anderen: Hoffe nicht ohne Zweifel,
und zweifle nicht ohne Hoffnung.

Seneca d. J.

Es kommt darauf an, das Hoffen zu lernen.
Die größten Menschen sind jene, die anderen
Hoffnung geben können.

Jean Jaurès

Vor allem: Gib niemals auf!

Tenzin Gyatso, XIV. Dalai-Lama

Wenn ich wüsste,
dass morgen
die Welt untergeht,
würde ich heute
noch ein
Apfelbäumchen
pflanzen.

Oft wird Martin Luther dieses Zitat der Zuversicht und der unerschütterlichen Glaubensstärke in den Mund gelegt. Doch abgesehen davon, dass sich der früheste Beleg für diesen Satz in einem Rundbrief der hessischen Kirche vom Oktober des Jahres 1944 findet, belegt keine Quelle diese Äußerung Luthers. Der Wissenschaftspublizist Hoimar von Ditfurth (1921–89) griff 1985 das Zitat in seinem Buch „So lasst uns denn ein Apfelbäumchen pflanzen – es ist so weit" auf. Ditfurth beschreibt hier eine Lebenshaltung, die es dem modernen Menschen ermöglichen soll, seine Lage ohne Resignation zu ertragen.

Ein Grund zum Feiern – runde Geburtstage!

40 Jahre alt

Im 20. Lebensjahr
regiert der Wille,
im 30. das Wissen,
im 40. das Urteil.

Benjamin Franklin

* * *

In der Küche? Im Bad?
Auf dem Schreibtisch?
Beim Kamin? Mit 40 ist es
schon eine tolle Leistung,
sich daran zu erinnern, wo
der Autoschlüssel zuletzt war!

Verfasser unbekannt

* * *

Frauen nähern sich
immer den 40 –
erst von der einen, dann
von der anderen Seite.

Billy Wilder

* * *

Lieber 40 und würzig
als 20 und ranzig!

Verfasser unbekannt

Goldene Lebensmitte – wenn 50 Kerzen brennen

40 Jahre sind das
Alter der Jugend,
50 die Jugend des Alters.

Victor Hugo

* * *

Mit 40 fängt man an,
das Wertvolle zu suchen,
und mit 50 kann man
anfangen, es zu finden.

Thornton Wilder

* * *

Wenn grau die Haar dir sprießen,
du Ärger hast mit kalten Füßen,
wenn du dich fragst:
„Mach ich's vernünftig?",
dann kannst du wetten –
du wirst 50!

Verfasser unbekannt

* * *

Mit 25 kann jeder Talent
haben. Mit 50 Talent zu
haben, darauf kommt es an.

Edgar Degas

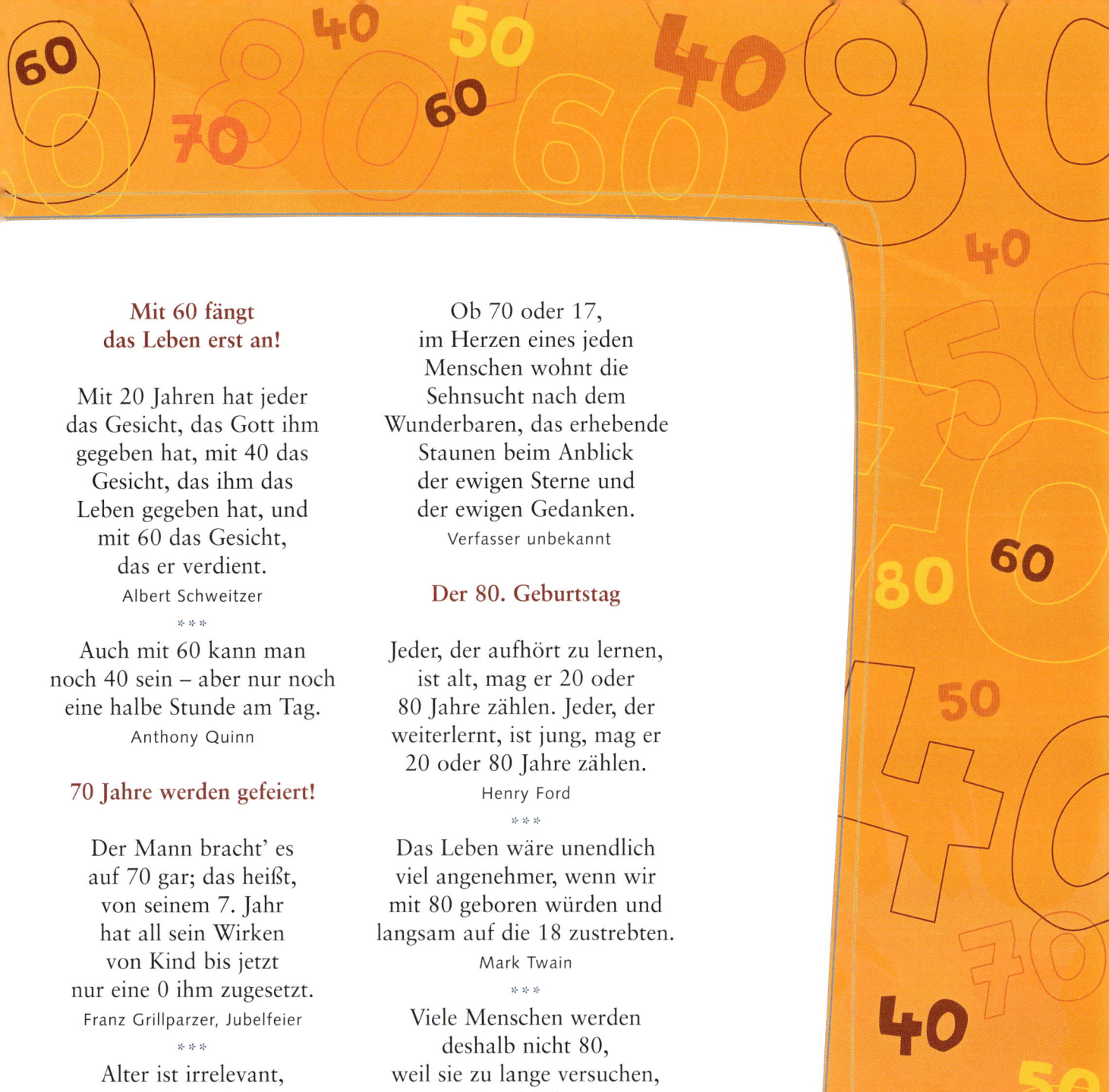

Mit 60 fängt das Leben erst an!

Mit 20 Jahren hat jeder
das Gesicht, das Gott ihm
gegeben hat, mit 40 das
Gesicht, das ihm das
Leben gegeben hat, und
mit 60 das Gesicht,
das er verdient.

Albert Schweitzer

* * *

Auch mit 60 kann man
noch 40 sein – aber nur noch
eine halbe Stunde am Tag.

Anthony Quinn

70 Jahre werden gefeiert!

Der Mann bracht' es
auf 70 gar; das heißt,
von seinem 7. Jahr
hat all sein Wirken
von Kind bis jetzt
nur eine 0 ihm zugesetzt.

Franz Grillparzer, Jubelfeier

* * *

Alter ist irrelevant,
es sei denn, du bist
eine Flasche Wein.

Joan Collins

Ob 70 oder 17,
im Herzen eines jeden
Menschen wohnt die
Sehnsucht nach dem
Wunderbaren, das erhebende
Staunen beim Anblick
der ewigen Sterne und
der ewigen Gedanken.

Verfasser unbekannt

Der 80. Geburtstag

Jeder, der aufhört zu lernen,
ist alt, mag er 20 oder
80 Jahre zählen. Jeder, der
weiterlernt, ist jung, mag er
20 oder 80 Jahre zählen.

Henry Ford

* * *

Das Leben wäre unendlich
viel angenehmer, wenn wir
mit 80 geboren würden und
langsam auf die 18 zustrebten.

Mark Twain

* * *

Viele Menschen werden
deshalb nicht 80,
weil sie zu lange versuchen,
40 zu bleiben.

Salvador Dalí

Leib und Seele

Leib und Seele sind nicht
zwei Substanzen, sondern eine.
Sie sind der Mensch, der sich selbst
in verschiedener Weise kennenlernt.

Carl Friedrich von Weizsäcker, Die Geschichte der Natur

Die menschliche Seele hat ihre
Lebensalter wie der Körper.

Johann Gottfried Herder, Journal meiner Reise im Jahr 1769

Ich merke, dass man mit dem Geiste
(oder dem Verstand) wuchern kann und
dass die Seele dabei verhungern kann.

Sophie Scholl, Briefe und Aufzeichnungen

Das Gewissen ist die Stimme der Seele.
Die Leidenschaften sind die Stimme des Körpers.

Jean-Jacques Rousseau, Émile

Es ist unglaublich, wie viel Kraft
die Seele dem Körper zu leihen mag.

Wilhelm von Humboldt, Briefe an eine Freundin

Die Seele kommt alt zur Welt und wird jung.
Das ist die Komödie des Lebens.
Der Leib kommt jung zur Welt und wird alt.
Das ist die Tragödie des Lebens.

Oscar Wilde, Eine Frau ohne Bedeutung

Je seltener meine Seele lächelt, desto mehr
kommt mein Körper in Bedrängnis.

Peter Horton

Die Allmacht der Liebe

Liebe ist das größte Abenteuer
des menschlichen Herzens.
Sie verändert alles, dein Denken und dein Tun,
dein Fühlen und dein Sprechen.
Dein ganzes Leben.
Phil Bosmans

Was ist das Leben ohne Liebesglanz?
Friedrich Schiller, Wallenstein

Die Liebe ist das Einzige, was uns keine Macht,

keine Diktatur dieser Welt nehmen kann.

Roberto Benigni, Wetten, dass ...?, 1. April 2006, ZDF

Die Liebe macht, dass man mutig sein kann.
Mutter Teresa

Ich hielt Ehrgeiz für das Größte,
aber das war falsch.
Liebe ist das Größte auf der Welt.
Es gibt nichts als Liebe.
Oscar Wilde, Ein idealer Gatte

Es gibt keine fünf oder sechs Weltwunder,
sondern nur eines: die Liebe.
Jacques Prévert

Die Liebe zu fürchten bedeutet,
das Leben zu fürchten,
und wer das Leben fürchtet,
ist bereits zu drei Vierteln tot.
Bertrand Russell

Zeit und Zeitgeist

Eins-zwei-drei! im Sauseschritt
läuft die Zeit, wir laufen mit.
Wilhelm Busch, Aphorismen und Reime

Wer den Zeitgeist heiratet, wird bald Witwer.
August Everding

Was man nicht tun kann, tut die Zeit.
Sprichwort aus der Schweiz

Die Zeit verwandelt uns nicht,
sie entfaltet uns nur.
Max Frisch, Tagebuchnotiz

Geh mit der Zeit, aber komme
von Zeit zu Zeit zurück.
Stanislaw Jerzy Lec, Neue unfrisierte Gedanken

Nur dem Anschein nach ist die Zeit ein Fluss.
Sie ist eher eine grenzenlose Landschaft,
und was sich bewegt, ist das Auge des Betrachters.
Thornton Wilder, Der achte Schöpfungstag

Jede Zeit ist umso kürzer, je glücklicher man ist.
Plinius d. Ä.

Der Wind des Zeitgeistes weht
heute da und morgen da.
Und wer sich danach richtet,
der wird vom Winde verweht.
Helmut Kohl

Heute ist die gute, alte Zeit von morgen.
Karl Valentin

KARL VALENTIN (1882–1948)
Der Münchner Alleinunterhalter, Komiker und Wortakrobat Karl Valentin (geboren als Valentin Fey) trat nach einer Schreinerlehre zunächst bei Vereinsveranstaltungen auf. Zusammen mit seiner Partnerin Liesl Karlstadt feierte er bis in die 1930er Jahre große Erfolge, zog sich aber ab 1940 ins Private zurück. Nach dem Krieg versuchte Valentin ein Comeback, das jedoch wenig erfolgreich verlief. Sein skurriler Humor traf offenbar den Zeitgeist der Nachkriegsjahre nicht.

Vom Umgang mit der Zeit

Angesichts der Kürze unseres Lebens
ist es mehr als verwunderlich, dass wir
uns nicht mehr Zeit zum Leben nehmen.
Ernst Ferstl, Durchblicke

Die Menschen werden geboren,
die Menschen sterben, und die Zeit dazwischen
verbringen sie mit dem Tragen der Digitaluhren.
Douglas Adams

Die meiste Zeit verliert man damit,

dass man Zeit gewinnen will.
John Steinbeck

Die wirklich tätigen Menschen
erkennt man daran, dass sie Zeit haben.
Jules Romains

Ein Mensch, dem nicht jeden Tag wenigstens
eine Stunde gehört, ist kein Mensch.
Martin Buber, Einsichten

Die Macht des Augenblicks

Denke immer daran,
dass es nur eine allerwichtigste Zeit gibt,
nämlich: sofort!
Leo Tolstoi

Die Herrschaft über den Augenblick
ist die Herrschaft über das Leben.
Marie von Ebner-Eschenbach, Aphorismen

Laufe nicht der Vergangenheit nach, und verliere dich nicht in der Zukunft. Die Vergangenheit ist nicht mehr. Die Zukunft ist noch nicht gekommen. Das Leben ist hier und jetzt.

Buddha

Genau genommen, leben wenige Menschen in der Gegenwart. Die meisten Menschen bereiten sich darauf vor, demnächst zu leben.

Jonathan Swift, Gedanken über verschiedene Gegenstände

Erwarte nichts. Heute: Das ist dein Leben.

Kurt Tucholsky, Schnipsel

Von Wahrheit und Unwahrheit

Die Wahrheit ist zu schlau, um gefangen zu werden.

Wilhelm Busch, Aphorismen und Reime

Die Wahrheit war immer nur eine Tochter der Zeit.

Leonardo da Vinci, Tagebücher und Aufzeichnungen

Die Wahrheit ist ein kostbares Gut, und deshalb muss man sparsam mit ihr umgehen.

Mark Twain

Die allgemeine Meinung ist nicht immer die wahrste.

Giordano Bruno

Von jedem Gedanken, der gedacht werden kann, ist auch das Gegenteil wahr.

Hildegard von Bingen

> ## Carpe diem – Nutze den Tag!
>
> Horaz
>
> In seinen „Oden" empfahl der römische Dichter Horaz (65 v. Chr. bis 8 n. Chr.) als Lebensmotto: „Carpe diem quam minimum credula postero" (Nutze diesen Tag, nimmer traue dem nächsten). Denn: Wer weiß schon, was morgen kommt? Wenn man sich zu sehr von den Sorgen des Alltags in Beschlag nehmen lässt, dann sollte man sich immer wieder an diese Wahrheit erinnern: „Nutze den Tag!" und „Genieße den Augenblick!"

Der mittelmäßige Mensch hält zu knapp
nach dem richtigen Gedanken inne; daher
die vielen Halbwahrheiten in der Welt.
Hugo von Hofmannsthal

Das Wahre wird nie widerlegt.
Platon, Gorgias

Der Wahrheit ins Auge blicken

Wir suchen die Wahrheit.
Finden wollen wir sie aber nur dort,
wo es uns beliebt.
Marie von Ebner-Eschenbach, Aphorismen

Behutsam schließt man die Augen der Toten;
ebenso behutsam muss man den Lebenden
die Augen öffnen.
Jean Cocteau, Hahn und Harlekin

Die Wahrheit ist dem Menschen zumutbar.
Ingeborg Bachmann, Rede zur Verleihung des Preises der Kriegsblinden, 1959

Eine schmerzliche Wahrheit ist besser
als eine Lüge.
Thomas Mann

Es ist eine gute Übung,
völlig ehrlich mit sich selbst zu sein.
Sigmund Freud

Am meisten fühlt man sich
von Wahrheiten getroffen, die man
sich selbst verheimlichen wollte.
Friedl Beutelrock, Am Rande bemerkt

Man sieht nur mit dem Herzen gut.
Das Wesentliche ist
für die Augen unsichtbar.
Antoine de Saint-Exupéry, Der kleine Prinz

Es ist fast unmöglich,
die Fackel der Wahrheit
durch ein Gedränge
zu tragen,
ohne jemandem
den Bart zu versengen.
Georg Christoph Lichtenberg, Sudelbücher

Der Irrtum strömt,
die Wahrheit sickert.
Peter Sirius

Die Wahrheit sagen

Alles, was du sagst, sollte wahr sein.
Aber nicht alles, was wahr ist,
solltest du auch sagen.

Voltaire

Aufrichtigkeit ist wahrscheinlich
die verwegenste Form der Tapferkeit.

William Somerset Maugham

Es ist ganz einerlei, ob man
das Wahre oder das Falsche sagt:
Beidem wird widersprochen.

Johann Wolfgang von Goethe, Maximen und Reflexionen

Der Mensch ist am wenigsten er selbst,
wenn er für sich selbst spricht.
Gib ihm eine Maske, und er wird
dir die Wahrheit sagen.

Oscar Wilde, Der Kritiker als Künstler

Wenn ich scherzen will, sage ich die Wahrheit.
Das ist immer noch der größte Spaß auf Erden.

George Bernhard Shaw, John Bull's Other Island

Wenn alle Menschen immer nur
die Wahrheit sagten, wäre das
die Hölle auf Erden.

Jean Gabin

Die beste und sicherste Tarnung
ist immer noch die blanke,
nackte Wahrheit.
Die glaubt niemand.

Max Frisch, Biedermann und die Brandstifter

VOLTAIRE (1694–1778)
Voltaire, eigentlich hieß er
François Marie Arouet, war
einer der einflussreichsten
Autoren der Aufklärung. Als
Königlicher Kammerherr am
Hof von Versailles wurde er
in den Adelsstand erhoben. Ein
Vorfall am Spieltisch ließ ihn
bei Ludwig XV., der ihn nicht
mochte, in Ungnade fallen:
Voltaire hatte eine Dame vor
adeligen Falschspielern
gewarnt. 1750 folgte Voltaire
der Einladung Friedrichs von
Preußen an den Hof von
Potsdam. Aber auch hier machte sich Voltaire mit seiner kom-
promisslosen Wahrheitsliebe
auf Dauer keine Freunde.

Über die Bildung

Es gibt nur eine Sache auf der Welt,
die teurer ist als Bildung:
keine Bildung.

John F. Kennedy

Bildung ist nicht das Befüllen von Fässern,
sondern das Entzünden von Flammen.

Heraklit

*Bildung kommt von Bildschirm
und nicht von Buch.
Sonst hieße es ja Buchung.*

Dieter Hildebrandt

Willst du im laufenden Jahr ein Ergebnis sehen,
so säe Samenkörner.
Willst du in zehn Jahren ein Ergebnis sehen,
so setze Bäume.
Willst du das ganze Leben lang ein Ergebnis sehen,
so entwickle die Menschen.

Kuan Chung Tzu

Bildung ist das, was übrig bleibt,
wenn wir vergessen, was wir gelernt haben.

Edward Wood, 1. Earl of Halifax

Bildung ist das, was die meisten empfangen,
viele weitergeben und wenige haben.

Karl Kraus, Pro domo et mundo

Bildung ist ein unentreißbarer Besitz.

Menander

Freunde der Weisheit

Ach, es ist doch ein saures Stück Brot,
das Philosophieprofessorenbrot!

Arthur Schopenhauer, Parerga und Paralipomena II

Das „Warum" des Kindes ist
der Beginn der Philosophie.

italienisches Sprichwort

Nichts ist so absurd, dass es nicht schon
von einem Philosophen behauptet worden ist.

Marcus Tullius Cicero

Wer in einem blühenden Frauenkörper
das Skelett zu sehen vermag, ist ein Philosoph.

Kurt Tucholsky, in: Neues Wiener Journal, 18. Februar 1932

Dass die Philosophie eine Frau ist,
merkt man daran, dass sie gewöhnlich
an den Haaren herbeigezogen ist.

Georg Christoph Lichtenberg

Was macht den Philosophen?
Der Mut, keine Frage
auf dem Herzen zu behalten.

Arthur Schopenhauer

Mit Philosophen muss man sprechen,
wenn sie Zahnschmerzen haben.

Mark Twain

Die Wahrheit über die Philosophen

Der Philosoph Diogenes, der uns heute als „Denker im Fass" bekannt ist, wurde einmal von einem seiner Schüler gefragt, warum die Menschen den Bettlern, den Blinden und Lahmen so oft etwas schenkten, den Philosophen aber niemals. „Weil die Menschen denken", antwortete Diogenes darauf, „dass sie eines Tages selbst vielleicht einmal bettelarm, blind oder lahm werden könnten. Aber sie rechnen wohl niemals damit, einmal ein Philosoph zu werden."

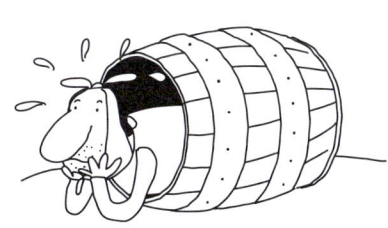

Die letzte Frage ...

Ich habe mir viel den Kopf über
den Sinn des Lebens zerbrochen.
Jetzt scheint es mir Sinn genug,
lebendig zu sein.

Thornton Wilder

Sinn erhält das Leben einzig durch die Liebe.
Das heißt: Je mehr wir zu lieben
und uns hinzugeben fähig sind,
desto sinnvoller wird unser Leben.

Hermann Hesse

Was der Sinn des Lebens ist, weiß keiner genau.
Jedenfalls hat es wenig Sinn, der reichste Mann
auf dem Friedhof zu sein.

Sir Peter Ustinov

Der Sinn des Lebens besteht darin,
glücklich zu sein.

Tenzin Gyatso, XIV. Dalai-Lama, Wege zum Glück

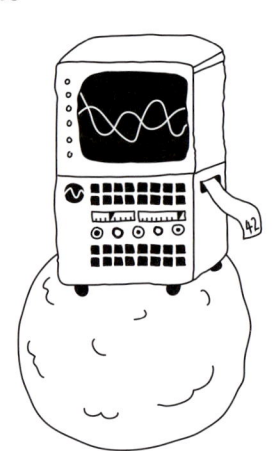

Der Sinn des Lebens ist 42.

Douglas Adams

In seiner Science-Fiction-Trilogie „Per Anhalter durch die Galaxis" beschäftigt sich Autor Douglas Adams auf seine spezielle, humorvolle Art mit der Frage nach dem Sinn des Lebens: Er lässt den Supercomputer „Deep Thought" (Tiefer Gedanke) die Antwort darauf ermitteln, was denn „der Sinn des Lebens, des Universums und des ganzen Rests" sei. Nach einer heftigen Rechenorgie präsentiert „Deep Thought" überraschend und sehr enttäuschend die Antwort: 42. Aber so geht es wohl, wenn man versucht, mit mathematischer Klarheit zu fassen, was man nur erfühlen oder erahnen kann.

Kinder und Kindeskinder

Eltern werden ist nicht schwer,
Eltern sein dagegen sehr – gute
Erziehung ist kein Kinderspiel.
Und dennoch: was ist schöner und
lohnender als ein Kinderlächeln?

Die wunderbarsten Wesen der Welt

Das Kind als Idee ist das Beste,
was der Herrgott erschaffen hat.

Astrid Lindgren, Zitat nach Elsa Olenius, in: Bild einer Freundin, um 1967

Ein Kind ist eine sichtbar gewordene Liebe.

Novalis, Fragmente

Kinder sind Hoffnungen, die man verliert,
und Ängste, die man nie loswird.

Karlheinz Deschner, Nur Lebendiges schwimmt gegen den Strom,
Aphorismen

Kinder sind Gäste,
die nach dem Weg fragen.

Maria Montessori

Die Freude und das Lächeln der Kinder
sind der Sommer des Lebens.

Jean Paul

Kinder sind Engel, deren Flügel schwinden,
je mehr ihre Füße wachsen.

französisches Sprichwort

Wo Kinder sind, da ist Goldenes Zeitalter.

Novalis, Blüthenstaub

Kinder sind die Boten des Glücks.

chinesisches Sprichwort

Kinder bleiben die Mittler zwischen
Gott und den Menschen.

Jeremias Gotthelf

MARIA MONTESSORI
(1870–1952)

Ihr Leben widmete Maria Montessori den Kindern. Als Assistenzärztin wurde sie mit dem würdelosen Zustand der nur notdürftig versorgten geistig behinderten Kinder in der Kinderpsychiatrie konfrontiert und gründete später in Rom im Arbeiterbezirk San Lorenzo eine Tagesstätte für Kinder aus sozial schwachen Familien. „Selbsttätige Erziehung im frühen Kindesalter" wurde das Motto der Montessori-Pädagogik.

Drei Dinge sind uns aus dem Paradies geblieben:
die Sterne der Nacht, die Blumen des Tages
und die Augen der Kinder.

Hans Wallhof, Kinder – Boten des Glücks

Kinder sind der Lohn des Lebens.

afrikanisches Sprichwort

Auch der Weiseste kann

unermesslich viel von Kindern lernen.

Rudolf Steiner

Eltern werden …

Kinder machen, ausgezeichnet;
Kinder haben – welche Unbill!

Jean-Paul Sartre, Die Wörter

Der einzig legitime Grund,
ein Kind zu bekommen,
ist die Freude am eigenen Leben.

Theodor W. Adorno

Wo kriegten wir die Kinder her,
wenn Meister Klapperstorch nicht wär'?

Wilhelm Busch, Die fromme Helene

Vater- und Muttersein

Das Wichtigste, was ein Vater für seine Kinder
tun kann, ist, ihre Mutter zu lieben.
Henry Ward Beecher

Des Vaters Selbstbeherrschung ist
der beste Unterricht für seine Kinder.
Demokrit

Zwei Dinge sollen Kinder
von ihren Eltern bekommen:
Wurzeln und Flügel.
Johann Wolfgang von Goethe

Elternsein ist die Kunst des Möglichen.
Katharine Whitehorn

Kinder hast du nicht, du bekommst sie
nur für eine gewisse Zeit geborgt.
Und diese Zeit kann sehr lang werden.
Pearl S. Buck

Eltern, die Respekt verlangen,
haben auch nicht mehr verdient.
Peter Tille, Sommersprossen, 666 aphoristische Gesichtspunkte

Die Zweige geben Kunde von der Wurzel.
arabisches Sprichwort

Mütter, seid Väter!, möchte man zurufen,
und: Väter, seid Mütter!
Jean Paul, Levana oder Erziehlehre

Mutterglück und Mutterleid

Mutterglück, das ist das, was
eine Mutter empfindet, wenn die Kinder
abends im Bett sind.

Robert Lembke

Nur eine Mutter weiß allein,
was Lieben heißt und Glücklichsein.

Adelbert von Chamisso

Eine Frau, die ihren Kinderwagen vor sich
her schiebt, hat das Recht, zum Sieger von Sedan
und zum Dichter des „Faust" zu sagen:
„Bitte gehen Sie mir aus dem Wege!"

Otto von Bismarck

Geboren wird nicht nur das Kind durch die
Mutter, sondern auch die Mutter durch das Kind.

Gertrud von Le Fort

Man spricht von Mutter Erde und Vaterland.
Nicht ohne Grund trägt die Mutter
die größere Last.

Sinan Gönül

O ein Mutterherz muss viel Schmerzen leiden,
wenn ein Kind sich von ihm losringt.

Julie Burow

Auch das Herz einer Mutter fühlt Eifersucht,
und sie fragt zuerst, ob das Weib,
das der geliebte Sohn sich erkor,
würdig ist, seine Vertraute zu werden,
statt der Mutter.

Gustav Freytag, Die Ahnen

Heiß ersehnter Kindersegen

Endlich war die französische Königin Marie Antoinette nach acht Jahren Ehe mit Ludwig XVI. guter Hoffnung und konnte sich nun auf die Geburt des lang ersehnten Thronfolgers vorbereiten. Das überaus freudige Ereignis soll sie ihrem Gemahl auf originelle Weise mitgeteilt haben, als sie am 31. Juli 1778 abends sein Zimmer betrat: „Sire, ich komme, um mich über einen Ihrer Untertanen zu beschweren, der sich erkühnt, mir Fußtritte in den Bauch zu versetzen."

Sprüche zur Geburt und Taufe

Willkommen, kleiner Erdenbürger!

Glücklicher Säugling!
Dir ist ein unendlicher Raum
noch die Wiege.
Werde Mann, und dir wird
eng die unendliche Welt.

Friedrich Schiller,
Das Kind in der Wiege

* * *

Denn er hat deinen
Engeln befohlen,
dass sie dich behüten auf
allen deinen Wegen.

Die Bibel, Psalm 91,11

* * *

Als du geboren wurdest,
war ein regnerischer Tag.
Aber es war nicht wirklich
Regen, sondern der Himmel
weinte, weil er einen Stern
verloren hatte.

Antoine de Saint-Exupéry

Zur Geburt des Kindes gratulieren

Die Welt wird jedes Mal
neu erschaffen, wenn ein
Kind geboren wird.
Geboren zu werden bedeutet,
dass uns eine ganze Welt
geschenkt wird.

Jostein Gaarder, Durch einen Spiegel,
in einem dunklen Wort

* * *

Mit jedem Menschen,
der geboren wird,
erscheint die menschliche
Natur immer wieder
in einer etwas
veränderten Gestalt.

Christian Grave

* * *

Mit jedem Menschen ist etwas
Neues in die Welt gesetzt,
was es noch nicht gegeben hat,
etwas Erstes und Einziges.

Martin Buber

Ein Baby ist ein glücklicher
Wimpernschlag der Ewigkeit.
Graham Greene

* * *

Die häuslichen Freuden der
Menschen sind die schönsten
der Erde, und die Freuden
der Eltern über ihre Kinder
ist die heilige Freude
der Menschheit.
Johann Heinrich Pestalozzi

* * *

Mit jedem Kind werden
alle Dinge neu geschaffen,
und das Weltall wird wieder
auf die Probe gestellt.
Gilbert Keith Chesterton

* * *

Die Geburt bringt nur das Sein
zur Welt; die Person wird
im Leben erschaffen.
Théodore Jouffroy, Das grüne Heft

* * *

Ein Kind: ein Mensch pur.
Walter Ludin, Einfach ins Blaue

* * *

Das Glanzstück des Himmels
ist die Sonne, das des Hauses
ist das Kind.
buddhistische Weisheit

Zum Tauftag

Viel Glück dem (der) Kleinen!
Mög' dem Täufling
leuchtend froh
stets die helle Sonne scheinen –
und den Eltern ebenso!
Verfasser unbekannt

* * *

Lasst die Kinder zu mir
kommen, und wehret ihnen
nicht; denn solchen gehört
das Reich Gottes.
Die Bibel, Markus 10,14

* * *

Jedes neugeborene Kind
bringt die Botschaft,
dass Gott sein Vertrauen in
die Menschheit noch nicht
verloren hat.
Rabindranath Tagore

* * *

Er hält den Vater und
die Mutter in seiner Hand,
er hält den Bruder und
die Schwester in seiner Hand,
er hält das süße kleine Baby
in seiner Hand, er hält die
Welt in seiner Hand.
Gebet aus einem Spiritual

ASTRID LINDGREN
(1907–2002)
Die geistige Mutter von Pippi
Langstrumpf, Michel, Ronja und
Madita ist wohl die bekannteste
Kinderbuchautorin der Welt.
Sie verbrachte eine glückliche
Kindheit in Schweden: „Zweierlei
hatten wir … Geborgenheit und
Freiheit." Mit achtzehn Jahren
wurde Astrid schwanger. Sie
wollte allein für ihren Sohn Lars
sorgen. Doch er kam für einige
Jahre in einer Pflegefamilie unter.
Die verzweifelte Einfühlung in
den kleinen, verlassenen Sohn
war für Astrid Lindgren eine
genauso wichtige Inspiration
zum Schreiben wie ihre eigene
glückliche Kindheit.

Über die Kindheit

Es gibt kein Alter,
in dem alles so irrsinnig intensiv erlebt wird,
wie die Kindheit.
Wir Großen sollten uns daran erinnern,
wie das war.
Astrid Lindgren

Die Natur will, dass Kinder Kinder sind,
bevor sie zum Erwachsenen werden.
Jean-Jacques Rousseau, Émile

Die meisten Menschen
legen ihre Kindheit ab
wie einen alten Hut.
Sie vergessen sie
wie eine Telefonnummer,
die nicht mehr gilt.
Erich Kästner

Jede Stufe der Bildung fängt mit der Kindheit an.
Daher ist der am meisten gebildete,
irdische Mensch dem Kinde so ähnlich.
Novalis, Blüthenstaub

Kindsein ist nicht immer einfach

Kinder müssen mit großen Leuten
viel Nachsicht haben.
Antoine de Saint-Exupéry, Der kleine Prinz

Ein Kind muss viel lernen,
ehe es sich verstellen kann.
Ludwig Wittgenstein, Philosophische Untersuchungen

Ich hatte eine schwere Kindheit.
Ich kam praktisch ohne Zähne zur Welt
und war die ersten Jahre so gut wie infantil.
Robert Gernhardt

Kinder müssen die Dummheiten
der Erwachsenen ertragen,
bis sie groß genug sind,
sie selbst zu machen.
Jean Anouilh

Kinderaugen, Kinderstaunen, Kinderweinen

Was eine Kinderseele aus jedem Blick verspricht?
So reich ist doch an Hoffnung
ein ganzer Frühling nicht.
Hoffmann von Fallersleben

Kinderaugen sind klar wie Bergseen,

auf deren Grund ein Ungeheuer schlummert.

aus Schottland

Kinder suchen immer nach dem Geheimnis
jenseits des Spiegels.
Nur wir Erwachsenen begnügen uns
mit unserer flachen Vordergründigkeit.
Stanislaw Jerzy Lec

In dem ersten Weinen der Kinder
liegt eine Bitte; sowie man aber
die Vorsicht außer Acht lässt,
verwandelt sie sich in einen Befehl.
Jean-Jacques Rousseau, Émile

Liebe macht Kinder stark

Gebt den Kindern Liebe,
mehr Liebe und noch mehr Liebe,
dann stellen sich die guten Manieren
ganz von selbst ein.

Astrid Lindgren, Föräldrar och barn, 1969

Die Herzen der Kinder sehnen sich
nach echter Liebe, um frei zu sein.

Hermann Gmeiner

Kinder, die man nicht liebt,
werden Erwachsene, die nicht lieben.

Pearl S. Buck

Mit einer Kindheit voll Liebe aber
kann man ein halbes Leben hindurch
für die kalte Welt haushalten.

Jean Paul, Jean Pauls Aphorismen

Über die Erziehung

Der Mensch ist das einzige Geschöpf,
das erzogen werden muss.

Immanuel Kant, Über Pädagogik, Einleitung

Erziehung ist Beispiel und Liebe, sonst nichts.

Friedrich Fröbel

Ein Kind zu erziehen ist leicht.
Schwer ist nur, das Ergebnis zu lieben.

Werner Schneyder, Gelächter vor dem Aus.
Die besten Aphorismen und Epigramme

Die Aufgabe der Umgebung ist es nicht,
das Kind zu formen, sondern ihm zu erlauben,
sich zu offenbaren.

Maria Montessori

Unter Umständen ist es für manches Kind
am besten, wenn es gar nicht erzogen wird.

Peter Rosegger, Heimgärtners Tagebuch

Ein Hauptzug aller Pädagogik:
Unbemerkt führen.

Christian Morgenstern, Stufen

Erziehung ist kein Kinderspiel

Denn wir können die Kinder
nach unserem Sinne nicht formen;
so wie Gott sie uns gab,
so muss man sie haben und lieben.

Johann Wolfgang von Goethe, Hermann und Dorothea

Eines wissen alle Eltern auf der Welt:
wie die Kinder anderer Leute
erzogen werden sollten.

Alice Miller

Eltern verzeihen ihren Kindern die Fehler am
schwersten, die sie ihnen selbst anerzogen haben.

Marie von Ebner-Eschenbach, Aphorismen

Auf Kinder wirkt nichts so schwach als
eine Drohung und Hoffnung, die nicht noch
vor abends in Erfüllung geht.

Jean Paul, Jean Pauls Aphorismen

Um ein Kind zu erziehen,
braucht es ein ganzes Dorf.

afrikanisches Sprichwort

Kindererziehung ist ein Beruf, wo man Zeit
zu verlieren verstehen muss, um Zeit zu gewinnen.

Jean-Jacques Rousseau, Émile

Das Grundproblem der Kindererziehung
besteht darin, zu verhindern, dass
die Kleinen werden, wie wir sind.

Robert Lembke

Wie Erziehung gelingt

Bei der Erziehung muss man etwas aus dem
Menschen herausbringen und nicht in ihn hinein.

Friedrich Fröbel

Die beste Erziehungsmethode für ein Kind ist,
ihm eine gute Mutter zu verschaffen.

Christian Morgenstern, Stufen

Man gibt seinem Kind bei der Rückkehr keine
Anweisungen, sondern wenn es aufbricht.

afrikanisches Sprichwort

Kinder und Uhren dürfen nicht beständig aufgezogen werden. Man muss sie auch gehen lassen.

Jean Paul, Jean Pauls Aphorismen

Wer Kindern was verspricht, sei es ein Spiel,
ein Geschenk oder sei es die Rute,
der halte es wie einen Eid.

Peter Rosegger, Das Buch von den Kleinen

**JEAN-JACQUES ROUSSEAU
(1712–78)**

In seinem Erziehungsroman
„Émile ou de l'éducation" (Emile,
oder über die Erziehung) von
1762 entwickelte Rousseau eine
tolerante Erziehungstheorie, in
der die natürliche Neugier des
Kindes für spielerisches Lernen
genutzt wird. Dies führte zu ganz
neuen Erziehungsmethoden und
beeinflusste Pädagogen wie
Heinrich Pestalozzi. Rousseau
selbst verlebte eine unglückliche
Kindheit und gab seine eigenen
fünf Kinder ins Findelhaus.

Ungezogene Kinder?

Jedes Kind, das etwas taugt, wird mehr
durch Auflehnung als durch Gehorsam lernen.
Sir Peter Ustinov

Man könnt' erzogene Kinder gebären,
wenn die Eltern erzogen wären.
Johann Wolfgang von Goethe

Der Hauptzweck einer Kindergesellschaft besteht
darin, daran erinnert zu werden, dass es Kinder
gibt, die noch schlimmer sind als die eigenen.
Katherine Whitehorn

Kinder schlagen gerade dann um sich,
wenn sie noch nicht gelernt haben,
ihre Gedanken auszudrücken; genauso wie wir.
Fjodor M. Dostojewski

Die Jugend kann nicht mehr auf die Erwachsenen
hören. Dazu ist ihre Musik zu laut.
Oliver Hassencamp

> Ob der Philipp
> heute still
> Wohl bei Tische
> sitzen will?
>
> Heinrich Hoffmann

1844 suchte der Arzt Heinrich Hoffmann nach einem Geschenk für seinen dreijährigen Sohn. Da er nichts Altersgemäßes fand, beschloss er, selbst ein Bilderbuch zu schreiben und zu zeichnen. 1845 erschien das Buch im Druck, ab der vierten Auflage 1847 unter dem Titel „Struwwelpeter". Es enthält Geschichten von Kindern, die nicht auf ihre Eltern hören und denen deshalb Grausames widerfährt. Hoffmann beschreibt mit dem „Zappelphilipp" so prägnant ein hyperaktives Kind, dass die Aufmerksamkeitsdefizit- und Hyperaktivitätsstörung (ADHS) als „Zappelphilipp-Syndrom" bekannt wurde.

Die alten und die jungen Frösche nach Abraham a Santa Clara

Einmal quakten und schrien die jungen Frösche während eines warmen Sommertags in der Nähe einer Pfütze so laut, dass ein alter Frosch sich von dem Lärm heftig gestört fühlte und die Jungen ordentlich zusammenstauchte.

„Schämt euch, ihr grün behosten Bengel!", rief er,
„Ihr wilden Pfützenplanscher, ihr hüpfenden Spitzbuben, schämt euch, dass ihr so ein fürchterliches Geschrei macht! Wenn ihr euch freut und fröhlich seid, dann singt gefälligst wie die Nachtigall auf dem Ast dort drüben.

Ihr kleinen Großmäuler, könnt ihr denn nichts anderes als nur dieses Qua-Qua-Qua?" „Vater", antworteten die Frösche, „das haben wir von dir gelernt."

Es gibt kein problematisches Kind.
Es gibt nur problematische Eltern.

Alexander S. Neill, Theorie und Praxis der antiautoritären Erziehung

Da sieht man, dass die allerschlimmsten
kleinen Kinder heranwachsen und
mit der Zeit richtig gut werden können.

Astrid Lindgren, Michel bringt die Welt in Ordnung

Die Sache mit den Eltern

Welches Kind hätte nicht Grund,
über seine Eltern zu weinen?

Arthur Schopenhauer, Die Welt als Wille und Vorstellung

Die Hälfte des Lebens verbringt der Mensch
damit, die falschen Vorstellungen seiner Vorfahren
loszuwerden; die andere damit, seinen Kindern
falsche Ansichten beizubringen.

Sir Winston Churchill

In der Wahl seiner Eltern kann

man nicht vorsichtig genug sein.

Paul Watzlawick

Es gibt leider nicht sehr viele Eltern,
deren Umgang für ihre Kinder
wirklich ein Segen ist.

Marie von Ebner-Eschenbach, Aphorismen

Jeder junge Mensch macht früher oder später
die verblüffende Entdeckung, dass auch
Eltern gelegentlich recht haben könnten.

André Malraux

Als ich 14 war, war mein Vater so dumm,
dass ich ihn kaum ertragen konnte. Aber als ich
21 wurde, war ich doch erstaunt, wie viel
der alte Mann in sieben Jahren dazugelernt hatte.

Mark Twain, Old Times on the Mississippi, Atlantic Monthly 1874

Ich habe nichts als mich

von meinen Eltern geerbt.

Jean Paul

Anfangs lieben die Kinder ihre Eltern.
Nach einiger Zeit beginnen sie, sie zu verurteilen.
Selten, wenn überhaupt je, verzeihen sie ihnen.

Oscar Wilde, Eine Frau ohne Bedeutung

Kleine Kinder, kleine Sorgen – große Kinder, große Sorgen

Wenn die Kinder klein sind, treten sie uns
in den Schoß, und wenn sie groß sind, ins Herz!

Annette von Droste-Hülshoff, Die Judenbuche

Für Eltern geht es nicht darum, was sie tun sollen,
sondern was sie aushalten können.

Katharine Whitehorn

Die erste Hälfte unseres Lebens wird von
den Eltern ruiniert, die zweite von den Kindern.

Clarence Darrow

Sind die Kinder klein,
müssen wir ihnen helfen, Wurzeln zu fassen.
Sind sie aber groß geworden,
müssen wir ihnen Flügel schenken.

aus Indien

Vorbilder haben, Vorbild sein

Da ich keinen Vater hatte,
brauchte ich ein männliches Vorbild,
auf das ich mich beziehen konnte.
Und so schwärmte ich für alles,
was Goethe betraf.

Marlene Dietrich

Die großen Männer sind für die Jugend
die Rosinen im Kuchen der Weltgeschichte.

Hermann Hesse, Das Glasperlenspiel

Es gibt keine andere vernünftige Erziehung,
als Vorbild sein – wenn es nicht anders geht –
ein abschreckendes.

Albert Einstein, Erziehung und Erzieher

Aus Kindern werden Leute

Leider können wir nicht mehr
so werden wie die Kinder;
stattdessen müssen wir mit ansehen,
dass die Kinder so werden wie wir.

Erich Kästner

Das wichtigste Zimmer im Leben
lässt sich weder verleugnen noch
vortäuschen – die Kinderstube.

Oliver Hassencamp, 555 kandierte Sätze. Aphorismen

Es trägt wohl mancher Alte,
dess Herz längst nicht mehr flammt,
im Antlitz eine Falte, die aus der Kindheit stammt.

Friedrich Julius Hammer, Stör nicht den Traum der Kinder

Genie allein genügt nicht

Der große Geigenvirtuose Niccolò Paganini (1782–1840), galt als Wunderkind. Seine bizarre Erscheinung und seine brillante Technik machten ihn schon zu Lebzeiten zur Legende. Man feierte ihn als „Teufelsgeiger" und „Zauberer". Paganini konnte das nicht leiden, denn hinter seinem Können stand entbehrungsreiche, harte Arbeit: „Zwölf Stunden täglich üben, manchmal sechzehn, und das zwanzig Jahre, bis die Finger wund sind: Das ist mein Zauberspruch", klärte er seine Bewunderer auf.

Begabung und Genie

Gaben? Wer hätte sie nicht?
Talente – Spielzeug für Kinder.
Erst der Ernst macht den Mann,
erst der Fleiß das Genie.

Theodor Fontane, gewidmet Adolph Menzel

Wer seine Talente als Gaben betrachtet
und nicht als Aufgaben, ist ihrer nicht wert.

Curt Goetz

Eltern begabter Kinder glauben
unerschütterlich an Vererbung.

Joachim Fuchsberger

Wirklich ist jedes Kind gewissermaßen
ein Genie, und jedes Genie
gewissermaßen ein Kinde.

Arthur Schopenhauer, Die Welt als Wille und Vorstellung

Wüchsen die Kinder in der Art fort,
wie sie sich andeuten,
so hätten wir lauter Genies.

Johann Wolfgang von Goethe, Dichtung und Wahrheit

Schule und Leben

In der Schule des Lebens
bleibt man stets ein Schüler.

Königin Christine von Schweden

Ich ließ mir meine Bildung nie
durch die Schule beeinträchtigen.

Mark Twain

Ich möchte zusammenbringen, was geteilt ist –
Schule und Leben muss eins sein.
Kommt, lasst uns mit unseren Kindern leben!

Friedrich Fröbel, Die Menschenerziehung

Die einzige Zeit, in der meine Ausbildung
unterbrochen wurde, war meine Schulzeit.

George Bernard Shaw

Und deshalb meine ich, dass unsere
jungen Leute in den Schulen ganz und gar
verdummt werden. Von der Wirklichkeit
hören und sehen sie dort nichts.

Petronius Arbiter, Satyricon

Das englische Schulsystem ist eines der
besten der Welt; wenn man es überlebt.

Sir Peter Ustinov

Erfahrungen mit Lehrern

Während meines neunjährigen Eingewecktseins
an einem Augsburger Realgymnasium
gelang es mir nicht, meine Lehrer
wesentlich zu fördern.

Bertolt Brecht

Man belohnt seinen Lehrer schlecht,
wenn man immer sein Schüler bleibt.

Friedrich Nietzsche

Eine einzige offenkundige Lüge des Lehrers
gegen den Zögling kann den ganzen Ertrag
der Erziehung zunichtemachen.

Jean-Jacques Rousseau, Émile

> ## Nicht für die Schule, sondern für das Leben lernen wir.
>
> Seneca d. J.
>
> Früher zierte der Spruch meist auf Latein die Portale von Gymnasien. Beim Eintreten in die Schule wurde man daran erinnert, dass der Unterricht auf das Leben vorbereiten sollte. Der Ausspruch geht auf eine ironische Feststellung Senecas (4 v. Chr. – 65 n. Chr.) zurück, die er in einem Brief an seinen Freund Lucilius traf. Hier lautete der Satz allerdings: *Non vitae, sed scholae discimus* („Nicht für das Leben, für die Schule lernen wir"). Seneca kritisierte damit die Philosophenschulen, die seiner Meinung nach nur „Schulweisheit" statt echte „Lebensweisheit" lehrten.

Probieren geht über Studieren

Niemand weiß, was er kann,
bevor er es probiert hat.
Publilius Syrus

Erzähle es mir – und ich werde es vergessen,
zeige es mir – und ich werde mich erinnern,
lass es mich tun – und ich werde es behalten.
Konfuzius

Je älter man wird, desto mehr staunt man,
wie viele seiner Erfahrungen man vorher
als Sprichwörter auswendig gelernt hat.
Peter Sirius

Man kann einen Menschen nichts lehren.
Man kann ihm nur helfen,
es in sich selbst zu entdecken.
Galileo Galilei

Erfahrung bleibt die beste Wünschelrute.
Johann Wolfgang von Goethe

Learning by doing
Robert Baden-Powell

Durch Erfahrung lernen wir, sagt der Volksmund mit dem Sprichwort „Probieren geht über Studieren". Den Begriff „Learning by doing" (engl. „Lernen durch Tun") prägte Robert Baden-Powell (1857–1941), der Gründer der Pfadfinderbewegung. Er beschreibt das pädagogische Prinzip des Lernens und Selbstständigwerdens durch eigenes Handeln, Erleben und Entdecken 1908 in seinem Buch „Scouting for Boys", das als eines der bedeutendsten pädagogischen Werke des 20. Jh. gilt. Heute steht „Learning by doing" als geflügeltes Wort, wenn es darum geht, sich unbekannten Situationen zu stellen.

Geistige Nahrung ist wie jede andere;
es ist angenehmer und
zuträglicher, sie mit einem Löffel
als mit einer Schaufel zu nehmen.

Mark Twain, A Tramp Abroad

Der Mensch soll lernen,
nur die Ochsen büffeln.

Erich Kästner

Lernen ist wie
Rudern gegen
den Strom:
Wenn man damit
aufhört, treibt
man zurück!

Benjamin Britten

Man erstickt
den Verstand
der Kinder
unter einem
Ballast unnützer
Kenntnisse.

Voltaire, Jeannot und Colin

Abitur – die Reifeprüfung

Das Abitur ist des Deutschen wahres Vaterland.

Heinrich Böll

So ganz ohne Kenntnis der Klassiker
sollte man doch nicht sein Abitur machen.

Horst Köhler, Grußwort anlässlich der Schillermatinee
in Berlin am 17. April 2005

Gott ist zwar allwissend …,
aber er hat kein Abitur.

Graffiti

Großväter, Großmütter und Enkel

Erst wenn man genau weiß,
wie die Enkel ausgefallen sind,
kann man beurteilen, ob man
seine Kinder gut erzogen hat.

Erich Maria Remarque

Die Nachsichtigkeit der Großeltern
von den eigenen Kindern
zu den Enkeln ist phänomenal.

Franz Schmidberger

Ich kenne eine Menge Leute,
die hunderttausend Dollar hergeben würden,
um einen Großvater zu besitzen, und
noch viel mehr für ein Familiengespenst.

Oscar Wilde, Das Gespenst von Canterville

Enkelkinder sind noch schöner als die eigenen.

aus Japan

Wenn Großeltern es für nötig halten,
sich in die Erziehung ihrer Enkel einzumischen,
zeigt das nur, dass sie bei der Erziehung
ihrer Kinder nicht sehr erfolgreich waren.

Robert Lembke, Grüße aus dem Fettnäpfchen

Viele Kinder sind deshalb so verzogen,
weil man die Großmutter nicht
übers Knie legen kann.

Adele Sandrock

Erst bei den Enkeln
ist man dann so weit, dass man
die Kinder ungefähr verstehen kann.

Erich Kästner

Das Kind in uns ...

Kinder müssen wir werden, wenn wir
das Beste erreichen wollen.

Philipp Otto Runge, Nachgelassene Schriften

Erwachsenwerden heißt: vergessen, wie untröstlich
wir als Kinder oft gewesen sind.

Heinrich Böll, Aufsätze, Reden, Kritiken

Nur wer erwachsen wird und ein Kind bleibt,
bleibt ein Mensch.

Erich Kästner

Ich möchte sagen, dass ich immer noch im
und vom Sonnenschein meiner Kindheit lebe.

Christian Morgenstern, Stufen

Das Alter macht nicht kindisch, wie man spricht.
Es findet uns nur noch als wahre Kinder.

Johann Wolfgang von Goethe, Faust I

Wer von allen weiß,
wie lange Kindheit dauert?
Bei manchen Wesen ist sie früh verloren;
bei manchen dauert sie das ganze Leben.

Paul Keller

Lass mich ein Kind sein,
sei es mit.

Friedrich Schiller, Maria Stuart

Groß ist der Mann,

der nicht sein Kinderherz verliert.

Mong Dsi, konfuzianischer Philosoph

Im echten Manne ist ein Kind versteckt:
Das will spielen. Auf, ihr Frauen,
so entdeckt mir doch das Kind im Manne!

Friedrich Nietzsche, Also sprach Zarathustra

Ein alter Mann:
ein Kind mit Vergangenheit.

Zarko Petan

Wenn man seine Kindheit bei sich hat,
wird man nie älter.

Johann Wolfgang von Goethe

Wohl dem, der frei von Schuld und Fehle
bewahrt die kindlich reine Seele!

Friedrich Schiller, Die Kraniche des Ibykus

Tier und Mensch

Des Menschen bester Freund – ist
der Hund! Oder die Katze? Oder
doch das Pferd? Klar ist jedenfalls,
dass der Mensch die Tiere braucht,
andersherum ist das nicht gewiss!

Der Mensch braucht Tiere

Der Wunsch, ein Tier zu halten,
entspringt einem uralten Grundmotiv –
nämlich der Sehnsucht des Kulturmenschen
nach dem verlorenen Paradies.

Konrad Lorenz

Man kann gar wohl fragen:
Was wäre der Mensch ohne die Tiere?
Aber nicht umgekehrt:
Was wären die Tiere ohne den Menschen?

Christian Friedrich Hebbel, Tagebücher

Das Beste, was du für das Innere

eines Menschen tun kannst, ist,

auf einem Pferd nach draußen zu gehen.

Sir Winston Churchill

Die Kenntnis der Tiere ist eine Voraussetzung
für die Selbsterkenntnis des Menschen.

Bernhard Grzimek

Dass uns der Anblick der Tiere so ergötzt,
beruht hauptsächlich darauf, dass es
uns freut, unser eigenes Wesen
so vereinfacht vor uns zu sehen.

Arthur Schopenhauer, Parerga und Paralipomena

Was Mensch und Tier unterscheidet

Der Mensch – das Tier, das sich
vervollkommnen kann.
Immanuel Kant

Endlich weiß ich, was den Menschen
vom Tier unterscheidet: Geldsorgen.
Jules Renard

Der Mensch ist das Tier,

das Geschichte hat.

Carl Friedrich von Weizsäcker

Die Tiere sind glücklicher als die im Irrtum
befangenen Menschen; sie verweilen wie wir
in der Unwissenheit, aber sie geben nicht vor,
die Wahrheit zu besitzen.
Clemens von Alexandrien, Mahnrede an die Heiden

Die Sprache der Tiere ist begrenzt,
aber was sie damit zum Ausdruck bringen,
ist wichtig und nützlich.
Leonardo da Vinci

Wenn du einen verhungernden Hund aufliest
und ihn gesund pflegst, wird er dich nicht beißen.
Das ist der Hauptunterschied zwischen
Hund und Mensch.
Mark Twain

Unser Herrgott hat des Öfteren seine schönsten
und größten Gaben dem gemeinsten Tier gegeben.
Martin Luther

Tiere sind schon darum merkwürdiger als wir,
weil sie ebenso viel erlebt haben,
es aber nicht sagen können.
Ein sprechendes Tier wäre nicht mehr
als ein Mensch.

Elias Canetti, Die Provinz des Menschen

Nur bei Tieren kann ich sicher rechnen,
dass sie desto besser gegen mich sind,
je besser ich gegen sie bin,
bei Menschen nicht, ja oft umgekehrt.

Jean Paul, Nachlass

Im Tierreich sind die Männchen schöner
als die Weibchen. Diesen Fehler hat Gott
beim Menschen korrigiert.

Martin Held

Der Mensch als Herrscher über die Tiere

Alle Geschöpfe der Erde fühlen wie wir,
alle Geschöpfe der Erde streben nach Glück
wie wir, alle Geschöpfe der Erde lieben,
leiden und sterben wie wir, also sind sie uns
gleichgestellte Werke des allmächtigen Schöpfers!

Franz von Assisi

Die Kraft und der Zauber der Taiga liegen darin,
dass vielleicht nur die Zugvögel wissen,
wo sie zu Ende ist.
Der Mensch ist der Herr der Natur,
klingt nirgends so dumm und so falsch wie hier.

Anton Tschechow

Den Menschen als Doppelwesen aus Gott
und Tier zu beschreiben ist nicht sehr fair
gegenüber den Tieren.

Bertrand Russell, Moral und Politik

Wahrscheinlich ist der Mensch der König aller
Tiere, denn seine Grausamkeit übertrifft die ihrige.

Leonardo da Vinci

Vom Umgang mit Tieren

Eine Zivilisation kann man danach beurteilen,
wie sie ihre Tiere behandelt.

Mahatma Gandhi

Die Treue eines Hundes ist ein kostbares
Geschenk, das nicht minder bindende
moralische Verpflichtungen auferlegt
als die Freundschaft eines Menschen.

Konrad Lorenz

Die Achtung vor der Eigenart des Tieres ist
die Grundlage für eine Freundschaft mit ihm.

Alfred Buckowitz

Wenn Menschen denken, dass Tiere nicht fühlen,
müssen Tiere fühlen, dass Menschen nicht denken.

Verfasser unbekannt

Sei nett zu Tieren – du könntest selbst eins sein.

Norbert Blüm

Ein wahrhaft großer Mann wird weder einen
Wurm zertreten noch vor dem Kaiser kriechen.

Benjamin Franklin

**KONRAD LORENZ
(1903–89)**
Der Nobelpreisträger des Jahres
1973 und Mitbegründer der ver-
gleichenden Verhaltensforschung
ist als „Vater der Graugänse"
nicht nur unter Biologen bekannt. Schon als Kind entdeckte
Lorenz am Hof seines Vaters
in Altenberg bei Wien die sogenannte Prägung bei Entenküken.
Lorenz durchlief eine steile
Karriere als Wissenschaftler und
wusste mit seiner packenden
Erzählkunst Hörer und Leser zu
faszinieren. Seine Tiergeschichten
wurden zu Bestsellern. In den
1980er Jahren engagierte sich
Konrad in der Umweltschutz-
bewegung und bei den Grünen.

Wer Tiere quält, ist unbeseelt
und Gottes guter Geist ihm fehlt,
mag noch so vornehm drein er schaun,
man sollte niemals ihm vertraun.

Johann Wolfgang von Goethe

Lebende Geschöpfe dürfen wir nicht
wie Schuhe oder Töpfe und Pfannen behandeln,
die wir fortwerfen, wenn sie vom Dienst
abgenutzt und abgetragen sind.

Plutarch

Des Menschen beste Freunde

Den einzigen unbedingt selbstlosen Freund,
den ein Mensch in dieser eigensüchtigen Welt
haben kann, der ihn niemals verlässt,
der sich niemals undankbar erweist
oder als verräterisch, ist der Hund.

George Graham Vest

Welch angenehme Freunde die Tiere sind:
Sie stellen keine Fragen, und sie kritisieren nicht.

George Eliot

Wenn der Mensch je eine große Eroberung
gemacht hat, so ist es die, dass er sich
das Pferd zum Freunde gewonnen hat.

Comte de Buffon

Dass mir mein Tier das Liebste ist, sagst du,
oh Mensch, sei Sünde. Mein Tier ist mir im Sturm
noch treu, der Mensch nicht mal im Winde.

Franz von Assisi

Nach manchem Gespräch mit einem Menschen
hat man das Verlangen, einen Hund
zu streicheln, einem Affen zuzunicken und
vor einem Elefanten den Hut zu ziehen.
Maxim Gorki

Tiere reden mit den Augen oft vernünftiger
als Menschen mit dem Mund.
Ludovic Halévy

Tierisch menschlich

Tiere benehmen sich nie unmenschlich.
Anke Maggauer-Kirsche

Wenn Tiere gähnen,
haben sie ein menschliches Gesicht.
Karl Kraus, Nachts

Zur Brunftzeit ist das Tier dem Menschen
noch immer am ähnlichsten.
Michael Bussek

Die Tiere empfinden wie der Mensch
Freude und Schmerz,
Glück und Unglück.
Charles Darwin

Ich fürchte, die Tiere betrachten
den Menschen als ein Wesen ihresgleichen,
das in höchst gefährlicher Weise
den gesunden Tierverstand verloren hat.
Friedrich Nietzsche

Immer wenn man ein Tier genau betrachtet,
hat man das Gefühl, ein Mensch, der drinsitzt,
macht sich über einen lustig.

Elias Canetti, Die Provinz des Menschen

Kein Tier hat es verdient, dass man
seinen Namen missbraucht, um einen
Menschen damit zu beschimpfen.

Ernst R. Hauschka

Die Weisheit der Tiere

Alle Tiere wissen es, nur der Mensch nicht,
dass das höchste Lebensziel Freude ist.

Samuel Butler

Alles Wissen, die Gesamtheit aller Fragen
und alle Antworten, sind im Hund enthalten.

Franz Kafka

Hunde sehen zu uns herauf.

Katzen sehen auf uns herab.

Schweine sehen uns als ebenbürtig an.

Sir Winston Churchill

Bestien sind in den Augen des Menschen Tiere,
die sich verteidigen, wenn man sie angreift.

Jean de La Bruyère

Die Tiere fliehen den Menschen, weil sie Gottes
Bildnis im Menschen nicht mehr erkennen können.

Manfred Kyber

Ich habe die Philosophen und die Katzen studiert,
doch die Weisheit der Katzen ist letztlich
um ein Weites größer.

Hippolyte Taine

Klein ist das Eichhörnchen – aber es ist
kein Sklave des Elefanten.

aus Nigeria

Jagen und Töten

Wo ein Jäger lebt, können zehn Hirten leben,
hundert Ackerbauern und tausend Gärtner.

Alexander von Humboldt

Der Einzige, der einen Ozelotpelz
wirklich braucht, ist der Ozelot.

Bernhard Grzimek

Auf das Tier angewendet, heißt die Ehrfurcht
vor dem Leben zunächst: Das Töten der Tiere
sei kein Schauspiel und kein Sport.

Albert Schweitzer

Wenn ein Mensch einen Tiger töten will,
spricht er von Sport. Wenn ein Tiger einen
Menschen tötet, ist das Grausamkeit.

George Bernhard Shaw, Der Katechismus des Umstürzlers

Solange es Schlachthäuser gibt,
so lange wird es Schlachtfelder geben.

Leo Tolstoi

Des Schweines Ende ist der Wurst Anfang.

Wilhelm Busch

**BERNHARD GRZIMEK
(1909–87)**
Seine Fernsehmoderationen für den Hessischen Rundfunk machten den Tierarzt und Verhaltensforscher in den 1960er und 1970er Jahren zum bekanntesten Zoologen (West-)Deutschlands. Grzimek war lange Direktor des Frankfurter Zoos, Tierfilmer, Autor sowie Herausgeber von Tierbüchern und einer Enzyklopädie. 1975 gründete er mit Horst Stern und anderen Umweltschützern den Bund für Umwelt und Naturschutz Deutschland e.V. (BUND).

Weisheiten aus aller Welt ...
über Hunde und Katzen

Liebe, Treue und Dankbarkeit

Die größte Liebe ist
Mutterliebe, dann die Liebe
eines Hundes und danach
die einer Geliebten.

aus Polen

* * *

Es ist schwer,
einen so treuen Gefährten
wie einen Hund zu finden.
Hat ein Armer ihn
aufgezogen, so wird
der Hund keinem Reichen
je folgen.

aus der Mongolei

* * *

Ein Hund wird sich
an drei Tage Freundlichkeit
drei Jahre lang erinnern,
eine Katze wird drei Jahre
Freundlichkeit nach
drei Tagen vergessen.

aus Japan

Weisheit und Gelassenheit

Wenn sich im Paradies
eine Menschenseele und
eine Hundeseele begegnen,
muss sich die Menschenseele
vor der Hundeseele verneigen.

aus Sibirien

* * *

Der Hund ist klüger
als die Frau. Er bellt seinen
Herrn nie an.

aus Russland

* * *

Die Katze, die die Wurst
nicht greifen konnte, sagt:
„Immerhin ist Freitag."

aus Georgien

* * *

Katzen lieben Menschen
viel mehr, als sie zugeben
wollen, aber sie besitzen
genug Weisheit,
es für sich zu behalten.

aus England

Hund und Mensch

Faule Schäfer haben
gute Hunde.
aus Deutschland

* * *

Kleine Hunde und
kleine Menschen tragen
die Nase hoch.
aus Dänemark

* * *

Ein Hund zur Hand ist besser
als ein Bruder weit weg.
aus Persien

* * *

Gehst du allzu viel
mit deinem bissigen Hund
spazieren, so verlierst du
sowohl die Zuneigung
deiner Nachbarn
als auch deiner Freunde.
aus Vietnam

* * *

Wer seinen Hund liebt,
muss auch seine Flöhe lieben.
indianisches Sprichwort

* * *

Mürrische Leute haben
mürrische Hunde, gefährliche
Leute haben gefährliche.
römisches Sprichwort

Katz und Maus

Wenn die Katze
aus dem Haus ist,
tanzen die Mäuse
auf dem Tisch.
aus Deutschland

* * *

Für die Maus ist
die Katze ein Löwe.
aus Albanien

* * *

Wenn die Maus
die Katze auslacht,
ist bestimmt ein Loch
in der Nähe.
aus Nigeria

* * *

Der Katzen Scherz ist
der Mäuse Tod.
aus Deutschland

* * *

Die Katze fängt die Mäuse
nicht mit Handschuhen.
aus England

* * *

Wenn Katze und Maus
sich einigen, hat
der Bauer keine Chance.
aus Dänemark

Vegetarier werden – Vegetarier sein

Um eines kleinen Bissens Fleisches willen
berauben wir eine Seele des Lichtes
und der Spanne von Zeit, in die sie
hineingeboren wurde, sich daran zu erfreuen.
Plutarch

Wahre menschliche Kultur gibt es erst, wenn
nicht nur die Menschenfresserei, sondern
jeder Fleischgenuss als Kannibalismus gilt.
Wilhelm Busch

Tiere sind meine Freunde,

und meine Freunde esse ich nicht.
George Bernhard Shaw

Nun kann ich euch in Frieden betrachten:
Ich esse euch nicht mehr.
Franz Kafka

Wenn Schlachthöfe Fenster hätten,
wäre jeder Mensch Vegetarier.
Paul McCartney

Wenn der moderne Mensch die Tiere,
deren er sich als Nahrung bedient,
selbst töten müsste, würde die Anzahl
der Pflanzenesser ins Ungemessene steigen.
Christian Morgenstern

Vegetarier essen keine Tiere, aber
sie fressen ihnen das Futter weg.
Robert Lembke

Mit Vegetariern muss man diskutieren,
sobald sie eine Wurstfabrik geerbt haben.

Danny Kaye

Ich bin nicht Vegetarier, weil ich Tiere liebe;
ich bin Vegetarier, weil ich Pflanzen hasse.

A. Whitney Brown

Vom Leid der Kreatur

Wo immer ein Tier
in den Dienst des Menschen gezwungen wird,
gehen die Leiden,
die es erduldet, uns alle an.

Albert Schweitzer

Eine Welt, worin ein Hund
auch nur ein einziges Mal Prügel bekommt,
kann keine vollkommene Welt sein.

Friedrich Hebbel

Wenn Kinder Tiere quälen,
dann weinen die Engel im Himmel,
dass es nur so runterplätschert.

Astrid Lindgren, Madita

Grausamkeit gegen Tiere
ist eines der kennzeichnendsten Laster
eines niederen und unedlen Volkes.

Alexander von Humboldt

Es werden mehrere Jahrtausende
von Liebe nötig sein, um den Tieren
ihr durch uns zugefügtes Leid heimzuzahlen.

Arthur Schopenhauer

Vom Tierschutz und der Rache der Tiere

Eine der blamabelsten Angelegenheiten
der menschlichen Entwicklung ist es,
dass das Wort „Tierschutz" überhaupt
geschaffen werden musste.

Theodor Heuss

Nichts ist artenfeindlicher
als die menschliche Art.

Michael Marie Jung, Ausgesprochen scharfe Konturen

Tierschutz ist Erziehung zur Menschlichkeit.

Albert Schweitzer

Ein Mensch zertritt die Schnecke, achtlos.
Die Schnecke ist dagegen machtlos.
Zu spät erst kann sie, im Zerknacken,
den Menschen beim Gewissen packen.

Eugen Roth, Schneckensachen

Serengeti darf nicht sterben

Michael und Bernhard Grzimek

So lautet der Titel des Buchs, das der Zoologe Bernhard Grzimek (1909–87) über seinen Forschungsaufenthalt in der afrikanischen Serengetisteppe 1959 veröffentlichte. Sein Sohn Michael kam bei den Dreharbeiten zu dem gleichnamigen Dokumentarfilm bei einem Flugzeugunglück ums Leben. Bernhard Grzimek vollendete Michaels Manuskript – und „Serengeti darf nicht sterben" entwickelte sich rasch zu einem in 20 Sprachen übersetzten Bestseller. Der Dokumentarfilm wurde mit einem Oscar ausgezeichnet und machte Grzimeks eindringlichen Appell zur Erhaltung der afrikanischen Tierwelt bekannt.

Jeder dumme Junge kann einen Käfer zertreten.
Aber alle Professoren der Welt können
keinen herstellen.

Arthur Schopenhauer

Weh dem Menschen, wenn nur ein
einziges Tier im Weltgericht sitzt.

Christian Morgenstern

Nicht jeder, der seiner Frau

einen Nerz verweigert,

ist ein Tierschützer.

Chris Howland

Ich bin für die Rechte der Tiere genauso
wie für die Menschenrechte. Denn das erst
macht den ganzen Menschen aus.

Abraham Lincoln

Alles, was der Mensch den Tieren antut,
kommt auf den Menschen wieder zurück.

Pythagoras

Vögel und andere fliegende Wesen

Schützt die Vögel!
Die Taube bringt uns den Frieden
und der Storch Steuerermäßigung.

Bob Hope

Die buntesten Vögel singen am schlechtesten.
Das gilt auch bei den Menschen.

Georg Christoph Lichtenberg, Sudelbücher

Bienen sind gar nicht so fleißig,
wie ihnen immer nachgesagt wird.
Sie können nur nicht langsamer fliegen.
Kin Hubbard

Eine Hummel kann aufgrund des Ungleich-
gewichtes zwischen Körpergröße bzw. -gewicht
und ihrer Flügelgröße unmöglich fliegen.
Da aber die Hummel davon nichts weiß,
fliegt sie irrtümlicherweise weiter.
Wernher von Braun

Die Fliege, die nicht geklappt sein will,
setzt sich am sichersten auf die Klappe selbst.
Georg Christoph Lichtenberg, Sudelbücher

Über die Fische

Fische sind Freunde, kein Futter!
aus dem Film „Findet Nemo"

Der kleinste Fisch kann so gut schwimmen

wie der größte Hecht.
deutsches Sprichwort

Das Fischen von lebenden Fischen
mit der Angel wird von vielen Seiten
als Grausamkeit empfunden;
hauptsächlich vom Fisch selbst.
Karl Valentin

Ein Fisch fühlt sich im Wasser nicht wohl,
er ist dort zu Hause.
Alexander Saheb, Gedankenzoo

Das Meer fragte einmal einen seiner Fische:
„Warum bleibst du immer bei mir und
verlässt mich nie?" Der Fisch antwortete:
„Weil du mein Leben bist und ich
deine Liebe in meinem Herzen trage."
Khalil el Khatib

Fische können nicht ertrinken.
Walter Ludin

Ein Fisch, so groß, dass er ein Schiff
verschlingen kann, ist auf dem Trockenen
nicht einmal den Ameisen gewachsen.
Lü Bu We

Das Wasser kann ohne Fische auskommen.
Aber kein Fisch ohne Wasser.
chinesisches Sprichwort

Kleinvieh macht auch Mist

Die Henne ist das klügste Geschöpf im Tierreich:
Sie gackert erst, nachdem das Ei gelegt ist.
Abraham Lincoln

Enten legen ihre Eier in Stille.
Hühner gackern dabei wie verrückt.
Was ist die Folge?
Alle Welt isst Hühnereier.
Henry Ford

Manche Hähne glauben,
dass die Sonne
ihretwegen aufgeht.
Theodor Fontane

> Nach all den
> Jahren des Angelns
> nehmen die Fische
> jetzt Rache.
>
> Queen Mum
>
> Dies stellte „Queen Mum"
> (Elizabeth Angela Marguerite,
> 1900–2002) im Krankenwagen
> auf dem Weg in die nächste
> Klinik nüchtern fest, nachdem
> ihr eine Fischgräte im Hals
> stecken geblieben war. Schon
> längst hatte Queen Mum mit
> einem Gegenschlag der Fische
> gerechnet – sie war nämlich
> eine begeisterte Sportanglerin.

Jeder Misthaufen ist das Zentrum der Welt,
wenn der richtige Hahn darauf kräht.

Wolf Biermann

Man kennt den eitlen Pfau
an seinen Federn.

aus Italien

Wie gerne säh ich jeden stolzieren,
könnt er das Pfauenrad vollführen.

Johann Wolfgang von Goethe, Zahme Xenien I

Zwei Böcke vertragen sich nicht in einem Stall.

deutsches Sprichwort

Ein Bock ist jenes Tier,
welches auch als Bier
getrunken werden kann.

Wilhelm Busch

Seit dem bekannten Siege der Schildkröte über
den Hasen hält sie sich für eine Schnellläuferin.

Marie von Ebner-Eschenbach, Aphorismen

Die Schildkröte gewinnt das Rennen,
während der Hase schläft.

Äsop

Die Schildkröte, die die Treppe
nach 99 Jahren erklommen hatte,
fiel herunter und sagte: Verfluchte Eile!

aus Malta

Durch Beharrlichkeit erreichte selbst
die Schnecke die Arche Noah.

aus England

MARIE VON EBNER-ESCHENBACH (1830–1916)

Mit ihren psychologischen Erzählungen gilt die Österreicherin als eine der bedeutendsten Erzählerinnen des 19. Jahrhunderts. „Krambambuli" (1883), ihre bekannteste Novelle, handelt von der bedingungslosen Treue eines Hundes zu seinem Herrn. Die Tiergeschichte spiegelt für Ebner-Eschenbach unsere Existenz wider: „Treue ist etwas so Heiliges, dass sie sogar einem unrechtmäßigen Verhältnisse Weihe verleiht. Bei uns Menschen ist das oft genauso: Ein Kind liebt seine Mutter, auch wenn es schlecht von ihr behandelt wird. Und trotzdem bleibt die Mutter immer die Mutter."

Ochs & Esel

Was dem Jupiter erlaubt ist,
ist nicht jedem Ochsen erlaubt.
lateinisches Sprichwort

Die Nachtigall mag mühen sich sehr,
brüllt ein Ochse oder ein Esel daher.
deutsches Sprichwort

Ein Ochs, der viel brüllt, zieht wenig.
Bauernweisheit

Ein schäbiges Kamel trägt immer
noch die Lasten vieler Esel.
Johann Wolfgang von Goethe, Maximen und Reflexionen

Was von mir ein Esel spricht: Das acht' ich nicht!
Johann Wilhelm Ludwig Gleim, Der Löwe und der Fuchs

Wer den Esel nicht schlagen kann,
schlägt den Packsattel.
Petronius Arbiter, Satyricon

Über den Hund

Eine vernünftige Anzahl von Flöhen
ist gut für einen Hund; sie hält ihn davon ab,
darüber nachzudenken, dass er ein Hund ist.
Brooke Foss Westcott

Wenn Gott einen Hund misst, zieht er ein Band
um das Herz statt um den Kopf.
Verfasser unbekannt

Der Hund braucht sein Hundeleben.
Er will zwar keine Flöhe haben,
aber die Möglichkeit, sie zu bekommen.

Robert Lembke

Nicht die Größe des Hundes ist im Kampf
entscheidend, sondern
die Größe des Kampfes im Hund.

texanisches Sprichwort

Der größte Schauspieler der Welt
ist mein Hund. Wenn er Hunger hat,
tut er so, als ob er mich liebt.

Marlon Brando

Was der Hund dem Menschen bedeutet

Unter hundert Menschen liebe ich nur einen,
unter hundert Hunden neunundneunzig.

Marie von Ebner-Eschenbach, Aphorismen

Egal, wie wenig Geld und Besitz du hast,
einen Hund zu haben macht dich reich!

Louis Sabin

Wir sind allein, vollkommen allein
auf diesem Zufallsplaneten.
Und von all den vielen Lebewesen
hat keines außer dem Hund
einen Bund mit uns geschlossen.

Maurice Maeterlinck

Ein Leben ohne Hund ist ein Irrtum.

Carl Zuckmayer

Der Hund
und das Schaf von Äsop

Man sagt, dass zur Zeit, als die Tiere noch sprechen konnten, das Schaf zu seinem Herrn geredet habe: „Du tust sonderbar daran, dass du uns, die wir dir Wolle, Käse und Lämmer schenken, nichts gibst, als was wir uns auf der Erde selbst suchen, dem Hunde aber, der dir nichts dergleichen gewährt, von jeder Speise mitteilst, die du selbst hast." Als der Hund dies hörte, soll er gesagt haben: „Beim Jupiter, ich bin es ja, der dich und deine Gefährten bewacht, damit ihr nicht von Dieben gestohlen oder vom Wolfe zerrissen werdet. Denn ihr würdet, wenn ich euch nicht bewachte, nicht einmal in Ruhe weiden können." Hierauf soll es auch das Schaf recht und billig gefunden haben, dass der Hund ihm vorgezogen wurde.

Schopenhauers Pudel

Zeitlebens besaß der Philosoph Arthur Schopenhauer einen Pudel. Sein Name war Atman, was auf Sanskrit so viel wie Lebenshauch bedeutet. Seinen Pudel rief Schopenhauer allerdings immer bei seinem Spitznamen „Butz". Starb der Hund – was etwa alle zehn Jahre der Fall war –, dann erwarb Schopenhauer einen ähnlich aussehenden Pudel, den er ebenfalls „Butz" nannte. Er war der philosophischen Auffassung, dass jeder Hund gleichzeitig jeden anderen Hund enthalte. Für Menschen galt ihm das sinngemäß auch.

Was uns so fest mit Hunden verbindet,
ist nicht ihre Treue, ihr Charme oder
was es sonst noch so sein mag,
sondern die Tatsache, dass sie nichts
an uns auszusetzen haben.
Verfasser unbekannt

Die kalte Schnauze eines Hundes ist
erfreulich warm gegen die Kaltschnäuzigkeit
mancher Mitmenschen.
Ernst R. Hauschka

Für seinen Hund ist jeder Mensch Napoleon.
Deshalb sind Hunde so beliebt.
Aldous Huxley

Viele, die ihr ganzes Leben der Liebe widmen,
können uns weniger über sie sagen als ein Kind,
das gestern seinen Hund verloren hat.
Thornton Wilder

Von Hundebesitzern

Lege dich mit den Hundehaltern an,
und du kannst dein Amt begraben!
Konrad Adenauer

Der eigene Hund macht keinen Lärm –
er bellt nur.
Kurt Tucholsky, Was machen die Leute da oben eigentlich?,
in: Uhu, 1. Juni 1930

Keine Beleidigung würde mich so hart treffen wie
ein misstrauischer Blick von einem meiner Hunde.
James Gardner

Wen(n) Hunde lieben …

Erkenne dich selbst!
Nimm die Bewunderung, die dir dein Hund
entgegenbringt, nicht als Beweis dafür,
dass du ein großartiger Mensch bist.

Ann Landers

Die einzige Sache auf der Welt,
die man für Geld nicht kaufen kann,
ist das Schwanzwedeln eines Hundes.

Walt Disney

Ich habe noch nie einen hinterlistigen Menschen
mit einem treuen Hund kennengelernt.

James Gardner

Vielleicht verdankt der Mensch
seinen Größenwahn dem Hund.

Marlen Haushofer, Die Wand

Wer nie einen Hund gehabt hat, weiß nicht,
was lieben und geliebt werden heißt.

Arthur Schopenhauer

Ich fand heraus, dass einem in tiefem Kummer
von der stillen, hingebungsvollen Kameradschaft
eines Hundes Kräfte zufließen, die einem
keine andere Quelle spendet.

Doris Day

Der Hund ist das einzige Lebewesen,
das Sie mehr liebt als sich selbst.

Josh Billings

Haben Hunde Menschenkenntnis?

Ich habe große Achtung vor der
Menschenkenntnis meines Hundes,
er ist schneller und gründlicher als ich.
Otto von Bismarck

Wundern muss ich mich sehr,
dass Hunde die Menschen so lieben.
Denn ein erbärmlicher Schuft
gegen den Hund ist der Mensch.
Christian Friedrich Hebbel

Das gute Verhältnis zwischen
Mensch und Hund beruht nicht zuletzt darauf,
dass Hunde keine Menschenkenntnis besitzen.
Verfasser unbekannt

Es lässt sich kaum bezweifeln,
dass die Liebe zum Menschen beim Hund
zu einem Instinkt geworden ist.
Charles Darwin

Hunde sind die besseren Menschen

Je besser ich die Menschen kennenlerne,
desto mehr bewundere ich Hunde.
Madame de Sévigné

Mit einem kurzen Schweifwedeln kann ein Hund
mehr Gefühle ausdrücken als mancher Mensch
mit stundenlangem Gerede.
Louis „Satchmo" Armstrong

Die Geschichte kennt mehr Vorbilder von
treuen Hunden als von treuen Menschen.

Alexander Pope

Hunde sind besser als Menschen:
Sie wissen alles, reden aber nicht darüber.

Emily Dickinson

Hunde haben alle guten Eigenschaften
der Menschen, ohne gleichzeitig
ihre Fehler zu besitzen.

Friedrich II., der Große

Der Hund vergisst den einzigen Bissen nicht,
und wirfst du ihm auch hundert Steine nach.
Im Menschen, den du jahrelang gepflegt, wird
durch ein Nichts Verrat und Feindschaft wach.

Scheich Saadi

Katzen im Leben sind ein Segen

Das Leben und dazu eine Katze,
das gibt eine unglaubliche Summe,
ich schwör's euch!

Rainer Maria Rilke

Die Menschheit lässt sich grob in zwei Gruppen
einteilen: in Katzenliebhaber und in
vom Leben Benachteiligte.

Francesco Petrarca

Es gibt wohl nichts Schöneres, als eine
Katzenmutterschaft. Man sollte sich eine
Katze schon wegen ihrer Jungen anschaffen.

Karel Capek

Nur für den Hund!

An einem schönen Wintertag schlenderte der britische Schriftsteller Graham Greene mit seinem Hund an der Themse entlang. Beim Spielen fiel das junge Tier ins Wasser. Da es wegen der treibenden Eisschollen das Ufer nicht erreichen konnte, sprang Green ohne zu zögern in den Fluss und rettete seinen Hund aus dem eiskalten Wasser. Ein Schaulustiger bemerkte anerkennend: „Das hätten viele Leute nicht getan." Worauf Greene ihm antwortete: „Für viele Leute hätte ich das auch nicht getan."

Die Katze ist das einzige vierbeinige Tier,
das dem Menschen eingeredet hat,
er müsse es erhalten,
es brauche aber dafür nichts zu tun.

Kurt Tucholsky, Der Katzentrust

Katzen erreichen mühelos,
was uns Menschen versagt bleibt:
durchs Leben zu gehen,
ohne Lärm zu machen.

Ernest Hemingway

Jede Katze,
der es misslungen ist,
eine Maus zu erwischen,
gibt vor, sie wäre
nach einem welken Blatt
gesprungen.

Charlotte Gray

Wenn man sich mit der Katze einlässt,
riskiert man lediglich, bereichert zu werden.

Sidonie-Gabrielle Colette

Wer eine Katze hat, braucht das Alleinsein
nicht zu fürchten.

Daniel Defoe

Gedanken können heilen,
Katzenschnurren auch!

Alfred Selacher

Der Eigensinn der Katze

Unter allen Geschöpfen dieser Erde gibt es
nur eines, das sich keiner Versklavung
unterwerfen lässt. Dieses ist die Katze.

Mark Twain, Biografie 1886–1900

Wenn sie dich dessen erachtet,
wird eine Katze dein Freund sein,
niemals dein Sklave.

Théophile Gautier

Für eine Katze gibt es keinen triftigen Grund,
einem anderen Tier zu gehorchen, auch,
wenn es auf zwei Beinen steht.

Sarah Thompson

Wenn ich mit meiner Katze spiele, wer weiß,
ob sie sich nicht noch mehr mit mir die Zeit
vertreibt als ich mir mit ihr?

Michel de Montaigne, Essays

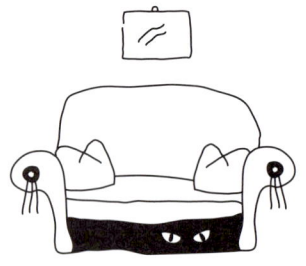

Ein Tier, das in Deutschland nicht vorkommt,
ist die Katze unterm Sofa, wenn man sie ruft.
Ulrich Erckenbrecht

Erst schmeicheln, dann kratzen,
das schickt sich für Katzen.
Sprichwort

Die Katze hält sich ihre Leute, denn für sie
sind die Menschen nützliche Haustiere.
Ein Hund tut uns schön, aber der Katze
müssen wir schöntun.
Der Hund ist ein Angestellter,
die Katze ein freier Mitarbeiter.
George Mikes

Hymnen auf den Stubentiger

Katzen sind die rücksichtsvollsten
und aufmerksamsten Gesellschafter,
die man sich wünschen kann.
Pablo Picasso

Gott schuf die Katze,
    damit der Mensch einen Tiger
zum Streicheln hat.
Victor Hugo

Keine Katze ist falsch. Es gibt wenige Tiere,
in deren Gesicht der Kundige so eindeutig
die augenblickliche Stimmung lesen könnte
wie in dem der Katze.
Konrad Lorenz

Auch das kleinste Katzentier ist ein Meisterwerk.
Leonardo da Vinci

Von einer Katze lernen heißt siegen lernen.
Wobei siegen „locker durchkommen" meint –
also praktisch: liegen lernen.
Robert Gernhardt

Versonnen nehmen sie die edlen Haltungen
der großen Sphinxe ein, die ausgestreckt
in tiefen Einsamkeiten ruhen und zu
entschlummern scheinen in endlosem Traum.
Charles Baudelaire, Versonnen

Das Lob der Reiter

Wenn dein Ross ist gescheiter
als du selber, der Reiter,
so lass dem Rosse die Zügel,
und halte dich nur am Bügel.
Friedrich Rückert

An einem edlen Pferd schätzt man nicht
seine Kraft, sondern seinen Charakter.
Konfuzius

Schöne Frauen, edle Pferde
um sich zu haben, das ist teuer.
Kannst du wählen zwischen beiden,
nimm das Pferd, denn das ist treuer.
Reiterspruch

Das Paradies der Erde liegt
auf dem Rücken der Pferde.
Friedrich von Bodenstedt

Reiten: das Zwiegespräch zweier Körper
und zweier Seelen, das dahin zielt,
den vollkommenen Einklang
zwischen ihnen herzustellen.

Waldemar Seunig

Pferde haben immer sehr viel mehr kapiert,
als sie sich anmerken ließen.

Douglas Adams

Reiter sehen immer

ein Stückchen Himmel.

Reiterspruch

Das Pferd ist für den Reiter da
und nicht der Reiter für das Pferd.

Talmud

Ich habe ein wunderbares Pferd,
es hat die Leichtigkeit des Windes und
des Feuers Hitze, aber wenn sein Reiter es besteigt,
ist seine Sanftmut nichts als die Ruhe
vor dem Ausbruch des Sturmes.

William Shakespeare, Heinrich VIII.

Ein Pferd ohne Reiter ist immer noch ein Pferd.
Ein Reiter ohne Pferd ist nur ein Mensch.

Verfasser unbekannt

Als Gott das Pferd erschaffen hatte,
sprach er zu dem herrlichen Geschöpf:
Dich habe ich gemacht ohnegleichen.
Alle Schätze der Erde liegen
zwischen deinen Augen.

aus dem Koran

Tücken des Alltags

Vom Wahnsinn auf der Straße bis
zum Irrsinn im Internet, vom
Stress im Urlaub bis zum Kreuz
mit den Beamten – den Alltag zu
meistern, ist nicht einfach!

HEINZ ERHARDT (1909–79)
Der deutsche Komiker, Musiker, Entertainer, Schauspieler und Dichter bleibt unvergessen durch seine Filmrollen. Er spielte oft den netten, etwas verwirrten, ungeschickten und schüchternen Familienvater oder Onkel. Gleichzeitig mimte Heinz Erhardt den typischen Deutschen aus der Zeit des Wirtschaftswunders. Sein Humor baut auf Wortspielen und verdrehten Redewendungen auf. Angeblich litt Erhardt sehr an Lampenfieber. Da er stark kurzsichtig war, setzte er bei seinen Auftritten einfach eine Brille mit Fensterglas auf. So sah er fast nichts, musste aber auch sein Publikum nicht sehen.

Den Alltag meistern

Eine Krise kann jeder Idiot haben.
Was uns zu schaffen macht, ist der Alltag.
Anton Tschechow

Verpfuschte Tage soll man vorüberschlafen.
Friedrich Torberg, Der Schüler Gerber

Die größten Schwierigkeiten liegen da,
wo wir sie nicht suchen.
Johann Wolfgang von Goethe, Maximen und Reflexionen

Alles hat man herausgefunden,
nur nicht, wie man lebt.
Jean-Paul Sartre

Kleinigkeiten machen immer die größten Mühen.
Oscar Wilde

Alles im Leben geht natürlich zu,
nur meine Hose, die geht natürlich nicht zu!
Heinz Erhardt

Alltag ist nur durch Wunder erträglich.
Max Frisch

Der Kampf mit der Zeit

Zwischen zu früh und zu spät liegt
immer nur ein Augenblick.
Franz Werfel, Jakobowsky und der Oberst

Wennsd denkst, is' eh zu spät.
Gerd Müller, über seine Arbeitsweise

Lebenskünstler leben von der Zeit,
die andere nicht haben.

Michael Douglas

Ich habe keine Zeit, mich zu beeilen.

Igor Strawinsky

Zeitverschwendung ist die leichteste

aller Verschwendungen.

Henry Ford

Pünktlichkeit ist die Kunst, richtig abzuschätzen,
um wie viel sich der andere verspäten wird.

Bob Hope

Wenn die Zeit kommt, in der man könnte,
ist die vorüber, in der man kann.

Marie von Ebner-Eschenbach, Aphorismen

Moderne Kommunikation

Das Telefon kann einen Geistesblitz töten
oder auch eine wichtige Entscheidung,
die in diesem Moment heranreift.

Cyril Northcote Parkinson

Die Telekommunikationsgeräte haben nichts
schneller, sondern nur hektischer gemacht.

Verfasser unbekannt

Was wäre der Mensch ohne Telefon?
Ein armes Luder.
Was ist er aber mit Telefon? Ein armes Luder.

Kurt Tucholsky, Glossen und Essays

Handys sind fürs Personal.

Johannes Gross

Früher galten Brückenechsen und
Quastenflosser als lebende Fossilien.
Heute hält man auch Menschen
ohne Computer und Handy für solche.

Ernst Probst

Im Leben eines jeden Büromenschen
gibt es drei einschneidende Ereignisse:
Erstens einen Wechsel des Vorgesetzten,
zweitens den Tod der Topfpflanze und
drittens eine neue Telefonanlage.

Christian Ankowitsch

In den Welten des Internets

Das Handy zu bedienen ist schon viel. [...]
Ich habe Gott sei Dank Leute,
die für mich das Internet bedienen.

Michael Glos, Generation Web 0.0, in: Handelsblatt, 24. April 2007

*Lesen Sie schnell, denn nichts ist beständiger
als der Wandel im Internet!*

Anita Berres

Internet – die wahre Sintflut.

Stanislaw Lem

Ein Bekannter von mir hat im Internet innerhalb
weniger Tage ein kleines Vermögen gemacht.
Aus einem großen.

Wolfgang Mocker, in: Eulenspiegel 7/2000

Wundermaschine Computer?

Der Computer arbeitet deshalb so schnell,
weil er nicht denkt.

Gabriel Laub

Computerpannen warten geduldig
auf den ungünstigsten Zeitpunkt.

Edward Aloysius Murphy

Die einzigen Gegner, die nicht immer
eine Ausrede auf Lager haben, wenn sie
gegen mich verlieren, sind Computer.

Bobby Fischer

Es gibt drei Möglichkeiten,
eine Firma zu ruinieren:
mit Frauen, das ist die Angenehmste;
mit Spielen, das ist die Schnellste;
mit Computern, das ist die Sicherste.

Oswald Dreyer-Eimbcke

Sicher können Computer Probleme lösen,
Informationen speichern, kombinieren und
Spiele spielen – aber es macht ihnen keinen Spaß.

Leo Rosten

Das Unsympathische an den Computern ist,
dass sie nur Ja oder Nein sagen können,
aber nicht Vielleicht.

Brigitte Bardot

Irren ist menschlich.
Aber wenn man richtig Mist bauen will,
braucht man einen Computer.

Dan Rather

Die Maus und der Schuh

Aufgeregt rief morgens eine Dame von 81 Jahren bei einer Computer-Hotline an. Ihr neuer Computer ließe sich nicht einschalten. Nachdem klar war, dass die Stromversorgung funktionierte, erkundigte sich der Hotline-Mitarbeiter, was passiere, wenn die Frau den Startknopf drücke. Die Frau antwortete: „Ich habe immer wieder auf das Fußpedal getreten. Aber es tat sich nichts." Fußpedal? Es stellte sich heraus, dass es sich dabei um die Maus für den Rechner handelte …

Der Wahnsinn auf der Straße

Der größte Aberglaube der Gegenwart
ist der Glaube an die Vorfahrt.
Jacques Tati

Die größte Gefahr im Straßenverkehr
sind Autos, die schneller fahren,
als ihr Fahrer denken kann.
Robert Lembke

Wer Geld hat, kauft ein Auto.
Wer keines hat, stirbt auf andere Weise.
Fernand Joseph Désiré Contandin (Fernandel)

Im Verkehr kann man täglich ein Leben retten,
nämlich sein eigenes.
Siegfried Sommer

Ein Mann am Steuer gleicht einem Pfau,
der sein Rad in der Hand hält.
Anna Magnani

Das Auto ist jene technische Erfindung,
welche die Anforderungen an die
Reaktionsgeschwindigkeit der Fußgänger
beträchtlich gesteigert hat.
Lothar Schmidt

Es gibt zwei Arten von Fußgängern –
die schnellen und die toten.
Robert Lembke

Am liebsten
sieht man ein Auto,
wenn es die Parklücke
verlässt,
in die man hineinwill.
Lothar Schmidt

Der Vordermann
fährt fast
mmer miserabel.
Zum Glück fühlt man
ich nie als Vordermann.
Wolfgang Altendorf

Wie ein Mann
Auto fährt,
so möchte er sein.
Anna Magnani

Der Wert des Geldes

Ein Ruin kann drei Ursachen haben:
Frauen, Wetter oder
die Befragung von Fachleuten.
Georges Pompidou

Am Ende des Geldes ist
noch so viel Monat übrig.
Verfasser unbekannt

Eine Bank ist eine Einrichtung,
von der Sie sich Geld leihen können –
vorausgesetzt, Sie können nachweisen,
dass Sie es nicht brauchen.
Mark Twain

Es ist meistens leichter, mit einem Mann
auszukommen, als mit seinem Geld.
Ingrid van Bergen

Willst du den Wert des Geldes kennenlernen,
geh' und versuche dir welches zu borgen.
Benjamin Franklin

Die „liebe" Arbeit

Müde macht uns die Arbeit,
die wir liegen lassen, nicht die, die wir tun.
Marie von Ebner-Eschenbach, Aphorismen

Kein Mensch ist so beschäftigt,
dass er nicht die Zeit hat,
überall zu erzählen, wie beschäftigt er ist.
Robert Lembke

Wer arbeitet, macht Fehler,
wer wenig arbeitet, macht wenig Fehler,
wer nicht arbeitet, macht keine Fehler,
wer keine Fehler macht, wird befördert.

Verfasser unbekannt

Es ist gefährlich, einen extrem fleißigen
Bürokollegen einzustellen, weil die anderen
Mitarbeiter ihm dann dauernd zuschauen.

Henry Ford

Stress ist der Bazillus,

der von Unsicheren in leitender Stellung

auf die Mitarbeiter übertragen wird.

Oliver Hassencamp

Über die Karriere

Man kann auch in die Höhe fallen,
so wie in die Tiefe.

Friedrich Hölderlin, Reflexion

Frauen werden gefördert,
Männer befördert.

Gerhard Kocher, Vorsicht, Medizin!

Es gibt viele Möglichkeiten, Karriere zu machen,
aber die Sicherste ist noch immer,
in der richtigen Familie geboren zu sein.

Donald Trump

Wenn Karrieren schwindelnde Höhen erreichen,
ist der Schwindel häufig nicht mehr nachzuweisen.

Werner Schneyder, in: Oberösterreichische Nachrichten, 9. Mai 2006

Gratulation zu Lebensabschnitten

Glückwunsch zum Schulabschluss

Es wird die Zeit kommen,
da du glaubst,
alles sei geschafft.
Das ist der Anfang.

Louis L'Amour

* * *

Heute geh ich,
komm ich wieder,
singen wir ganz andre Lieder.
Wo so viel sich hoffen lässt,
ist der Abschied ja ein Fest.

Johann Wolfgang von Goethe

* * *

Das Entscheidende
am Wissen ist, dass man
es beherzigt und anwendet.

Konfuzius

* * *

Lehrer öffnen dir das Tor.
Doch über die Schwelle treten
musst du selber.

Hakuin Zenji

Führerscheinprüfung geschafft!

Das erste Auto im Leben
vergisst man ebenso wenig
wie die erste Frau.

Stirling Moss

* * *

Die Kunst des Autofahrens:
so langsam wie möglich
der Schnellste zu sein.

Emerson Fittipaldi

* * *

Der Mensch denkt, Gott lenkt:
Dieser Grundsatz gilt nicht
für Autofahrer!

Ehrfried Siewers

* * *

Schert sich keiner um dich, fahr'
verkehrt in eine Einbahnstraße:
Alle werden dir zuwinken!

Werner Horand

* * *

Vorsichtige Fahrer schauen nach
beiden Seiten, wenn sie bei Rot
über die Kreuzung fahren.

Ralph Marterie

Zum Abschluss der Ausbildung

Ende gut, Anfang gut!
Manfred Hinrich

* * *

Wir behalten von unseren
Studien am Ende doch
nur das, was wir praktisch
anwenden.
Johann Wolfgang von Goethe,
zu Eckermann 24.Februar 1824

* * *

Ohne Begeisterung
ist noch nie etwas Großes
geschaffen worden.
Ralph Waldo Emerson

* * *

Am Mute
hängt der Erfolg.
Theodor Fontane, Stine

* * *

Früh übt sich,
wer ein Meister werden will.
Friedrich Schiller, Wilhelm Tell

* * *

Wenig gilt die Lehre,
und sei sie noch so gut,
gegen das Leben.
Gustav Freytag

Abschied aus dem Beruf

Wer enden kann zur rechten
Zeit, der hat Vergnügen
lange Zeit.
Peter Fröhling

* * *

In jedem Ende
liegt ein neuer Anfang.
Miguel de Unamuno y Yugo

* * *

Der wahre Beruf des Menschen
ist, zu sich selbst zu kommen.
Hermann Hesse

* * *

Nur eines beglückt zu
jeder Frist: schaffen, wofür
man geschaffen ist.
Paul Heyse

* * *

Wie herrlich ist es,
nichts zu tun und dann
vom Nichtstun auszuruhn.
Heinrich Zille

* * *

Ein Abschied schmerzt immer,
auch wenn man sich schon
lange darauf freut.
Arthur Schnitzler

Deutsch als Rarität

Mark Twain erzählt über seine Schwierigkeiten mit der deutschen Sprache: „Ich ging eine Zeit lang oft ins Heidelberger Schloss, um mir das Raritätenkabinett anzusehen – und eines Tages überraschte ich dort den Museumsleiter mit meinem Deutsch, und zwar redete ich ausschließlich in dieser Sprache. Er zeigte großes Interesse; und nachdem ich eine Weile so geredet hatte, sagte er, mein Deutsch sei äußerst selten, möglicherweise ein Unikat; er wolle es in sein Museum aufnehmen."

Mark Twain, A Tramp Abroad –
The Awful German Language

Karriere ist etwas Herrliches,
aber man kann sich nicht in
einer kalten Nacht an ihr wärmen.
Marilyn Monroe

Hüte deine Seele vor dem Karrieremachen.
Theodor Storm, Für meine Söhne

Es gibt Stellungen, die man am
leichtesten in gebückter Haltung erreicht.
Robert Lembke, Grüße aus dem Fettnäpfchen

Unentbehrlich für den Karrieremann:
sich den richtigen Vorgänger zu suchen.
Johannes Gross, Notizbuch

Formel für die Karriere:
die rechte Phrase am rechten Platz.
Wieslaw Brudzinski, Katzenköpfe, in: Bedenke, bevor du denkst

Deutsche Sprache – schwere Sprache?

Ich glaube nicht, dass es irgendetwas
auf der ganzen Welt gibt, was man
in Berlin nicht lernen könnte –
außer der deutschen Sprache!
Mark Twain, Nach seinem Aufenthalt in Berlin, Winter 1891/92

Als ich nach Deutschland kam,
sprach ich nur Englisch – aber weil
die deutsche Sprache inzwischen
so viele englische Wörter hat,
spreche ich jetzt fließend Deutsch!
Rudi Carell, zitiert bei: Verein Deutsche Sprache e.V.

Ich beherrsche nur die Sprache der anderen.
Die meinige macht mit mir, was sie will.

Karl Kraus, Werke III

Man muss entweder Englisch können,
um mit der Welt zu korrespondieren,
oder Schwäbisch, um mit den
wichtigen Menschen zu reden.

Lothar Späth

Denn wer die deutsche Sprache beherrscht,
wird einen Schimmel beschreiben
und dabei doch das Wort „weiß"
vermeiden können.

Kurt Tucholsky, Vormärz, in: Die Schaubühne, 2. April 1914

Die deutsche Sprache sollte sanft
und ehrfurchtsvoll zu den toten Sprachen
abgelegt werden, denn nur die Toten
haben die Zeit, diese Sprache zu lernen.

Mark Twain, A Tramp Abroad, The Awful German Language

Ich habe fertig!

Giovanni Trapattoni

Mit diesem legendären Satz endete im März 1998 ein Zornesausbruch des aus Italien stammenden Fußballtrainers Giovanni Trapattoni. Dieser war zunehmend ins Kreuzfeuer der Kritik geraten, da die Mannschaft des FC Bayern München seit Beginn seiner Trainerschaft nicht die erwartete Leistung zeigte. Nach einem erneuten verlorenen Spiel machte Trapattoni sich aus Ärger über die Mannschaft mit dem Satz Luft: „Ich habe fertig!" Der Ausruf ging als Mischung aus „Ich bin fertig!" und „Ich habe genug!" in den Sprachschatz ein und wurde als Zitat in den Duden eingetragen.

Die „schönsten" Tage des Jahres

Alles lässt sich ertragen, nur nicht
eine Reihe von schönen Tagen.
Johann Wolfgang von Goethe, Sprichwörtlich

Nirgends strapaziert sich der Mensch
mehr als bei der Jagd nach Erholung.
Laurence Sterne

Urlaub ist die Fortsetzung des Familienlebens
unter erschwerten Bedingungen.
Verfasser unbekannt

Urlaub ist für mich stets ohne Risiko,

mein Chef sagt wann, meine Frau sagt wo.
Verfasser unbekannt

Urlaub – das ist jene Zeit,
in der man zum Ausspannen
eingespannt wird.
Hans Söhnker

Das Wichtigste im Reisegepäck
ist der Notizblock
für den Beschwerdebrief.
Nadine Gordimer

Spätestens, wenn die Kinder fragen,
wo bei der Kuh die Butter rauskommt,
hilft nur noch eins –
Urlaub auf dem Bauernhof.
Friedrich Küppersbusch

Die Fernsehfalle

Fernsehen ist Kaugummi für die Augen.
Orson Welles

Solange uns das Fernsehen
noch blöder machen kann,
ist die unterste Stufe noch nicht erreicht.
Harald Schmidt

Durch das Fernsehen wird kein Mensch,
aber wahrscheinlich viel Geist getötet.
Alfred Biolek

Das Spiel mit der Fernbedienung ist leichter,
als eine Zeitschrift umzublättern und zu lesen.
Helmut Markwort

Das Fernsehen ist eine Infektion der Seele.
Federico Fellini

Den Indianern gab man Feuerwasser,
um sie einzulullen, uns gibt man das Fernsehen.
Hans-Joachim Kulenkampff

Das Kreuz mit der Technik

Technik ist wie ein Messer.
Man kann damit morden oder
damit Brot schneiden.
Norbert Blüm

Wo Technik im Spiel ist,
tritt die Katastrophe in Galauniform auf.
Martin Kessel

HANS-JOACHIM KULENKAMPFF (1921–98)
Der Schauspieler, Moderator und Quizmaster gilt heute als eine Legende der Anfänge des deutschen Fernsehens. „Kuli" wurde zum Liebling des Publikums durch seinen Charme und Witz. Bekannt war auch sein Werbespot für eine Tabakfirma mit dem Slogan: „Drei Dinge braucht der Mann – Feuer, Pfeife, Stanwell." Ab 1964 moderierte Kulenkampff 43-mal die Quizsendung „Einer wird gewinnen" und später auch die erfolgreiche Show „Der Große Preis".

Es ist zu bezweifeln, ob alle bisherigen
technischen Erfindungen die Tageslast
auch nur eines menschlichen Wesens
erleichtert haben.

John Stuart Mill, Grundsätze der politischen Ökonomie

Maschinen, die versagt haben,
funktionieren einwandfrei,
wenn der Kundendienst ankommt.

Edward Aloysius Murphy

Fortschritt und Expertenmeinungen

Erst wenn die Mutigen klug und die Klugen
mutig geworden sind, wird das zu spüren sein,
was irrtümlicherweise schon oft festgestellt wurde:
ein Fortschritt der Menschheit.

Erich Kästner

Jede Erfindung
ist Segen und Fluch.

Erwin Benz

Aus dem Wort Fortschritt hören

die meisten Menschen

„weniger Arbeit" heraus.

Thomas Niederreuther

Der einzige allgemeine Grundsatz,
der den Fortschritt nicht behindert,
lautet: Anything goes.

Paul Feyerabend, Wider den Methodenzwang

Der junge und der alte Hirsch

VON GOTTHOLD EPHRAIM LESSING

Ein Hirsch, den die gütige Natur Jahrhunderte
hat leben lassen, sagte einst zu einem seiner Enkel:
„Ich kann mich der Zeit noch sehr wohl erinnern,
da der Mensch das donnernde Feuerrohr noch nicht
erfunden hatte."

„Welche glückliche Zeit muss das für unser Geschlecht
gewesen sein!", seufzte der Enkel.

„Du schließest zu geschwind!",
sagte der alte Hirsch.
„Die Zeit war anders,
aber nicht besser. Der Mensch
hatte da, anstatt des
Feuerrohrs, Pfeile und Bogen,
und wir waren ebenso
schlimm daran als jetzt."

Das größte Problem mit dem Fortschritt:
Auch die Nachteile entwickeln sich weiter.

Ernst Ferstl, Wegweiser

Nichts setzt dem Fortgang der Wissenschaft
mehr Hindernis entgegen,
als wenn man zu wissen glaubt,
was man noch nicht weiß.

Georg Christoph Lichtenberg, Sudelbücher

Die letzte Stimme, die man hört,
bevor die Welt explodiert,
wird die Stimme eines Experten sein,
der sagt: Das ist technisch unmöglich!

Sir Peter Ustinov

Ein Experte ist ein Mensch,
den man in letzter Minute hinzuzieht,
um einen Mitschuldigen zu haben.

Edward Aloysius Murphy

Die Sache mit der Steuer

Die Einkommensteuer hat mehr Menschen
zu Lügnern gemacht als der Teufel.

William Rogers

Nur zwei Dinge auf dieser Welt sind uns sicher:
der Tod und die Steuer.

Benjamin Franklin

Um eine Einkommensteuererklärung
abgeben zu können, muss man Philosoph sein.
Für einen Mathematiker ist es zu schwierig.

Albert Einstein

Von Amtsschimmeln und anderen Menschen ...

Wir lassen uns das nicht gefallen,
Sie sind auf uns nicht angewiesen,
aber wir auf Sie,
das müssen Sie sich merken!

Karl Valentin, Sturzflüge im Zuschauerraum

Bei schlechten Beamten helfen selbst
die besten Gesetze nichts.

Otto von Bismarck

Das deutsche Schicksal:
vor einem Schalter zu stehen.
Das deutsche Ideal:
hinter einem Schalter zu sitzen!

Kurt Tucholsky, Schnipsel

*Zum Abbau der Bürokratie fehlen uns
einfach die nötigen Beamten.*

Karl Farkas

Hätte ein Bürokrat die Welt erschaffen,
wir wären noch bei der Sintflut.

Jerzy Jurandot

Die Zeit, welche die Technik erspart,
kostet der Bürokrat, der sie organisiert.

Ludwig Marcuse

Bürokratie ist die Vervielfältigung
von Problemen durch die Einstellung
weiterer Beamter.

Cyril Northcote Parkinson

Das Vaterunser hat 56 Wörter,
die Zehn Gebote haben 297.
Aber eine Verordnung der EG-Kommission
über den Import von Karamellen
und Karamellprodukten zieht sich über
26 911 Wörter hin.

Alwin Münchmeyer

Wir können die Schwerkraft überwinden,
aber der Papierkram erdrückt uns.

Wernher von Braun

Was gibt uns die Verwaltung?
Sie gibt uns zu denken.

Lothar Schmidt

Treffen Einfalt und Gründlichkeit zusammen,
entsteht die Verwaltung.

Oliver Hassencamp

Vorschriften, Regeln, Verbote

Für die Toten Wein,
für die Lebenden Wasser:
Das ist eine Vorschrift für Fische.

Martin Luther

Erst kommt der Mensch,
dann die Menschenordnung.

Carl Zuckmayer, Der Hauptmann von Köpenick

Abseits ist,
wenn der Schiedsrichter pfeift.

Franz Beckenbauer

Wenn du dich immer an die Regeln hältst,
verpasst du eine Menge Spaß.

Katharine Hepburn

Den Reiz des Verbotenen kann man
nur kosten, wenn man es sofort tut.
Morgen ist es vielleicht schon erlaubt.

Jean Genet

Taktgefühl und gute Manieren

Takt ist die Fähigkeit, einem anderen
auf die Beine zu helfen, ohne ihm
auf die Zehen zu treten.

Curt Goetz

Takt ist eine schreckliche Sache.
Wenn man ihn nicht hat, regt sich jeder auf.
Wenn man ihn hat, merkt es kein Mensch.

Shirley MacLaine

Takt besteht darin, dass man weiß,
wie weit man zu weit gehen darf.

Jean Cocteau

Viele Menschen sind zu gut erzogen,
um mit vollem Mund zu sprechen;
aber sie haben keine Bedenken,
dies mit leerem Kopf zu tun.

Orson Welles

Gut erzogen zu sein ist heutzutage
ein großer Nachteil.
Es schließt einen von so vielem aus.

Oscar Wilde, Eine Frau ohne Bedeutung

We are
not amused!

Victoria, Königin von England

Als Königin Victoria (1819–1901)
bei einem Bankett sah, wie einer
von ihren Kammerherren sie
zu parodieren versuchte, war
die Queen darüber anscheinend
nicht erfreut und äußerte ihre
Missbilligung mit dem Ausspruch
„We are not amused" („Wir
finden das gar nicht lustig").
Wenn heute ein Skandal um das
englische Königshaus Schlagzeile
macht, wird die Reaktion der
regierenden Queen gern mit
diesem Satz kommentiert.

Vorsicht, Arzt!

Frag drei Ärzte nach einer Diagnose, und
du hast vier verschiedene Leiden.
Verfasser unbekannt

Das Heilmittel ist schlimmer als die Krankheit.
Sir Francis Bacon, Über Aufstände

Seien Sie vorsichtig mit
Gesundheitsbüchern – Sie können
an einem Druckfehler sterben.
Mark Twain

Die meisten Menschen sterben an ihren
Medikamenten und nicht an ihren Krankheiten.
Molière

Geh nie zu einem Doktor,
dessen Praxisblumen vor sich hin gammeln.
Erma Bombeck

Über Reden, Redner
und Versprecher

Das menschliche Gehirn ist eine großartige Sache.
Es funktioniert vom Moment der Geburt an –
bis zu dem Zeitpunkt, wo du aufstehst,
um eine Rede zu halten.
Mark Twain

Mit Rednern ist es häufig wie mit dem Sekt;
die größten Flaschen sind auch die lautesten.
Werner Finck

Ich habe noch nie eine große Rede gehalten.
Ich habe immer nur gesagt,
was mir gerade eingefallen ist.

Franz Beckenbauer

Ich kann ohne den Ballast jeglicher Kompetenz
vor das Publikum treten.

Thomas Gottschalk, öffentlicher Auftritt am 10. Juli 2007

Es gibt Festredner, Anklageredner, Hetzredner
und Besänftigungsredner. Am häufigsten ist
der Drumherumredner.

Sigmund Graff

Eine gute Rede ist eine Ansprache,

die das Thema erschöpft,

aber keineswegs die Zuhörer.

Sir Winston Churchill

Eine gute Rede hat einen guten Anfang
und ein gutes Ende – und beide sollten
möglichst dicht beieinanderliegen.

Mark Twain

Der Prediger steige auf die Kanzel, öffne
seinen Mund, höre aber auch wieder auf.

Martin Luther

Allein der Vortrag macht des Redners Glück.

Johann Wolfgang von Goethe, Faust I

Das wertvollste aller Talente besteht darin, niemals
zwei Wörter zu benutzen, wenn eins ausreicht.

Thomas Jefferson

Achtung, Gäste!

Der Gast ist der natürliche Feind des Kochs.

Harald Wohlfahrt, in: Geo Saison 7/2006

Behandle deinen Gast zwei Tage lang als Gast,
aber am dritten Tag gib ihm eine Hacke.

Suaheli-Sprichwort

Vergesst die Gastfreundschaft nicht.
Durch sie haben manche,
ohne es zu wissen, Engel beherbergt.

Hebräer 13,2

Über das Kommen mancher Leute
tröstet uns nichts als –
die Hoffnung auf ihr Gehen.

Marie von Ebner-Eschenbach, Aphorismen

Unter allen Gästen
sind mir jene am liebsten,
die auf der Fahrt eine Panne haben
und absagen.

Thomas Mann

Wer einsam ist, muss stets fürchten,
dass jemand zu Besuch kommt.

Hermann Hesse

Ein Onkel, der Gutes mitbringt,
ist besser als eine Tante,
die bloß Klavier spielt.

Wilhelm Busch, Aphorismen und Reime

Wenn sich die Gäste wie zu Hause fühlen,
benehmen sie sich leider auch so.
Danny Kaye

Ein Gastgeber ist wie ein Feldherr:
Erst wenn etwas schiefgeht, zeigt sich sein Talent.
Horaz

Die Jahre gehen –
die Falten kommen

Ich bin stolz auf die Falten.
Sie sind das Leben in meinem Gesicht.
Brigitte Bardot

Ich habe den Kampf gegen die Falten
aufgegeben, weil nichts so viele Falten macht,
wie der Kampf gegen die Falten.
Liv Ullmann

Wenn die Frauen verblühen,

verduften die Männer ...
Heinrich Zille

Wie alt man geworden ist,
sieht man an den Gesichtern derer,
die man jung gekannt hat.
Heinrich Böll

Ein Mann mit weißen Haaren ist
wie ein Haus, auf dem Schnee liegt.
Das beweist aber noch nicht,
dass im Herd kein Feuer brennt.
Maurice Chevalier

JEANNE MOREAU (* 1928)
Sie feierte bereits ihren achtzigs-
ten Geburtstag – doch das Alter
und Falten störten die französische Schauspielerin, Regisseurin
und Sängerin, die in den 1950er
und 1960er Jahren zu den populärsten Filmstars zählte, wenig.
Sie galt nie als Schönheit: Der
Mund leicht verkniffen, ja
patzig, der Blick kühl und immer
ein wenig verzweifelt. Gerade
damit wurde sie zu einer der
berühmtesten Charakterdar-
stellerinnen. Ihre beste Rolle
spielte Moreau in der melancho-
lischen Dreiecksgeschichte Jules
und Jim (1961) von François
Truffaut, einem Filmklassiker der
französischen Nouvelle Vague.

Du kannst einen Elefanten festhalten,
wenn er fliehen, aber nicht das kleinste Haar
auf deinem Kopf, wenn es fallen will.
Gerhart Hauptmann

Du wirst alt, wenn die Kerzen mehr kosten
als der Geburtstagskuchen.
Bob Hope

Wer Geburtstag hat,
erntet nur Schadenfreude.
Jeanne Moreau

Alt werden ist natürlich kein reines Vergnügen.
Aber denken wir an die einzige Alternative.
Robert Lembke

Das Lästigste am Altwerden ist, dass man
so tun muss, als hätte man noch Spaß.
Marcello Mastroianni

Man wird alt, wenn die Leute anfangen zu sagen,
dass man jung aussieht.
Karl Dall

Beim Leben wie beim Montblanc ist nicht
das Hinauf-, sondern das Hinuntersteigen
am schwersten, zumal, weil man statt
des Gipfels Abgründe sieht.
Jean Paul

Alternde Frauen sollten bedenken,
dass ein Apfel nichts von seinem
Wohlgeschmack verliert, wenn ein
paar Fältchen die Schale kräuseln.
Auguste Brizeux

Von Mensch zu Mensch

Über den Wert von Freunden und
den Nutzen von Feinden, über die
Kunst der Unterhaltung und das
Wesen der Höflichkeit – knifflig ist
der Umgang miteinander allemal.

Menschen braucht der Mensch

Der Mensch wird am Du zum Ich.

Martin Buber, Werke I., Schriften zur Philosophie

Was wir am nötigsten brauchen, ist ein Mensch, der uns zwingt, das zu tun, was wir können.

Ralph Waldo Emerson

Der mit Abstand wichtigste Raum im Weltall ist der zwischenmenschliche.

Ernst Ferstl, Unter der Oberfläche

Das eigentliche Studium der Menschheit ist der Mensch.

Johann Wolfgang von Goethe, Wahlverwandtschaften II

Vieles kann der Mensch entbehren,

nur den anderen Menschen nicht.

Ludwig Börne, Über den Umgang mit Menschen

Es ist nicht wahr, dass sich jeder selbst der Nächste ist, sondern es ist wahr, dass die Liebe zu den Menschen, die Liebe zu allen, die uns brauchen, Licht ins Leben bringt.

Hermann Gmeiner

Die Menschen, die einen großen Wert auf Gärten, Gebäude, Kleider, Schmuck oder irgendein Besitztum legen, sind weniger gesellig und gefällig; sie verlieren die Menschen aus den Augen.

Johann Wolfgang von Goethe, Wilhelm Meisters Lehrjahre

Die Mitmenschen

Ich liebe die Menschen.
Nur die Vorstellung, mit einem von ihnen
das Zimmer zu teilen, ist mir unerträglich.

Fjodor Dostojewski

Sei nicht ärgerlich, dass du andere nicht
so machen kannst, wie du sie gern hättest.
Du kannst nicht einmal dich selbst so machen,
wie du dich gerne hättest.

Thomas von Kempen

Durch nichts entfernen wir uns

so sehr von unseren Mitmenschen,

als wenn wir ihnen zu nahe treten.

Ron Kritzfeld

Wer selbst geachtet werden will, der muss
die Eigenart seiner Mitmenschen achten.

Samuel Smiles, Charakter

Jeder Mensch bereitet uns auf
irgendeine Art Vergnügen:
Der eine, wenn er ein Zimmer betritt,
der andere, wenn er es verlässt.

Herman Bang

ADOLPH FREIHERR VON KNIGGE (1752–96)

Der „Knigge" steht heute als Synonym für Benimmratgeber. Dabei ist Knigges Hauptwerk „Über den Umgang mit Menschen" (1788) aus heutiger Sicht eher soziologisch ausgerichtet und hat mit modernen Benimmregeln wenig zu tun. Knigge wollte mit seiner Schrift über den Wert von Takt und Höflichkeit aufklären. In einzelnen Kapiteln erläutert er den Umgang mit Kindern, Ärzten, Schurken – und mit sich selbst.

Vom Umgang miteinander

Manche Leute pflegen neben ein paar
zwischenmenschlichen Beziehungen
auch einige zwischenunmenschliche.

Ernst Ferstl, Wegweiser

Die Seele aber wird immer tiefer in sich selbst
zurückgeführt, je mehr man die Menschen
nach ihrer und nicht nach seiner Art behandelt.
Man verhält sich zu ihnen wie der Musikus
zum Instrument.

Johann Wolfgang von Goethe, an Charlotte von Stein, 13. Mai 1782

Was ist das Menschlichste?
Jemandem Scham zu ersparen.

Friedrich Wilhelm Nietzsche, Fröhliche Wissenschaft

Den Menschen kann man nicht anders
als unter Menschen und im Umgange
mit ihnen kennenlernen.

Christian Garve, Über Gesellschaft und Einsamkeit

Ruhige, stille Hochachtung ist mehr wert
als Anbetung, Verehrung, Entzückung.

Adolph Freiherr von Knigge, Über den Umgang mit Menschen

Man sollte nur den Umgang solcher
Menschen suchen, denen gegenüber
man sich zusammennehmen muss.

Ernst von Feuchtersleben

Sage mir, mit wem du umgehst,
und ich will dir sagen,
ob du noch an dich glaubst.

Hans Albrecht Moser

Der vollendete Umgang mit Menschen
ist die Fähigkeit, zugleich ehrlich und
liebenswürdig zu sein.
Jean Paul

Man kann ohne Liebe Holz hacken,
Ziegel formen, Eisen schmieden.
Aber mit Menschen
kann man nicht ohne Liebe umgehen.
Leo Tolstoi

Zu Leuten, an denen einem nichts liegt,
kann man immer freundlich sein.

Oscar Wilde, Das Bildnis des Dorian Gray

Einer wurde gefragt, wo er seine
feinen und wohlgefälligen Sitten gelernt habe.
Er antwortete, bei lauter unhöflichen
und groben Menschen. Ich habe immer
das Gegenteil von demjenigen getan,
was mir an ihnen nicht gefallen hat.
Johann Peter Hebel

Über die Höflichkeit

Höflichkeit ist wie ein Luftkissen:
Es mag wohl nichts drin sein,
aber es mildert die Stöße des Lebens.
Arthur Schopenhauer

Das Leben ist nicht so kurz,
als dass es nicht immer noch
Zeit für Höflichkeit gäbe.
Ralph Waldo Emerson

Die Höflichkeit ist
die Schwester der Liebe.

Franz von Assisi

Höflichkeit ist der Versuch, Menschenkenntnis
durch gute Manieren zu mildern.

Jean Gabin

Höflichkeit ist die Blüte der Menschlichkeit.
Wer nicht höflich genug, ist auch
nicht menschlich genug.

Joseph Joubert

Sprich leise und höflich,

aber trage stets einen Knüppel bei dir.

Theodor Roosevelt

Die wenigsten Menschen kennen das Geheimnis,
zu sich selbst höflich zu sein.

Peter Bamm

Es gibt Arten, die vom Aussterben bedroht sind,
zum Beispiel die höfliche Art.

Erhard Horst Bellermann

Wenn zwei sich streiten ...

Die Leute streiten im Allgemeinen nur deshalb,
weil sie nicht diskutieren können.

Gilbert Keith Chesterton

Nicht jene, die streiten, sind zu fürchten,
sondern jene, die ausweichen.

Marie von Ebner-Eschenbach, Aphorismen

Die Stachelschweine

VON ARTHUR SCHOPENHAUER

An einem eisig kalten Wintertage – der Wind piff schneidend – drängte sich eine Schar Stachelschweine in ihrem Schlupfwinkel so nahe wie möglich aneinander. Aber als sie sich zusammendrängten, bohrten sich ihre spitzen Stacheln gegenseitig in ihre Körper. Sie wichen also wieder auseinander, doch die eisige Kälte zwang sie abermals, nahe zusammenzurücken. Wieder stachen sie sich mit ihren Borsten, und wieder wichen sie auseinander. Auseinander – zusammenrücken – auseinander … das wiederholte sich so oft, bis sie einen Abstand gefunden hatten, der sie die Kälte des Winters ertragen ließ: nicht allzu nahe beisammen, sodass sie ihre Stacheln nicht störten, und nicht allzu sehr auseinander, sodass sie nicht erfroren. Diesen Abstand nannten sie Höflichkeit und gutes Benehmen.

Tun wir, gleich Advokaten im Prozess,
die tüchtig streiten, doch als Freunde schmausen.
William Shakespeare, Der Widerspenstigen Zähmung

Wenn zwei brave Menschen über Grundsätze
streiten, haben immer beide Recht.
Marie von Ebner-Eschenbach, Aphorismen

Wie es manchmal etwas Reizendes hat,
sich mit einem Freunde zu streiten.
Man fühlt auf eine angenehme Weise,
dass man zu zweien ist und doch
nicht auseinanderkann.
Johann Wolfgang von Goethe, Die Wahlverwandtschaften

Beleidigungen – Ohrfeigen für die Seele

Es gibt Beleidigungen, die man nicht
bemerken darf, wenn man sich
in der Gesellschaft behaupten will.
Marquis de Vauvenargues, Reflexionen

Jeder kann beleidigt werden.
Aber nicht durch jeden.
Hans Albrecht Moser, Die Komödie des Lebens

In dem Maße, wie der Wille und die Fähigkeit
zur Selbstkritik steigen, hebt sich auch
das Niveau der Kritik am andern.
Christian Morgenstern, Stufen

Beleidigungen sind die Argumente derer,
die unrecht haben.
Jean-Jacques Rousseau

Sehr geehrte Damen und Herren, liebe Neger!

Heinrich Lübke

Immer wieder werden diese Worte dem ehemaligen Bundespräsidenten Heinrich Lübke (1894–1972) zugeschrieben. Dabei findet sich kein einziger Beleg, dass er eine Rede während seines Staatsbesuchs in Liberia 1962 mit diesen Worten begonnen hätte! Doch ließ er gerade in Entwicklungsländern kaum ein Fettnäpfchen aus. So sagte Lübke in Madagaskar: „Die Leute müssen ja auch mal lernen, dass sie sauber werden." Was für uns nach Rassismus klingt, war laut Lübke-Biografen anders gemeint. Lübke wollte vielmehr mit seinen Afrikareisen die nach Unabhängigkeit strebenden oder unabhängig werdenden Länder fördern.

Von der Menschenkenntnis

Wer einen Menschen kennt, weiß auch,
was er nicht zu erkennen gibt.

Gerhard Uhlenbruck, Kaffeesätze

Es ist verdammt schwer, einen Menschen zu nehmen,
wie er ist, wenn er sich anders gibt, als er ist.

Ernst Ferstl, Bemerkenswert

Gute Menschen sind selten

gute Menschenkenner.

Peter Sirius

Auf dem Markt lernt man die Leute
besser kennen als im Tempel.

deutsches Sprichwort

Ein scharfer Beobachter erkennt am Zustand
der Schuhe immer, mit wem er es zu tun hat.

Honoré de Balzac, Gesetzbuch für anständige Menschen

Man liebt es, die anderen zu durchschauen,
aber nicht, selbst durchschaut zu werden.

François de La Rochefoucauld, Réflexions supprimées

Niemand kennt den andern …

Fernando Pessoa,
Das Buch der Unruhe des Hilfsbuchhalters Bernardo Soares

Als Gott den Baum der Erkenntnis schuf
und meinte, Adam und Eva würden nicht
von seinen Früchten essen, da fehlte es ihm
noch an Menschenkenntnis.

Arthur Feldmann

Ein Freund, ein guter Freund

Freundschaft, das ist wie Heimat.
Kurt Tucholsky

Ein bisschen Freundschaft ist mir mehr wert
als die Bewunderung der ganzen Welt.
Otto von Bismarck

Von allen Geschenken, die uns das Schicksal
gewährt, gibt es kein größeres Gut als
die Freundschaft – keinen größeren Reichtum,
keine größere Freude.
Epikur von Samos

Je älter man wird,
desto mehr braucht man einen
Weißt-du-noch-Freund.
Tilla Durieux

Uneigennützige Freundschaft gibt es nur
unter Leuten gleicher Einkommensklasse.
Jean Paul Getty

Die Freunde, die man morgens um vier
anrufen kann, die zählen.
Marlene Dietrich

Ein treuer Freund ist so viel wert
wie zehntausend Verwandte.
Euripides

Mancher große Mann hätte nie an sich geglaubt,
wenn ihn nicht gute Freunde entdeckt hätten.
Paul Heyse, Die Kinder der Welt

Es gibt wenig aufrichtige Freunde –
die Nachfrage ist auch gering.

Marie von Ebner-Eschenbach, Aphorismen

Freundschaft, das ist eine Seele in zwei Körpern.

Aristoteles

Ein Freund ist gleichsam
ein zweites Ich.

Ambrosius, De officiis ministrorum

Das Wesen der Freundschaft

Großzügigkeit ist das Wesen der Freundschaft.

Oscar Wilde, Der ergebene Freund

Der Wunsch, Freund zu sein,
ist das Werk eines Augenblicks,
aber die Freundschaft ist eine
langsam reifende Frucht.

Aristoteles

Gleichheit der Gesinnung erzeugt Freundschaft.

Demokrit

Es gibt kein festeres Band für Freundschaft
als gemeinsame Pläne und gleiche Wünsche.

Cicero

Glückwünsche zum Geburtstag

Von 20 bis 30

23 Jahre,
und nichts für die
Unsterblichkeit getan!
Friedrich Schiller, Don Carlos

* * *

Man altert nur
von 25 bis 30.
Was sich bis dahin erhält,
wird sich wohl auf
immer erhalten.
Christian Friedrich Hebbel

* * *

Kummer, sei lahm!
Sorge, sei blind!
Es lebe das Geburtstagskind!
Theodor Fontane

* * *

Die Jugend wäre eine
noch schönere Zeit, wenn sie
erst später im Leben käme.
Charlie Chaplin

Irgendwo zwischen 30 und 40 …

Ab 30 kann ein Mann
das Wetter schon fast
vorausbestimmen.
chinesisches Sprichwort

* * *

Mit 30 ist man
gerade alt genug,
um zu wissen, was man tut.
Und noch jung genug,
um es trotzdem zu tun.
Brigitte Bardot

* * *

Eine Frau kann
mit 19 entzückend,
mit 29 hinreißend sein.
Aber erst mit 39 ist sie
absolut unwiderstehlich.
Und älter als 39
wird keine Frau,
die einmal
unwiderstehlich war!
Coco Chanel

Knapp hinter der Mitte des Lebens ...

Die ersten 40 Jahre unseres
Lebens liefern den Text,
die folgenden 30 sind
Kommentar dazu.

Arthur Schopenhauer,
Parerga und Paralipomena

* * *

Von 40 bis 50 ist
die beste Lebenszeit.

Theodor Fontane

* * *

Nimm die Erfahrung
und die Urteilskraft
der Menschen über 50
aus der Welt heraus,
und es wird nicht viel
übrig bleiben.

Henry Ford

* * *

Wer im 20. Jahr
nicht schön,
im 30. nicht stark,
im 40. nicht klug,
im 50. nicht reich ist,
der darf danach
nicht hoffen.

Martin Luther

Jedes Jahrzehnt des Menschen
hat sein eigenes Glück,
seine eigenen Hoffnungen
und Aussichten.

Johann Wolfgang von Goethe,
Die Wahlverwandtschaften II

* * *

Willst du wissen,
wie alt du bist, so frage nicht
die Jahre, die du gelebt hast,
sondern den Augenblick,
den du genießt.

Arthur Schnitzler

* * *

Alt ist man erst dann,
wenn man an der
Vergangenheit mehr Freude
hat als an der Zukunft.

John Knittel

* * *

Die Leute, die nicht zu altern
verstehen, sind die gleichen,
die nicht verstanden haben,
jung zu sein.

Marc Chagall

* * *

Jeder, der sich die Fähigkeit
erhält, Schönes zu entdecken,
wird nie alt werden.

Franz Kafka

Wie Freundschaften beginnen und enden

Lachen ist durchaus kein
schlechter Beginn einer Freundschaft
und ihr bei Weitem bestes Ende.

Charlie Chaplin

Es gibt Menschen, deren einmalige Berührung
mit uns für immer den Stachel in uns zurücklässt,
ihrer Achtung und Freundschaft wert zu bleiben.

Christian Morgenstern, Stufen

Freundschaften vergehen über Nacht,
aber Interessen bleiben.

Franz Josef Strauß

Es gibt keine Freunde,
die man nicht verlieren,
und keine Feinde,
die man sich nicht zuziehen könnte.

Sir Winston Churchill

Dies ist der Beginn einer wunderbaren Freundschaft.

aus dem Film „Casablanca"

Auf der Liste der „100 besten Filmzitate aller Zeiten", die das American Film Institut (AFI) im Jahr 2005 veröffentlichte, ist der Klassiker „Casablanca" insgesamt sechsmal vertreten. Der Schlusssatz aus Casablanca, „Louis, ich glaube, dies ist der Beginn einer wunderbaren Freundschaft" („Louis, I think this is the beginning of a beautiful friendship"), belegte Platz 20. Fast jedoch wäre dieser Satz niemals gesprochen worden – er stand nämlich nicht im Drehbuch und wurde erst zwei Wochen nach Abschluss der Filmaufnahmen auf Anregung des Produzenten einsynchronisiert.

Feinde und Neider

Bei der Wahl seiner Feinde kann
man nicht vorsichtig genug sein.
Oscar Wilde, Das Bildnis des Dorian Gray

Hätte ich keine Feinde und keine Neider,
dann wäre ich eigentlich schlecht.
Armin Mueller-Stahl

Wer Neider hat, hat Brot,
wer keine hat, hat Not.
Jeremias Gotthelf

Ehe ein Mann anfängt, seine Feinde zu lieben,
sollte er seine Freunde erst einmal
besser behandeln.
Mark Twain

Mit Freundlichkeit umgarnt man seine Feinde!
Oscar Wilde, Die Herzogin von Padua

Die Freunde nennen sich aufrichtig.
Die Feinde sind es.
Arthur Schopenhauer, Parerga und Paralipomena

Einigkeit macht stark

Verbunden werden auch die Schwachen mächtig.
Friedrich Schiller, Wilhelm Tell

Einzeln ist die menschliche Kraft eine beschränkte,
vereinigt eine unendliche Kraft.
Ludwig Feuerbach

Wir sind so stark,
wie wir einig,
und so schwach,
wie wir gespalten sind.

Joanne K. Rowling, Harry Potter und der Feuerkelch

Allein kann der Mensch nicht wohl bestehen,
daher schlägt er sich gern zu einer Partei,
weil er da, wenn auch nicht Ruhe, doch
Beruhigung und Sicherheit findet.

Johann Wolfgang von Goethe, Maximen und Reflexionen

Klatsch, Tratsch und Klüngel

Fremde Ohren hören immer mehr
als die eigenen.

Gerd W. Heyse, Gedanken-Sprünge

Klatsch ist ein Gesellschaftstanz,
bei dem es sich um Menschen dreht.

Erhard Horst Bellermann, Schmetterlinge im Kopf

So lange man selbst redet,

erfährt man nichts.

Marie von Ebner-Eschenbach, Aphorismen

Ich ziehe es vor, miteinander,
nicht übereinander zu sprechen.

Helmut Kohl

Indem man über andere schlecht redet,
macht man sich selber nicht besser.

Konfuzius

Sprich nie Böses von einem Menschen,
wenn du es nicht gewiss weißt,
und wenn du es gewiss weißt,
so frage dich: Warum erzähle ich es?

Johann Kaspar Lavater

Der tratschende Tratsch ist noch lange
nicht das Schlimmste, der vertuschende Tratsch
ist weit schlimmer.

Peter Rosegger, Kleine Texte

Der Klatsch ist das einzige Geräusch,
das schneller ist als der Schall.

Klaus Klages

Die einzige Wirtschaft, die immer Konjunktur hat,
ist die Cliquenwirtschaft.

Gerhard Uhlenbruck

Lieber Clubtisch als chaotisch.

Erhard Horst Bellermann, Dümmer for One

Partys und Einladungen

Die Cocktailparty ist eine Strapaze,
der man sich merkwürdigerweise
hin und wieder sogar freiwillig unterzieht,
so wie man hin und wieder freiwillig
ein Karussell besteigt, obwohl man weiß,
dass Übelkeit die unausbleibliche Folge ist.

Heinrich Böll

Sex und Partys sind das Einzige,
wo man persönlich erscheinen muss.

Andy Warhol

HEINRICH BÖLL (1917–85)
Er zählt zu den bedeutendsten deutschen Schriftstellern der Nachkriegszeit und erhielt 1972 den Nobelpreis für Literatur. Berühmt wurde Böll für seine Kurzgeschichten und Erzählungen wie „Ansichten eines Clowns" (1963). 1974 erschien sein wohl bekanntestes Werk, „Die verlorene Ehre der Katharina Blum". Böll lieferte hier einen brisanten Beitrag zur Gewaltdebatte der 1970er Jahre und äußerte sich kritisch zur Springer-Presse. Die Erzählung wurde in über 30 Sprachen übersetzt, von Volker Schlöndorff verfilmt und in Deutschland sechs Millionen Mal verkauft.

Dass man Gesprächsthema einer Party wird,
kann man nur dadurch verhindern,
dass man hingeht.

Elizabeth Taylor

Ein halbes Dutzend Freunde höchstens
um einen kleinen, runden Tisch,
ein Gläschen Tokaierwein, ein offenes Herz dabei
und ein vernünftiges Gespräch – so lieb ich's.

Friedrich Schiller, Wallenstein

Nichts nehmen die Menschen so übel,
als wenn sie keine Einladungen bekommen.

Oscar Wilde, Ernst muss man sein

Die hohe Kunst der Unterhaltung

Die gute Unterhaltung besteht nicht darin,
dass man selbst etwas Gescheites sagt,
sondern dass man etwas Dummes anhören kann.

Wilhem Busch

Das ist die Kunst des Gesprächs:
alles zu berühren und nichts zu vertiefen.

Oscar Wilde

Ich zitiere mich oft selber. Ich finde,
es bringt Attraktivität in das Gespräch.

George Bernhard Shaw, The Wordsworth Dictionary of Quotations

Aus den belanglosesten Gesprächen gelangt man
meist zu den interessantesten Themen.

Jenny Petalla

Je weniger sich
Menschen zu sagen
haben, desto hartnäckiger
verweilen sie beim
gleichen Gesprächsstoff.

Hans Albrecht Moser,
Die Komödie des Lebens

Gehe nie aus einem Gespräch,
ohne dem anderen
die Gelegenheit zu geben,
mit Dankbarkeit an dieses
Gespräch zurückzudenken.

Adolph Freiherr von Knigge

Konversation machen:
Zwei oder
mehrere Leute tun so,
als hörten sie einander zu.

Georg Christoph Lichtenberg

An der Oberfläche

Der Schriftsteller Mark Twain behauptete einmal, dass in der New Yorker Gesellschaft keiner dem anderen zuhöre. Er wettete mit Freunden, auf der nächsten Party den Beweis anzutreten. Zu besagter Einladung kam Twain zu spät und begrüßte die Gastgeberin im Kreis der Erwartungsvollen: „Entschuldigen Sie meine Unpünktlichkeit! Ich habe erst noch meine Tante umgebracht, und es dauerte ein wenig länger, als ich vermutete." „Oh, wie reizend von Ihnen", erwiderte die Gnädige, „dass Sie trotzdem gekommen sind."

Konversation ist die Kunst zu reden,
ohne zu denken.

Victor de Kowa

Bei einem längeren Gespräch wird auch
der Weiseste einmal zum Narren und
dreimal zum Tropf.

Friedrich Wilhelm Nietzsche, Menschliches, Allzumenschliches

Wer klug ist, wird im Gespräch
weniger an das denken,
worüber er spricht, als an den,
mit dem er spricht.
Sobald er dies tut, ist er sicher,
nichts zu sagen, das er nachher bereut.

Arthur Schopenhauer

Geist in der Konversation besteht
weniger darin, viel von ihm zu zeigen,
als ihn in andern aufzudecken.

Jean de La Bruyère

Konversation ist eine sehr praktische Kunst.
Man kann an Wichtiges denken,
während man Unwichtiges erzählt.

Sir Laurence Olivier

Konversation entsteht nur dort,
wo man sich unter keinen Umständen
kennenlernen will …

Elmar Kupke, Aphorismen

Wer mit mir reden will,
der darf nicht bloß seine eigene Meinung
hören wollen.

Wilhelm Raabe

Im Verein ist man nicht allein

Ohne seine Idealisten könnte kein Verein
existieren. Ohne seine Phlegmatiker hätte
keiner genug Mitglieder.
Hans-Heinrich Hitzler

Vereine fördern die Bestrebungen
ihrer Mitglieder und stören die der anderen.
Robert Musil

Gesang und Liebe in schönem Verein,
sie erhalten dem Leben den Jugendschein.
Friedrich Schiller, Die vier Weltalter

Das Bedürfnis nach Ruhe

Halte etwas mehr Abstand zu den Menschen
und Ereignissen, und du wirst mehr Ruhe haben.
Paul Haschek

Abgeschiedenheit von Menschen, äußere Ruhe
um mich her und innere Beschäftigung sind der
einzige Zustand, in dem ich noch gedeihe.
Friedrich Schiller

Das einzig habe ich bereut: nicht zuweilen Pausen
gemacht zu haben; ich wäre den Meinen,
mir und den anderen mehr gewesen.
Paul Keller

Gönne dir einen Augenblick der Ruhe,
und du begreifst, wie närrisch du
herumgehastet bist.
Laotse

>> ## Störe meine Kreise nicht!

Archimedes

Zur Zeit des Zweiten Punischen Kriegs lebte der griechische Naturwissenschaftler und Mathematiker Archimedes (285–212 v. Chr.) in Syrakus. Als die Stadt von den Römern erobert wurde, drangen Soldaten auch in sein Haus, um ihn zu verhaften. Archimedes zeichnete gerade geometrische Figuren in den Sand und sagte der Legende nach: „Noli turbare circulos meos!" („Störe meine Kreise nicht!"). Ein Soldat wurde zornig und erschlug den alten Mann. «

Ruhe gibt's genug nach dem Tod.

Herbert Grönemeyer, aus dem Song „Chaos"

Ich habe nie gesagt,
ich liebe das Alleinsein.
Ich habe gesagt,
ich möchte in Ruhe gelassen werden.
Das ist ein Unterschied.

Greta Garbo

Im Unglück finden wir meistens
die Ruhe wieder, die uns durch die
Furcht vor dem Unglück geraubt wurde.

Marie von Ebner-Eschenbach, Aphorismen

Wenn du das Bedürfnis nach
Kräftigung empfindest –
ziehe dich zurück von der Welt.

Henry David Thoreau

Die Natur hat das Gesäß für die Ruhe geschaffen,
da die Tiere stehen können, ohne müde zu werden,
der Mensch jedoch seiner Sitzfläche bedarf.

Aristoteles

Was man über Politik wissen sollte

Die Politik ist wie ein Schwimmwettkampf.
Es kommt nicht zuletzt auf die Kunst
des richtigen Wendens an.

Sir Peter Ustinov

Politik besteht für manche offensichtlich darin,
zwischen zwei Übeln beide zu wählen.

Peter Scholl-Latour

Politik ist nie für die Ewigkeit.

Wolfgang Schäuble

Aus meiner Erfahrung kann ich nur sagen:
Politik ist nicht die Kunst des Möglichen,
sondern des Unmöglichen.

Václav Havel

Der Mensch ist immer parteiisch

und tut sehr recht daran.

Selbst Unparteilichkeit ist parteiisch.

Georg Christoph Lichtenberg, Sudelbücher

In der Politik geht es nicht darum,
recht zu haben,
sondern recht zu behalten.

Konrad Adenauer

Der Politik ist eine bestimmte Form der Lüge
fast zwangsläufig zugeordnet:
das Ausgeben des für eine Partei Nützlichen
als das Gerechte.

Carl Friedrich von Weizsäcker

Von den Parteien

Eine stumme Partei ist
eine dumme Partei.

Peter Struck, Vorwärts, April 2007

Es gibt Parteifreunde, die das Haus anzünden
und dann meinen, der Brandschutz
sei nicht genügend vorbereitet gewesen.

Otto Graf Lambsdorff

Schließlich ist eine Partei nur wie ein Maulesel:
mit langen Ohren, absolut schwindelfrei vor
dem Abgrund der Macht, belastbar, zäh, nicht
zu erschrecken, Wind und Wetter trotzend,
aber leider absolut unfruchtbar.

Joschka Fischer, Frankfurter Allgemeine Zeitung, 17. Februar 2001

Menschen, die Politik machen

Politiker muss man nicht achten,
man muss auf sie achten.

Dieter Hildebrandt, Rheinische Post, 10. November 2007

Wir Politiker reden dem Bürger zu oft
nach dem Mund und nicht nach dem Kopf.

Manfred Rommel

Eierköpfe sind
   in der Politik nicht beliebt.
Sie rollen so schlecht.

Werner Schneyder

Manche Politiker muss man behandeln wie
rohe Eier. Und wie behandelt man rohe Eier?
Man haut sie in die Pfanne.

Dieter Hallervorden

Wenn es den Politikern die Sprache verschlägt,
halten sie eine Rede.

Friedrich Nowottny

Mikrofone sind das Einzige,
das sich Politiker gerne vorhalten lassen.

Frank Elstner

Je öfter sich ein Politiker widerspricht,
desto größer ist er.

Friedrich Dürrenmatt

Ich bin der letzte Monarch der alten Schule.
Meine Aufgabe als Kaiser ist es,
meine Völker vor ihren gewählten Politikern
zu beschützen.

Kaiser Franz Joseph I., zu Theodore Roosevelt

Politiker sind immer vorbereitet auf das,
was sie anrichten werden. Auf das Schlimmste.

Dieter Hildebrandt

Verständliche Sprache bei einem Politiker
zeugt von gutem Gewissen.

André Malraux

Die besten Politiker, die die Welt je gesehen hat,
sind jene, die bei sich selbst anfangen.

George Bernard Shaw

Politiker versuchen immer mit Ausdrücken
Eindrücke zu hinterlassen.

Erhard Horst Bellermann, Veilchen, so weit das Auge reicht

Streben um die Wählergunst

Ein Politiker denkt an die nächste Wahl,
ein Staatsmann an die nächste Generation.

James Freeman Clarke

Kein Abschied auf der Welt fällt schwerer
als der Abschied von der Macht.

Charles Maurice de Talleyrand

Gaben des Politikers

Ein amerikanischer Journalist fragte einmal den britischen Premierminister Winston Churchill bei einem Interview, über welche Eigenschaften denn ein Politiker verfügen solle. Churchill antwortete ihm darauf: „Ein Politiker muss voraussehen können, was morgen geschehen wird, was in einem Monat geschehen wird und was in einem Jahr geschehen wird. Und dann muss er außerdem noch die Gabe besitzen, den Leuten überzeugend erklären zu können, warum alles ganz anders gekommen ist."

**MARGARET THATCHER
(* 1925)**
1950 nahm die 25-jährige Chemikerin Margaret Hilda Thatcher, Baroness Thatcher of Kesteven, zum ersten Mal an Unterhauswahlen teil. Sie scheiterte damals, strebte jedoch unbeirrt eine politische Karriere an. 19 Jahre später wurde sie zur Premierministerin des Vereinigten Königreichs gewählt und blieb von 1979 bis 1990 im Amt. Sie prägte den wirtschaftspolitischen Begriff Thatcherismus und ging in die Geschichte ein als „Eiserne Lady" („Iron Lady"). Diesen Spitznamen erhielt sie 1976 nach einer Rede, in der sie die Sowjetunion attackiert hatte.

Politiker rechnen so sehr
mit der Stimme des Wählers,
dass sie nicht dazukommen,
sie zu hören.
Werner Schneyder, in: Menschen bei Maischberger, 12. April 2005

Beliebtheit sollte kein Maßstab
für die Wahl von Politikern sein.
Wenn es auf die Popularität ankäme,
säßen Donald Duck und
die Muppets längst im Senat.
Orson Welles

Es ist nicht Sache des Politikers, allen zu gefallen.
Margaret Thatcher

Wenn Politiker anfangen, die Farbe des Windes
zu beschreiben, stehen bald Wahlen ins Haus.
Robert Lembke, Steinwürfe im Glashaus

Applaus ist ein Rauschmittel,
unter dessen Einwirkung Politiker
sich zu den seltsamsten Erklärungen
verleiten lassen.
Ron Kritzfeld

Mit der Politik ist das wie mit den Erdnüssen.
Man denkt, man will eine haben.
Dann hat man den Geschmack und
hört nicht mehr auf, bis die Schale leer ist.
Johannes Rau

Im Wahlkampf muss man mit dem Wortschatz
eines Kindergartens und mit der Grammatik
eines Computers auskommen.
Hans Magnus Enzensberger

Aus der Heimat –
in die Welt

Fremd ist der Fremde nur in der
Fremde – kompakter als Karl
Valentin kann man das Dilemma,
in dem sich jeder Reisende
befindet, kaum ausdrücken!

Wenn man auf Reisen ist

In deinem Lande sei einheimisch klug,
im fremden bist du nicht gewandt genug.

Johann Wolfgang von Goethe, Faust II

Keiner kommt von einer Reise so zurück,
wie er weggefahren ist.

Graham Greene

Wer glücklich reisen will,

reise mit leichtem Gepäck.

Antoine de Saint-Exupéry

Wenn jemand eine Reise tut,
so kann er was erzählen.

Matthias Claudius, Urians Reise um die Welt

Manche Leute gehen nur auf Reisen,
um ihre Vorurteile bestätigt zu bekommen.

Josef Pieper

Wer reisen will, muss zunächst Liebe
zu Land und Leuten mitbringen.

Theodor Fontane

Froh schlägt das Herz
im Reisekittel, vorausgesetzt,
man hat die Mittel.

Wilhelm Busch, Maler Klecksel

Das Beste, was man
von einer Reise zurückbringen kann,
ist eine heile Haut.

persisches Sprichwort

Reiseführer und Tagebuch

Wir Deutschen reisen hauptsächlich deshalb,
um den Baedecker auf seine Richtigkeit
zu kontrollieren.

Anneliese Rothenberger

Mit Führer zu reisen ist ein Segen,
ohne einen zu reisen ist das Gegenteil.

Mark Twain, A Tramp Abroad

Eine Reisebeschreibung ist in erster Linie
für den Beschreiber charakteristisch,
nicht für die Reise.

Kurt Tucholsky, Die Weltbühne, 13. Januar 1925

Ich reise niemals ohne mein Tagebuch.
Man sollte immer etwas Aufregendes
zu lesen bei sich haben.

Oscar Wilde, Ernst muss man sein

Entwirf deinen Reiseplan im Großen – und lass
dich im Einzelnen von der bunten Stunde treiben.
Die größte Sehenswürdigkeit, die es gibt,
ist die Welt – sieh sie dir an.

Kurt Tucholsky, Die Kunst, richtig zu reisen

Der Reiseführer ist ein Reiseleiter,
den man in die Tasche stecken kann.

Sigismund von Radecki

Wie es Leute gibt, die Bücher wirklich studieren,
und andere, die sie nur durchblättern, gibt es
Reisende, die es mit den Ländern ebenso machen:
Sie studieren sie nicht, sie blättern sie nur durch.

Fernando Galiani

MARK TWAIN (1835–1910)
Der amerikanische Schriftsteller, bekannt durch „Die Abenteuer von Tom Sawyer und Huckleberry Finn", war sein Leben lang auf Reisen. Mit 17 Jahren ging er nach New York, dann nach Philadelphia, wo er die ersten Reiseskizzen schrieb. Bis 1860 arbeitete er als Lotse auf dem Mississippi und war Silbersucher in Nevada. Twain lebte in San Francisco, auf Hawaii, in Europa und Palästina. 1894 ging er auf Weltreise, um mit Vorträgen seine Schulden abzutragen.

Über den Sinn und Zweck des Reisens

Was mich hinaustreibt in die weite Welt,
ist eben das, was so viele ins Kloster getrieben hat:
die Sehnsucht nach der Selbstverwirklichung.

Hermann Graf von Keyserling, Reisetagebuch eines Philosophen

Manchmal muss man verreisen,
um das Glück am eigenen Herd
wieder schätzen zu können.

Ernestine Krummbiegel

Der Sinn des Reisens ist, an ein Ziel zu kommen,
der Sinn des Wanderns, unterwegs zu sein.

Theodor Heuss

Reisen veredelt wunderbar den Geist und
räumt mit all unseren Vorurteilen auf.

Oscar Wilde, Die bedeutende Rakete

Nur Reisen ist Leben,
wie umgekehrt das Leben Reisen ist.

Jean Paul, Aphorismen

Die wirkliche Entdeckungsreise
besteht nicht darin, neue Landschaften
zu erforschen, sondern darin,
Altes mit neuen Augen zu sehen!

Marcel Proust

Reisen ist das beste, ja das einzige
Heilmittel gegen Kummer.

Alfred de Musset, Fréderic und Bernerette

Vielen ist Reisen ein Ersatz für Leben.
Es gibt nichts Schmerzlicheres,
als solches zu erkennen.

Christian Morgenstern, Aphorismen – Psychologisches, 1908

Was suchen wir andere Länder
unter anderer Sonne? Entkommt, wer
sein Land hinter sich lässt, sich selbst?

Horaz

Glücklich ist, wer vom Reisen
als beste Beute den Spruch heimbringt:
„Gottlob, dass ich wieder daheim bin!"

Jeremias Gotthelf

Warum ich so viel reise?

Weil es schwierig ist,
ein bewegliches Ziel zu treffen!

Tennessee Williams

Nur Reisen verwandelt das Spießbürgerliche
und Kleinstädtische in unserer Brust in etwas
Weltbürgerliches und Großstädtisches.

Jean Paul, Siebenkäs

Reisen sind das beste Mittel zur Selbstbildung.

Karl Julius Weber

Das Reisen lehrt Toleranz.

Benjamin Disraeli

Der verborgene Sinn des Reisens ist es,
Heimweh zu haben.

Erich Kästner

Touristen

Ein Tourist ist ein Mensch,
der auf Reisen geht,
um etwas anderes zu sehen,
und sich dann beklagt,
dass alles so ganz anders ist.
Verfasser unbekannt

Es ist wunderlich zu sehen,
wenn die Reisenden, besonders die Engländer,
über das unaufhörliche Betrachten
und Durchblättern der Karten,
Kupferstiche und Panoramen vom Rhein
die Landschaft selbst übersehen.
Ludwig Börne

Touristen sind Reisende,
die ihren Besitz verbrauchen,
um sich den Besitz anderer anzusehen.
Ernst Heimeran

In Italien laufen sie blind an tausend
leisen Schönheiten vorbei zu jenen
offiziellen Sehenswürdigkeiten hin,
die sie doch meistens nur enttäuschen ...
Rainer Maria Rilke, Das Florenzer Tagebuch

Als deutscher Tourist im Ausland
steht man vor der Frage, ob man
sich benehmen muss oder ob schon
deutsche Touristen da gewesen sind.
Verfasser unbekannt

Touristen sind Heuschrecken auf Rädern.
Roberto Benigni

Fremdsprachen

Wer eine Fremdsprache lernt,
zieht den Hut vor einer anderen Nation.
Thornton Wilder

Lernst du nicht fremde Sprachen in den Ländern
am besten, wo sie zu Hause sind?
Johann Wolfgang von Goethe, Wilhelm Meisters Wanderjahre

Italienisch ist eine Gebärdensprache,
deren Verständnis durch
Worte erschwert wird.
Anthony Quinn

Wer fremde Sprachen nicht kennt,
weiß nichts von seiner eigenen.
Johann Wolfgang von Goethe, Maximen und Reflexionen

Und als Gott erkannte, dass ihm die Schönheit
Frankreichs ganz besonders gut gelungen war,
beschloss er, dass es einen Haken geben müsse,
und schuf den Franzosen und seine Sprache.
Jürgen T. Büch

Die französischen Worte sind nicht
aus geschriebenen lateinischen Worten
entstanden, sondern aus gesprochenen.
Johann Wolfgang von Goethe, Maximen und Reflexionen

Spanisch spreche ich mit Gott, Italienisch
mit Frauen, Französisch mit Männern
und Deutsch mit meinem Pferd.
Kaiser Karl V.

Weltsprache Englisch

Ich spreche zwar Ihre Sprache,
aber zum Wohle der Völkerverständigung
spreche ich sie jetzt lieber nicht.

Roman Herzog, bei einem USA-Besuch

Die einzige Fremdsprache,
die Briten beherrschen, ist Englisch.
Aber die dafür doch recht flüssig.

Erhard Blanck

Wir [Engländer] haben nahezu alles mit Amerika
gemeinsam, außer natürlich der Sprache.

Oscar Wilde, Das Gespenst von Canterville

Englisch – eine einfache, aber schwere Sprache.
Es besteht aus lauter Fremdwörtern,
die falsch ausgesprochen werden.

Kurt Tucholsky

Die Fremde, die Fremden und wir

Fremd ist der Fremde nur in der Fremde.

Karl Valentin, Die Fremden

Die Heimat ist ja nie schöner, als wenn man
in der Fremde von ihr spricht.

Horst Wolfram Geißler, Die Frau, die man liebt

Je länger man vor der Tür zögert,
desto fremder wird man.

Franz Kafka, Heimkehr

Das Rebhuhn
und die Hühner VON ÄSOP

Ein Hühnerfreund kaufte ein Rebhuhn, um es in seinem
Hof mit seinem andern Geflügel laufen zu lassen, allein
die Hühner bissen und trieben es stets vom Fressen ab.
Dies schmerzte das Tier sehr, denn es glaubte,
es geschehe ihm diese Zurücksetzung,
weil es fremd sei; betrübt zog es sich
in einen Winkel zurück. Bald aber
tröstete es sich, als es sah, dass sich
die Hühner untereinander ebenso bissen,
und sprach zu sich: Wenn diese schlechten Tiere
Feindseligkeiten sogar gegen sich selbst ausüben,
so werde ich wohl eine solche Behandlung
mit Gleichmut ertragen können.

Ich habe ein tiefes Heimweh
nach fremden Ländern!

Karl August Varnhagen von Ense

Viele Leute denken, die anderen,
die Fremden, würden ihnen etwas wegnehmen,
was sie noch gar nicht haben.

Louis Malle

Der Deutsche soll alle Sprachen lernen,
damit ihm zu Hause kein Fremder unbequem,
aber er in der Fremde überall zu Hause sei.

Johann Wolfgang von Goethe, Maximen und Reflexionen

Wo ist Heimat?

Heim kommt man nie. Aber wo befreundete Wege
zusammenlaufen, da sieht die ganze Welt
für eine Stunde wie Heimat aus.

Hermann Hesse, Demian

Die Fremde ist herrlich,
solange es eine Heimat gibt, die wartet.

Erika Mann

Heimat ist kein Ort, Heimat ist ein Gefühl!

Herbert Grönemeyer, aus dem Song „Heimat"

Heimat ist immer etwas Verlorenes,
eine Sehnsucht, die sich nie erfüllen lässt.

Edgar Reitz

Heimat ist da, wo man sich nicht erklären muss.

Johann Gottfried von Herder

Ohne Heimat sein heißt leiden.

Fjodor Dostojewski

Heimat ist da, wo einer stirbt,
nicht da, wo einer lebt.
Und wenn die Reihe mal an mir ist,
dann soll es in Hamburg sei.

Hans Albers

Heimat sind die Menschen, die uns
verstehen und die wir verstehen.

Max Frisch

Wen sehnsüchtiger Drang
nach den Wundern der Fremde hinaustrieb,
lernt in der Fremde – wie bald! –
innigstes Heimatgefühl.

Emanuel Geibel, Distichen vom Strande der See

Erst die Fremde lehrt uns,
was wir an der Heimat besitzen.

Theodor Fontane

My home is my castle.

Sir Edward Coke

„Mein Heim ist meine Burg" – die aus England stammende Maxime geht auf den Juristen und Politiker Sir Edward Coke (1552–1634) zurück. In seiner Sammlung und Interpretation alter englischer Gesetze und Gerichtsbeschlüsse schrieb er, dass es einem Hausherrn erlaubt sein sollte, sich gegen Diebe, Räuber und Angreifer zur Wehr zu setzen und notfalls den Besitz mit Waffen zu verteidigen. Wörtlich hieß dies: „For a man's house is his castle." („Denn eines Mannes Haus ist seine Burg."). Der Satz wurde als „An Englishman's home is his castle" populär und fand in der Abwandlung „My home is my castle" auch im Deutschen Verbreitung.

Patrioten und Patriotismus

Patriotismus und Weltoffenheit sind
keine Gegensätze – sie bedingen einander!
Horst Köhler, Rede vom 23. Mai 2004

Ich liebe keine Staaten,
ich liebe meine Frau.
Gustav Heinemann, auf die Frage, ob er Deutschland liebe

Gegen Patriotismus habe ich nichts,
solange der Kopf nüchtern bleibt.
Jens Reich

Patriotismus ist Liebe zu den Seinen.
Nationalismus ist Hass auf die anderen.
Romain Gary

Wer sein Vaterland nicht kennt,
hat keinen Maßstab für fremde Länder.
Johann Wolfgang von Goethe, Wilhelm Meisters Lehrjahre

Was Deutsche über Deutsche sagen

Wenn dem Deutschen
so recht wohl ums Herz ist,
dann singt er nicht.
Dann spielt er Skat.
Kurt Tucholsky, Das neue Lied

Wir Deutschen fallen mit unserer Meinung
gerne gerade heraus und haben es
im Indirekten noch nicht sehr weit gebracht.
Johann Wolfgang von Goethe, zu Eckermann, 09. Juli 1827

Was aber machte der Mann,
der aus Deutschland stammte, zuallererst?
Er machte sich wichtig.

Kurt Tucholsky, Der Apparat

Das ist schön bei den Deutschen: Keiner ist
so verrückt, dass er nicht einen noch
Verrückteren fände, der ihn versteht.

Heinrich Heine, Die Harzreise

Die Deutschen sind Europameister im Jammern und
Lamentieren. Jedes Wehwehchen wird vergrößert.

Helmut Schmidt

Es gehört zum Deutschen Bedürfnis,
beim Biere von der Regierung schlecht zu reden.

Otto von Bismarck

Was andere über Deutsche denken

Es gibt für den Deutschen kein größeres
Verbrechen, als ohne Geld zu sein und
nicht pünktlich zu zahlen.

Fjodor Dostojewski, Brief an Polina Suslova

Wenn man einen Deutschen mit ein
paar Konservendosen in den Urwald jagt,
kommt er mit einer Lokomotive wieder heraus.

Ephraim Kishon

Mit dem Begriff „die Deutschen" kann ich
nichts anfangen. Es gibt dicke Leute,
dünne Leute, schlechte Leute – und überall
auch freundliche Leute.

George Tabori

HEINRICH HEINE (1797–1856)
Er gilt als einer der bedeutendsten
deutschen Dichter des 19. Jh.
Nachdem seine Schriften zensiert
oder verboten wurden und ihm
Verhaftung drohte, übersiedelte
er 1831 nach Paris, wo er die
Französin Mathilde heiratete.
Heines Verhältnis zu Deutschland
war gespalten. 1843 schrieb er
sein Gedicht „Nachtgedanken",
das mit den bekannten Worten
beginnt: „Denk' ich an Deutschland in der Nacht, dann bin ich um
den Schlaf gebracht." Der Vers
endet mit: „Gottlob! Durch meine
Fenster bricht französisch heit'res
Tageslicht; es kommt mein Weib,
schön wie der Morgen, und lächelt
fort die deutschen Sorgen."

Gut zu wissen,
wenn man nach Bayern reist ...

Wir Bayern sind für Deutschland das,
was die Indianer für die USA sind.

Marianne Sägebrecht

Ich kann bayerische Politik nicht lange aushalten,
aber ich kann die Bayern lange aushalten.

Franz Xaver Kroetz

Manches ist in Bayern eine Frage,

    was anderswo eine Drohung ist.

Klaus Bresser

Wenn einer glaubt, sich mit Bayern
anlegen zu müssen, muss er wissen,
dass hartes Hinlangen bayerische Art ist.

Max Streibl

Die Bayern glauben alles,
aber alles immer nur zu 95 Prozent.

Roman Herzog, Interview in der ARD-Sendung „Roman Herzog –
Mein Landshut"

Und wenn es sein muss,
sind wir Bayern für Deutschland
auch noch die letzten Preußen.

Franz Josef Strauß

Ich will aus München eine Stadt machen,
die Deutschland so zur Ehre gereichen soll,
dass keiner Deutschland kennt,
wenn er nicht München gesehen hat.

Ludwig I., König von Bayern

Berlin, Berlin ...

Zu Deutschlands Zierde gehören seine Städte.
Unter ihnen ist Berlin weder die älteste noch die
schönste. Unerreicht aber ist Berlins Lebendigkeit.

Richard von Weizsäcker

Die Berliner leben aber frisch drauflos:
Und das ist Gewinn, also haben sie recht.

Rahel Antonie Friederike Varnhagen von Ense

Berlin ist mehr ein Weltteil als eine Stadt.

Jean Paul

Berlin ist ein fruchtbares Gelände
für sumpfige Typen, seit 750 Jahren.

Wolfgang Neuss

Der Horizont des Berliners ist längst
nicht so groß wie seine Stadt.

Verfasser unbekannt

Berlin ist arm, aber sexy.

Klaus Wowereit

Felix Austria!

Österreich ist eine kleine Welt,
in der die große ihre Probe hält.

Marie von Ebner-Eschenbach, Aphorismen

Österreich ist ein Labyrinth,
in dem sich jeder auskennt.

Helmut Qualtinger

> ## Ich bin
> ## ein Berliner!
>
> John F. Kennedy
>
> Bei seinem Besuch der nach dem
> Mauerbau geteilten Stadt Berlin
> bekannte sich der amerikanische
> Präsident John F. Kennedy (1917
> bis 1963) am 26. Juni 1963 in
> einer Rede vor dem Schöneberger
> Rathaus zur Freiheit Berlins mit
> den Worten: „Alle freien Men-
> schen, wo immer sie leben mögen,
> sind Bürger Berlins, und deshalb
> bin ich als freier Mensch stolz
> darauf, sagen zu können: Ich bin
> ein Berliner!" Kennedy besuchte
> als erster amerikanischer Präsident
> Berlin nach dem Mauerbau.
> Anlass war der 15. Jahrestag
> der Berliner Luftbrücke und der
> Wunsch, Solidarität mit den
> Westberlinern auszudrücken.

Solange der Österreicher Bier und
Würstel hat, revoltiert er nicht.

Ludwig van Beethoven

Österreich ist ein seltsames Land. Man muss hier
gestorben sein, damit einen die Leute leben lassen.

Gustav Mahler

Deutsche und Österreicher

Wir könnten Deutsche sein, wenn wir wollten, aber
wir wollen nicht. Die Deutschen wären froh, wenn
sie Österreicher sein könnten, aber sie können nicht.

Werner Schneyder

Die Deutschen wollen die Österreicher verstehen,
können es aber nicht. Die Österreicher könnten
die Deutschen verstehen, wollen aber nicht.

Franz Grillparzer

Die Österreicher haben das Kunststück fertig-
gebracht, aus Beethoven einen Österreicher
und aus Hitler einen Deutschen zu machen.

Billy Wilder, Der Spiegel, 32/2001

In Wien, unter Wienern ...

Problem für jeden Wiener: Man kann es in Wien
nicht mehr aushalten, aber woanders auch nicht.

Helmut Qualtinger

In Wien hat sich seit hundert Jahren nichts
verändert, nur der Kaiser kommt nicht mehr.

Fritz Molden

Alle Städte sind gleich,
nur **Venedig**
ist ein bissl anders.

Friedrich Torberg, Die Tante Jolesch

Wien hat
lauter Wahrzeichen,
und jeder Wiener
fühlt sich als solches.

Karl Kraus

Frankreich
wird das einzige Land sein, dessen
Fahne auf einem
300 Meter hohen Mast weht.

Gustave Eiffel zum Bau des Eiffelturms

Soldaten, seid euch bewusst, dass
von diesen **Pyramiden**
40 Jahrhunderte auf euch herabblicken.

Napoléon Bonaparte,
vor der Schlacht bei den Pyramiden, 21. Juli 1798

Ich muss über diese Stadt ein vernichtendes Urteil abgeben, Wien bleibt Wien.

Alfred Polgar, zitiert in Friedrich Torberg: Die Tante Jolesch

Das ist das Geheimnis des alten Wiener Cafés: Der Kellner ist vergesslich, die Kassierin ist hässlich, die Wände sind grau, die Beleuchtung ist schlecht: lauter Dinge, die ich schön finde.

Arthur Schnitzler

Die Straßen Wiens sind mit Kultur gepflastert. Die Straßen anderer Städte mit Asphalt.

Karl Kraus

Nach der Ausrufung der Republik wurde der Adel in Österreich abgeschafft. An seine Stelle ist der Besitz eines Abonnements bei den Konzerten der Wiener Philharmoniker getreten.

Hans Weigel

In Wien leben zwei Gruppen von Menschen sehr gut: die einen, die ständig auf ihre Heimat schimpfen, und die anderen, die schuld daran sind, dass man schimpft.

Peter Weck

Kennworte des Wieners:
Wie komm denn i dazu?
Es zahlt sich ja net aus!
Tun S'Ihnen nix an!

Arthur Schnitzler

Wir Wiener blicken vertrauensvoll in unsere Vergangenheit.

Karl Farkas

Über die Schweiz

Die Schweizer sind stolz darauf,
so schöne Berge geschaffen zu haben.
Ludwig Hohl, Notizen VIII

Als Schweizer geboren zu werden ist ein
großes Glück. Es ist auch schön, als Schweizer
zu sterben. Aber was tut man dazwischen?
Alexander Roda Roda

Jeder Schweizer trägt seine Gletscher in sich.
André Gide, Stirb und werde

Wäre die Schweiz flach wie ein Pfannkuchen,
wäre sie größer als Preußen.
Johann Wolfgang von Goethe, Tag- und Jahreshefte, 1803

Das Markenzeichen der Schweiz heißt: Normalität.
Paul Schibler

Andere Länder, anderer Humor

In der Natur des Witzes offenbart sich
der Charakter der Nationen.
Arthur Schnitzler

Der englische Humor macht Spaß.
Der deutsche Humor dient
dem Zwecke der Erheiterung.
Werner Mitsch

Deutscher Humor ist ein Schlankmacher.
Man muss meilenweit laufen, bis man ihn trifft.
Dieter Hallervorden

Der Stolz der Basler

Der Kunsthistoriker Jakob Burckhardt (1818–97) stiftete zwar als einer der ersten Wissenschaftler eine Art europäisches Bewusstsein, war aber auch von Stolz auf seinen Heimatkanton Basel beseelt. Einmal erzählte er, wie er in Stuttgart ein Gespräch von Schwaben mitanhörte, die über die Schweiz herzogen. „Wie haben Sie da reagiert?", wurde Burckhardt gefragt. „Gar nicht! Erst wollte ich protestieren, aber dann hab' ich mir gedacht, dass die Herren ihre Erfahrungen in Zürich gemacht haben könnten – und da bin ich ruhig sitzen geblieben."

Landeskunde England

Der Engländer wiegt sich gern in dem Glauben,
er könne über sich selbst lachen.
Das tut er jedoch nur, um anderen den Spaß daran
zu verderben, über ihn zu lachen.

Sir Peter Ustinov, Peter Ustinovs geflügelte Worte

Nicht nur England,
sondern jeder Engländer ist eine Insel.
Novalis

In England funktioniert alles umgekehrt.

George Mikes, How to be an Alien

Wenn die Amerikanerin so lieben könnte,
wie die Deutsche glaubt,
dass die Französin es täte –
dann würde sich die Engländerin schön freuen.
Sie hätte einen herrlichen Anlass,
sich zu entrüsten.

Kurt Tucholsky, Nationales, in: Die Weltbühne, 16. Februar 1926

Auch in fünfzig Jahren wird Großbritannien
noch immer das Land sein, wo lange Schatten
auf die Kricketfelder fallen, wo es warmes Bier,
ewig grüne Vororte und Hundenarren gibt.
Die wesentlichen Dinge werden sich in
Großbritannien nie ändern.

John Major

Könnte man doch den Engländern das Reden
und den Iren das Zuhören beibringen,
die hiesige Gesellschaft wäre ziemlich zivilisiert.

Oscar Wilde, Ein idealer Gatte

Italien und Spanien – vom Charme der südlichen Länder

Das Ziel meiner innigsten Sehnsucht,
deren Qual mein ganzes Inneres erfüllte,
war Italien.

Johann Wolfgang von Goethe, Kampagne in Frankreich, 1792

Wenn man aus Italien nach Deutschland
zurückkommt, hat man ein Gefühl,
als ob man plötzlich alt würde.

Friedrich Hebbel, Tagebücher

Wenn Italien, wie die Dichter singen,
mit einer schönen Frau vergleichbar,
so ist Florenz der Blumenstrauß an ihrem Herzen.

Heinrich Heine, Florentinische Nächte

Ich liebe die Italiener,
weil sie so großzügig sind
und den Menschen vergeben können.

Donna Leon, Interview im Migros-Magazin 26, 28. Juni 2005

Für den Italiener ist Liebe kein Longdrink,

sondern ein Espresso.

Judith Cosgrave

Spanien ist der Himmel auf Erden.

Sylvia Plath, Briefe nach Hause, 7. Juli 1956

Wenn ein Spanier singt,
ist er wütend oder
hat kein Geld.

spanisches Sprichwort

Die Reise des Rabelais

In Frankreich bedeutet „Le quart d' heure de Rabelais", die Viertelstunde des Rabelais, die letzte Viertelstunde im Wirtshaus, in welcher man seine Zeche zahlen muss. Der Ausdruck geht auf folgende Begebenheit zurück: Der berühmte Schriftsteller Rabelais geriet wieder mal in Geldnot und konnte nicht von Lyon nach Paris reisen. Also legte er an einer belebten Straße Zuckerpakete mit der Aufschrift „Gift für den König" aus, wurde festgenommen und somit kostenlos nach Paris gebracht. Franz I. von Frankreich lachte über diesen Einfall und zahlte Rabelais eine Belohnung.

Paris und die Franzosen

Es gibt nichts Angenehmeres
auf der Welt, als in Paris zu sterben:
Denn kann man dort sterben,
ohne auch dort gelebt zu haben?

Ludwig Börne, Die Schwefelbäder bei Montmorency

Paris ist das Café von Europa.

Ferdinando Galiani

Wenn man in Paris Frau gewesen ist,
kann man es nirgendwo anders sein.

Charles-Louis de Montesquieu

Wenn der liebe Gott sich im Himmel langweilt,
dann öffnet er das Fenster und betrachtet die
Boulevards von Paris.

Heinrich Heine

Man darf nur das Wörtlein Paris sagen, so ist es
gerade, als wenn man Welt sagt, ja viel mehr.

Ernst Moritz Arndt

Paris ist die Hölle der Engel und
des Teufels Paradies.

Heinrich Heine

Wie höflich und eindeutig auch immer man
einem Pariser einer Frage stellt, er wird darauf
bestehen, einem auf Französisch zu antworten.

Fran Lebowitz

Eines achtet der Franzose immer höher
als seine Geliebte: seine Eitelkeit.

Henri Stendhal

Traumland Amerika?

Natürlich ist Amerika schon vor Kolumbus
entdeckt worden; und zwar oft.
Es wurde nur immer vertuscht.

Oscar Wilde

Ab und an sind die Vereinigten Staaten ungefähr
so elegant wie ein Elefant beim Spitzentanz.

Sir Peter Ustinov, Peter Ustinovs geflügelte Worte

In Amerika kann man alt werden,

ohne erwachsen werden zu müssen.

Thomas Gottschalk, SWR-Nachtcafé, 15. Oktober 2004

Wunderbar war die Entdeckung von Amerika.
Noch wunderbarer wäre es gewesen,
wenn man es nicht entdeckt hätte.

Mark Twain, The Tragedy of Pudd'nhead Wilson

Das scheint einen bezeichnenden Unterschied
zwischen Europäern und Amerikanern
aufzuwerfen. Ein Europäer sagt:
„Ich kann das nicht verstehen, was stimmt
nicht mit mir?", ein Amerikaner: „Ich kann
das nicht verstehen, was stimmt nicht mit ihm?"

Terry Pratchett, Interview, zitiert aus: Words from the master

Reisebeobachtungen für die Ansichtskarte

Mitteilungen von unterwegs, von irgendwo …

Gibt's kein Paradies,
gibt's doch Paradiese.
Friedrich Martin von Bodenstedt

* * *

Es scheint, dass das
Reisen für mich eigentlich
die zuträglichste Lebensart ist.
August Graf von Platen Hallermund

* * *

Das sicherste Mittel
gegen Seekrankheit:
sich unter einen
Apfelbaum legen.
Horatio Viscount of Nelson

* * *

Reisen ist besonders schön,
wenn man nicht weiß,
wohin es geht.
Aber am allerschönsten ist es,
wenn man nicht mehr weiß,
woher man kommt.
Laotse

Grüße aus dem Süden

Früher führten viele Wege
nach Rom. Heute fliegt man.
Markus Weidmann

* * *

Der Süden ist immer da,
wo man noch nicht
hingekommen ist.
Carl Spitteler

* * *

Wenn es im Süden einen
Lügner gibt, so gibt es einen
einzigen: die Sonne. Was sie
beleuchtet, wird übergroß.
Alphonse Daudet

* * *

Jeder strebt nach dem Platz
an der Sonne – möglichst
im Schatten.
Verfasser unbekannt

* * *

Ich glaube an die Palme
als das allein der Menschheit
würdige Symbol.
Karl Gutzkow

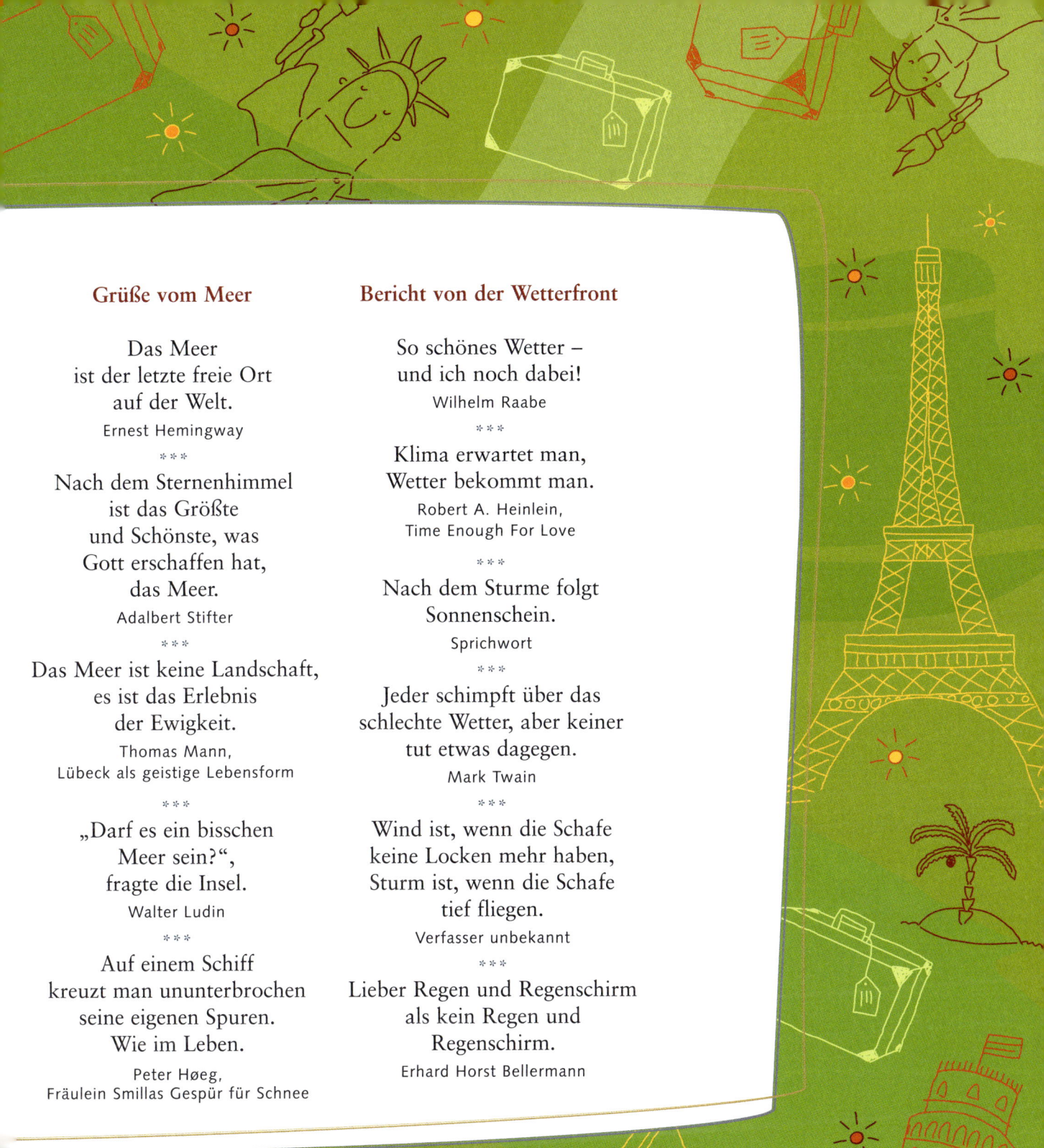

Grüße vom Meer

Das Meer
ist der letzte freie Ort
auf der Welt.
Ernest Hemingway

* * *

Nach dem Sternenhimmel
ist das Größte
und Schönste, was
Gott erschaffen hat,
das Meer.
Adalbert Stifter

* * *

Das Meer ist keine Landschaft,
es ist das Erlebnis
der Ewigkeit.
Thomas Mann,
Lübeck als geistige Lebensform

* * *

„Darf es ein bisschen
Meer sein?",
fragte die Insel.
Walter Ludin

* * *

Auf einem Schiff
kreuzt man ununterbrochen
seine eigenen Spuren.
Wie im Leben.
Peter Høeg,
Fräulein Smillas Gespür für Schnee

Bericht von der Wetterfront

So schönes Wetter –
und ich noch dabei!
Wilhelm Raabe

* * *

Klima erwartet man,
Wetter bekommt man.
Robert A. Heinlein,
Time Enough For Love

* * *

Nach dem Sturme folgt
Sonnenschein.
Sprichwort

* * *

Jeder schimpft über das
schlechte Wetter, aber keiner
tut etwas dagegen.
Mark Twain

* * *

Wind ist, wenn die Schafe
keine Locken mehr haben,
Sturm ist, wenn die Schafe
tief fliegen.
Verfasser unbekannt

* * *

Lieber Regen und Regenschirm
als kein Regen und
Regenschirm.
Erhard Horst Bellermann

Unterwegs sein – zu Land und in der Luft

Wer an's Ziel kommen will,
kann mit der Postkutsche fahren,
aber wer richtig reisen will,
soll zu Fuß gehen.

Jean-Jacques Rousseau

Viel wandern macht bewandert.

Peter Sirius

Nur wo du zu Fuß warst,

bist du auch wirklich gewesen.

Johann Wolfgang von Goethe

Die Zeit wird kommen, in der
Menschen in dampfbetriebenen Kutschen
von einer Stadt zur anderen reisen,
fast so schnell wie ein Vogel fliegt,
fünfzehn oder zwanzig Meilen in der Stunde.

Oliver Evans

Der Kluge reist im Zuge.

Motto der Schweizerischen Bundesbahnen

Eine Fahrt mit der Eisenbahn
kann ich beim besten Willen
nicht als Reise bezeichnen.
Man wird ja lediglich von
einem Ort zum anderen befördert
und unterscheidet sich damit
nur sehr wenig von einem Paket.

John Ruskin

Die Eisenbahn ist für mich ein Symbol
des Lebens: Man sitzt ruhig und
bewegt sich doch schnell vorwärts.
Wolfgang Korruhn

Immer radelt, immer reist,
dass nur keiner bleibe;
strampelt euch das bisschen Geist
vollends aus dem Leibe!
Christian Morgenstern

Das einzig Gefährliche am Fliegen ist die Erde.
Wilbur Wright

Im Flugzeug gibt es während
starker Turbulenzen keine Atheisten.
Robert Lembke

Die Küche anderer Länder

Engländer sind das diplomatischste Volk der Erde.
Wer sonst würde einem mit so freundlichem
Lächeln so einen Kaffee vorsetzen?
Bob Hope

Will man in England gut essen,
sollte man dreimal täglich frühstücken.
William Somerset Maugham

Die Engländer haben hundert Gottesdienste,
aber nur eine Soße.
aus Frankreich

Die Kultur hängt von der Kochkunst ab.
Oscar Wilde, Vera oder die Nihilistin

Die Franzosen kochen, die Engländer öffnen Dosen.

John Galsworthy

Schokolade, Truthahn und Ananas sind die drei
Dinge, für die der essende Mensch dem Entdecker
von Amerika wirkliche Dankbarkeit schuldet.

Johann George Ludwig Hesekiel

Die traditionelle japanische Küche ist ein
eindrucksvoller Beleg dafür, wie eine Kultur
durch jahrhundertelange Zivilisation
vollständig degenerieren kann.

Woody Allen

Wo Kaffee serviert wird, da sind
Anmut, Freundschaft und Fröhlichkeit!

Ansari Djerzeri Hanball Abd-al-Kadir

Die Sachertorte ist ein Wiener Symbol, bei dem
einem die Vergangenheit auf der Zunge zergeht.

Lorin Maazel

Eines Tages werde ich nach Neapel zurückkehren,
weil es meine Heimat ist, die ich liebe. Aber nicht,
um zu singen, sondern um Pizza zu essen.

Enrico Caruso

Die griechische Mahlzeit ist nicht Selbstzweck,
sie ist vielmehr Vorwand und Anlass und
Initialzündung der Geselligkeit, und sie glückt
umso mehr, je gelungener der Anlass.

Johannes Gaitanides

Das beliebteste Haustier der Deutschen hat
nur ein Bein. Das halbe Hähnchen.

Verfasser unbekannt

ENRICO CARUSO (1873–1921)
Noch heute gilt Caruso als der großartigste Operntenor aller Zeiten. Er war als erster Sänger der Operngeschichte auf allen großen Bühnen der Welt zu hören. Zahllose Biografien wurden über den temperamentvollen Weltstar aus Neapel geschrieben, dessen Stimme Tausende zu Tränen gerührt haben soll. Caruso nahm auch an die 500 Schallplattentitel auf, darunter italienische Volkslieder wie „O sole mio", die durch Caruso weltweit als Schlager bekannt wurden.

Musik kennt keine Grenzen

Es genügt, die Musik eines Landes zu beobachten,
um seine Sitten zu kennen.
Lü Bu We

Es gibt keine italienische Musik,
auch keine deutsche und keine türkische –
aber es gibt Musik.
Giuseppe Verdi

Jazz ist das Ergebnis der Energie,
die in Amerika gespeichert ist.
George Gershwin

Musik braucht keinen Dolmetscher.
Hermann Lahm, Aufzug zum Himmel

Geh, wohin du willst:
Wo du auch Menschen triffst,
überall wird dir ihre Musik
ihr innerstes Wesen erschließen.
Hermann Ritter

Gastfreundschaft geben
und genießen

Wenn du ein fremdes Land betrittst,
frage, was dort verboten ist.
Konfuzius

Das Gastrecht war das erste Lebenszeichen,
womit erwacht die Völker sich begrüßen.
Eduard Heinrich Gehe

Der Sinn in den Gebräuchen
der Gastfreundschaft ist:
das Feindliche im Fremden zu lähmen.

Friedrich Wilhelm Nietzsche, Morgenröthe

Für einen Gast, der in kalter Nacht eintrifft,
ist Tee so gut wie Wein.

chinesisches Sprichwort

Verschließe dein Haus nicht vor dem Fremden.

Die Bibel, aus: Midrasch Sfire zu 4. Mose

Der Zustrom von Gästen zerstört
die Gastfreundschaft.

Jean-Jacques Rosseau, Émile

Bedenke, dass jemand, der an deine Tür klopft,
vom Himmel geschickt sein könnte.

altirischer Segenswunsch

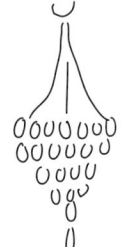

Gastfreundschaft besteht aus ein wenig Wärme,
ein wenig Nahrung und großer Ruhe.

Ralph Waldo Emerson

Man sollte den Gästen einen guten Trunk geben,
damit sie fröhlich werden.

Martin Luther

Genießen und Entspannen

Essen und Trinken halten Leib und
Seele zusammen, Spiel und Spaß
gehören dazu – ob die schönste
Nebensache der Welt nun Fußball,
Schach oder doch das andere ist ...

ALBERT EINSTEIN (1879–1955)
Zum vertrauten Bild des Nobel-
preisträgers und Entdeckers der
Relativitätstheorie gehörte auch
der Geigenkasten. Seit er als
Fünfjähriger mit dem Musik-
unterricht begonnen hatte, hielt
er seiner Geige „Lina" ein Leben
lang die Treue. Musik war für
Einstein Ausgleich und Balsam
für die Seele. Wie er sagt, erlebte
er „Tagträume in Musik", sah
„musikalische Formen" und
konnte sich sein „Leben ohne
Musizieren überhaupt nicht
denken". Erst im Alter war er
mit seinem Geigenspiel nicht
mehr zufrieden und genoss
stattdessen in den Mußestunden
Musik vom Plattenspieler.

Freizeit und Muße

Wir sollten wieder lernen,
aus der Freizeit Muße zu machen.
Otto Flake

Früher sind die Menschen für die Freiheit
auf die Barrikaden gestiegen.
Jetzt tun sie es für die Freizeit.
Werner Finck, Das Beste von Werner Finck

Wenn A für Erfolg steht, lautet die Formel:
$A = X + Y + Z$. X steht für Arbeit, Y ist Muße
und Z heißt: Mund halten.
Albert Einstein

Viel Freizeit kann ermüdend wirken,
wenn die Menschen sich nicht vernünftig
und interessant beschäftigen können.
Bertrand Russell, Politische Schriften

Muße, nicht Arbeit, ist das Ziel des Menschen.
Oscar Wilde, Der Sozialismus und die Seele des Menschen

Muße ist der schönste Besitz von allen.
Sokrates

Vergnügen beim Spiel

Solange der Mensch spielt, ist er frei.
Friedrich Sieburg

Ein ehrliches Spiel unter guten Freunden
ist ein redlicher Zeitvertreib.
Voltaire

Das Spiel gleicht einer Erholung,
und da man nicht ununterbrochen arbeiten kann,
bedarf man der Erholung.

Aristoteles

Wie glücklich würde sich der Affe schätzen,
könnt er nur auch ins Lotto setzen!

Johann Wolfgang von Goethe, Faust I

Spielen ist eine Tätigkeit, die man gar nicht
ernst genug nehmen kann.

Jacques-Yves Cousteau

Die Quelle alles Guten liegt im Spiel.

Friedrich Wilhelm August Fröbel

Hobbys

Auf dieser Welt halte ich zwei Beschäftigungen
für besonders nutzlos: Laubsägearbeiten
und die Fotografie.

Anton Tschechow, am 6. Februar 1892

Es gibt auch Steckenpferde,
die Rasse beweisen.

Peter Sirius

Hobbys sind Steckenpferde,
die den Reitern die Sporen geben.

Heinz Rühmann

Das Steckenpferd ist das einzige Pferd,
das über jeden Abgrund trägt.

Christian Friedrich Hebbel, Tagebücher, 18. August 1836

Ein Hobby ist erst dann ein richtiges Hobby,
wenn es Unmengen viel Zeit und Geld kostet.
Verfasser unbekannt

Ich sehe Menschen gern –
das ist mein Hobby!
Phil Bosmans

Verbinde deine Freuden dann und wann
mit deinen ernsthaften Beschäftigungen.
Carl von Linné

Mein liebstes Hobby? Lachen.
Tenzin Gyatso, XIV. Dalai-Lama

Über den Genuss

Wie sind glückliche Menschen zum Weinen
rührend, wenn sie einmal bescheiden genießen.
Hans Albrecht Moser, Die Komödie des Lebens

Die meisten Menschen
hasten so sehr nach Genuss,
dass sie an ihm vorbeirennen.
Sören Kierkegaard

Wer nicht genießt, wird ungenießbar.
Konstantin Wecker

Die einfachen Genüsse sind die letzte Zuflucht
komplizierter Menschen.
Oscar Wilde, Das Bildnis des Dorian Gray

Die Singdrossel aus Europa

Eine Singdrossel kam zufällig auf einen Platz mit Myrthen, die voller Beeren hingen. Ei!, dachte sie bei sich, dies ist ein gefundenes Fressen für mich, und da die Beeren ihr sehr schmeckten, fraß sie voller Gier drauflos und konnte sich gar nicht mehr davon trennen.

Ein Vogelsteller aber hatte die Singdrossel bemerkt, stellte ihr ein Netz, und da sie in ihrem Heißhunger nicht darauf gemerkt hatte, so musste sie mit der Freiheit dafür büßen. Als sie nun in ihrer Gefangenschaft darüber nachdachte, rief sie aus: „O wie groß war meine Torheit, dass ich mich von dem Genusse hinreißen ließ und nicht daran dachte, dass ich mein Leben und meine Freiheit aufs Spiel setze."

Kreative Küche

Zar Alexander II. ließ einst auf Reisen an einem Gasthof halten und verlangte ein Kalbskotelett. Der Wirt Poscharskij war entsetzt, denn er hatte kein Kalbfleisch mehr in der Küche. In der Not drehte er einem Huhn den Hals um, hackte das Fleisch klein, briet es, garnierte es raffiniert mit einem Knochen und servierte es dem Zaren, dem das Essen sehr mundete. Er war begeistert von dem ungewöhnlichen Kotelett. Da wagte es der Koch, den Schwindel zu gestehen, was der guten Laune des Zaren keinen Abbruch tat: Er engagierte Poscharskij als Hofkoch.

Genuss ist der Beginn und das Ende eines gesegneten Lebens.
Epikur von Samos

Versag dir nicht das Glück des heutigen Tages; an der Lust, die dir zusteht, geh nicht vorbei!
Die Bibel, Sirach 14,14

Nichts verhindert den rechten Genuss so wie der Überfluss.
Michel de Montaigne

Man sei langsam im Genießen, schnell im Wirken: Denn die Geschäfte sieht man gern, die Genüsse ungern beendigt.
Baltasar Gracián y Morales, Handorakel und Kunst der Weltklugheit

Kein Genuss ist vorübergehend, denn der Eindruck, den er zurücklässt, ist bleibend.
Johann Wolfgang von Goethe, Wilhelm Meisters Lehrjahre

Vom Essen

Essen ist ein Bedürfnis, Genießen ist eine Kunst.
François de La Rochefoucauld

Es gibt keine aufrichtigere Liebe als die zum Essen.
George Bernhard Shaw

Ein lustiges Leben ohne Essen taugt nichts.
Astrid Lindgren, Michel in der Suppenschüssel

Nach einem guten Dinner kann man jedem verzeihen, selbst seinen eigenen Verwandten.
Oscar Wilde, Eine Frau ohne Bedeutung

Viele Menschen haben das Essen verlernt –
sie können nur noch schlucken.

Paul Bocuse

Der Mensch ist, was er isst.

Ludwig Feuerbach, Blätter für literarische Unterhaltung

Beim Essen ist Musik ein guter Prüfstein; denn
ist das Essen gut, so hört man die Musik nicht.

Christian Dietrich Grabbe

Vom Trinken

Die besten Vergrößerungsgläser für die Freuden
dieser Welt sind jene, aus denen man trinkt.

Joachim Ringelnatz

Auch Wasser wird zum edlen Tropfen,
mischt man es mit Malz und Hopfen!

deutsches Sprichwort

Vieles kann der Mensch vertragen.
Auch an Apfelwein und Wurst.
Denn ein Abgrund ist der Magen,
und ein Teufel ist der Durst.

alter Trinkspruch

Bier ist der Beweis, dass Gott uns liebt
und will, dass wir glücklich sind.

Benjamin Franklin

Mit nichts vergeuden die Deutschen mehr Zeit
als mit dem Biertrinken.

Otto von Bismarck

Rotwein ist für alte Knaben
eine von den besten Gaben.
Wilhelm Busch, Tobias Knopp

Der Wein ist ein Ding, in wunderbarer Weise
für den Menschen geeignet, vorausgesetzt,
dass er bei guter und schlechter Gesundheit
sinnvoll und in rechtem Maße verwandt wird.
Hippokrates

Der Wein ist unter den Getränken das nützlichste,
unter den Arzneien das schmackhafteste,
unter den Nahrungsmitteln das angenehmste.
Plutarch

Wer nur Wasser trinkt, hat etwas zu verbergen.
Charles Baudelaire

Kaffeeliebhaber

Schwarz wie der Teufel, heiß wie die Hölle,
rein wie ein Engel, süß wie die Liebe!
Charles Maurice de Talleyrand

Drei Dinge gehören zu einem guten Kaffee:
erstens Kaffee, zweitens Kaffee und
drittens nochmals Kaffee.
Alexandre Dumas

Die beste Methode, das Leben angenehm
zu verbringen, ist, guten Kaffee zu trinken.
Und wenn man keinen haben kann, so
soll man versuchen, so heiter und gelassen
zu sein, als hätte man guten Kaffee getrunken.
Jonathan Swift

Nach einem guten Kaffee verzeiht man
sogar den Eltern.

Oscar Wilde

Gott sei's gedankt, in der nächsten Welt
wird es keinen Kaffee geben. Denn es gibt
nichts Schlimmeres, als auf Kaffee zu warten,
wenn er noch nicht da ist.

Immanuel Kant

Endlich hat uns der Trank
von den Ufern des Orients erreicht.
Der Mokka, dessen Duft sich überall ausbreitet.
Kostet dieses Getränk mit großem Genuss,
und euer Mahl wird eine wahre Freude sein
bis zum Schluss.

Papst Leo XIII.

Verzicht – weniger ist oft mehr

Man kann ein Fest auch ohne
Schwelgereien feiern.

Seneca d. J.

Manches Vergnügen besteht darin,
dass man mit Vergnügen darauf verzichtet.

Peter Rosegger

Alles in der Welt lässt sich ertragen,
nur nicht eine Reihe von schönen Tagen.

Johann Wolfgang von Goethe, Sprichwörtlich

Der Verzicht hat oft einen besseren
Geschmack als das Verlangen.

Fernand Léger

Blümchenkaffee

Der Wiener Schriftsteller
Stefan Zweig, ein leidenschaft-
licher Kaffeetrinker, fand zu
dünn gebrühten Kaffee absolut
unakzeptabel. Als er wieder
einmal in einem Café am
Kurfürstendamm in Berlin saß
und der Kaffee nicht zu seiner
Zufriedenheit ausgefallen war,
stellte er die Tasse, nachdem
er vorsichtig daran genippt
hatte, kurzerhand neben sich
auf den Stuhl. Als der Ober
ihn daraufhin fragte, was das
zu bedeuten habe, erläuterte
Zweig: „Wissen Sie, der Kaffee
ist so schwach, dass er sich
erst einmal ausruhen muss.“

Treffende Worte für Reden bei geselligen Ereignissen

Die Feste feiern, wie sie fallen!

Ein Leben ohne Feste ist wie ein langer Weg ohne Einkehr.
Demokrit

***

Je lieber die Gäste, umso schöner die Feste!
deutsches Sprichwort

***

Wenn Rebhuhn, dann Rebhuhn. Wenn Fasten, dann Fasten.
Teresa von Ávila

***

Je mehr du dein Leben schätzt, desto mehr Anlässe findest du zum Feiern.
Oprah Winfrey

***

Mich deucht, das Größt' bei einem Fest ist, wenn man sich's wohlschmecken lässt.
Johann Wolfgang von Goethe, Hanswursts Hochzeit

Alle Jahre Klassentreffen!

Ein Klassentreffen ist eine Zusammenkunft von Menschen, die früher einmal gleich alt waren.
Verfasser unbekannt

***

Beim Klassentreffen bist du Schüler – auch als Bundeskanzler.
Manfred Poisel

***

Die Schule ist nur der Ort, wo man Lernen lernt. Somit wird sie während einer Phase des Lebens, in der das Hirn einen solchen Zeitvertreib braucht, zum nützlichen Zeitvertreib.
Sir Peter Ustinov

***

Verlange ein Lehrer je verdienten Dank zu haben, so sucht er schwarzen Schnee und fange weiße Raben!
Andreas Gryphius

Bei Jubiläen und Ehrungen in der Firma

Betriebsjubiläen sind die
einzigen Feste, bei denen man
sich mit dem Segen des Chefs
auf seinen Lorbeeren
ausruhen darf.

Robert Jäger

* * *

Ein rundes Jubiläum ist
ein Datum, an dem eine Null
für eine Null von mehreren
Nullen geehrt wird.

Sir Peter Ustinov

* * *

Ein Datum kann noch so
krumm sein, irgendwann wird
eine runde Sache daraus!

Erich Kästner

* * *

Nicht an der Menge unserer
Arbeit hat Gott Freude,
sondern an der Liebe,
mit der wir arbeiten.

Franz von Sales

* * *

Persönlichkeiten,
nicht Prinzipien bringen
die Zeit in Bewegung.

George Bernhard Shaw

Die richtigen Leute
einzustellen ist
das Beste, was
ein Manager tun kann.

Lee Iacocca

* * *

Jeder würde gern Chef sein,
aber keiner will
Verantwortung übernehmen.

Wernher von Braun

* * *

Für seine Arbeit muss man
Zustimmung suchen,
aber niemals Beifall.

Charles-Louis de Montesquieu

* * *

Einen wirklich
großen Mann erkennt
man an drei Dingen:
Großzügigkeit im Entwurf,
Menschlichkeit in
der Ausführung und
Mäßigung im Erfolg.

Otto von Bismarck

* * *

Das Geheimnis des
Erfolges ist, den Standpunkt
des anderen zu verstehen.

Henry Ford

**VIVIENNE WESTWOOD
(* 1941)**

Schockieren sollten die schrillen Outfits der britischen Modedesignerin in den 1970er Jahren. In ihrer ersten Boutique in London verkaufte sie mit dem Manager der Band „Sex Pistols" Teddyboy-Kleidung, dann zerrissene Shirts und provokante Latexbodysuits. Ihr Design brachte Westwood Titel ein wie „Mutter des Punk" und „Königin des Schnittmusters". Als Autodidaktin fand sie den Zugang zur Mode über historische Schnitte und Barockgemälde.

Mit der Mode gehen

Mode ist, was man selbst trägt.
Was unmodern ist, tragen die anderen.
Oscar Wilde, Ein idealer Gatte

Mode ist die bereitwillige Bejahung der
rätselhaften Tatsache, dass heute etwas schön ist,
was gestern hässlich gewesen ist und
was morgen unerträglich sein wird.
Senta Berger

Von allen Stoffwechselkrankheiten
ist die Mode die charmanteste.
Ralph Boller

Die meisten Frauen wählen ihr Nachthemd
mit mehr Verstand aus als ihren Mann.
Coco Chanel

Mode ist das wichtigste Mittel der Textilindustrie
gegen die zunehmende Haltbarkeit der Stoffe.
Emilio Schuberth

Mode wird mit dem Kopf gemacht.
Meine Originalität verlässt sich ganz
auf meine intellektuellen Kräfte.
Vivienne Westwood

Die meisten Menschen leben mehr
nach der Mode als nach der Vernunft.
Georg Christoph Lichtenberg, Sudelbücher

Zu einer eleganten Frau passt modisch alles –
nur kein armer Mann.
Yves Montand

Geschmack und Stil

Man muss viel Geschmack haben,
um dem seiner Zeit zu entgehen.

Théodore Jouffroy, Das grüne Heft

Schmucklos ist ja noch nicht geschmacklos.

Georg Christoph Lichtenberg, Sudelbücher

Mit viel Geschmack und wenig Geist kann man
immer noch Erfolg haben, niemals aber mit
viel Geist und wenig Geschmack.

Charles Joseph Fürst von Ligne

Stil ist der äußere Ausdruck einer
inneren Harmonie der Seele.

William Hazlitt

Mit dem Stil ist das so wie mit vielen Dingen.
Entweder man hat ihn, oder man hat ihn nicht.

Kurt Tucholsky

Freude am Luxus

Man umgebe mich mit Luxus.
Auf das Notwendige kann ich verzichten.

Oscar Wilde

Diamonds are a girl's best friend.

Marilyn Monroe, Song aus: „Blondinen bevorzugt"

Ich verstehe nicht, warum Frauen
teuren Schmuck tragen.
Teurer Schmuck macht doch alt.

Willy Reichert

Das Überflüssige ist eine sehr notwendige Sache.

Voltaire

Schmuck soll schmücken. Das ist für mich
der einzige Zweck. Immobilien sind weitaus
bessere Wertanlagen. Was hat man von Juwelen,
die nur im Safe herumliegen?

Marika Kilius

Luxus ist nicht das Gegenteil von Armut,
sondern von Vulgarität.

Coco Chanel, zu Georg Stefan Troller in: „Pariser Gespräche"

Je mehr der Luxus sich vermehrt,
je desto wen'ger ist er wert.

Erich Limpach

Körper und Seele pflegen

Wer sich selbst nichts gönnt,
wem kann der Gutes tun?
Er wird seinem Glück nicht begegnen.

Die Bibel, Sirach 14,5

Du magst essen und bedauern,
aber nicht ein Bad nehmen und bedauern.

indisches Sprichwort

Ein kräftiger Schluck Seeluft oder ein
tüchtiger Spaziergang im Wind füllt zwar nicht
die Seele mit Gnade, aber doch unseren Körper
mit Sauerstoff, was das Nächstbeste ist.

Charles Haddon Spurgeon

Halte dir jeden Tag
30 Minuten für
deine Sorgen frei,
und mache in dieser Zeit
ein Nickerchen.

Abraham Lincoln

Entspanne dich.
Lass das Steuer los.
Trudle durch die Welt.
Sie ist so schön.

Kurt Tucholsky

Was ruhig liegt,
nicht stören!

Sallust

Den Puls des eigenen Herzens fühlen.
Ruhe im Innern, Ruhe im Äußern.
Wieder Atemholen lernen,
das ist es.

Christian Morgenstern

Die Seele ist die grünende Kraft im Leibe,
sie wirkt mittels des Leibes und der Leib
mittels der Seele. Das ist der ganze Bestand
des Menschen.

Hildegard von Bingen

Denn unser Leib hat einmal den Fehler,
dass er umso mehr Bedürfnisse entdeckt,
je mehr er gepflegt wird.

Teresa von Ávila, Weg der Vollkommenheit

Ein schwacher Körper schwächt die Seele.

Jean-Jacques Rousseau, Émile

Keiner kann einen Körper frisch und
schön erhalten, wenn er sich von
ausgelaugten Gedanken nährt.

Prentice Mulford

Die Kunst des Ausruhens ist ein Teil
der Kunst des Arbeitens.

John Steinbeck

Gönne dich dir selbst!

Bernhard von Clairvaux

Diese Empfehlung könnte ohne Weiteres aus einem aktuellen Wellness-Ratgeber stammen – doch weit gefehlt! Bernhard von Clairvaux, der Gründer des Zisterzienserordens, gab diesen Tipp schon vor über 800 Jahren in einem Brief dem völlig erschöpften Papst Eugen III. Auch die folgenden Gedanken von Bernahrd von Clairvaux über das Entspannen passen in unseren Zeitgeist: „Ich sage nicht: Tu das immer. Ich sage nicht: Tu das oft. Aber ich sage: Tu es wieder einmal. Sei wie für alle anderen Menschen auch für dich selbst da. Oder jedenfalls sei es nach allen anderen."

Die Welt des Films

Kino ist ein Vorwand, sein eigenes Leben
für ein paar Stunden lang zu verlassen.
Steven Spielberg

Ich glaube nicht, dass man wegen eines Films
Gefühle entwickeln sollte. Gefühle sollte man
einer Frau gegenüber entwickeln.
Einen Film kann man nicht küssen.
Jean-Luc Godard

Der beste Film ist der,
den man mit geschlossenen
Augen wahrnehmen kann.
Salvador Dalí

Und darum wird beim Happy End
im Film jewöhnlich abjeblendt.
Kurt Tucholsky, Danach

Welche Frau, die den ganzen Tag
am Spülstein gestanden und den Abwasch
gemacht hat, will fünf Dollar an der Kinokasse
bezahlen, nur um auf der Leinwand
eine Frau zu sehen, die am Spülstein steht
und den Abwasch macht?
Alfred Hitchcock

Der Film lebt so lange,
wie es im Kino dunkel ist.
Samuel Goldwyn

Film ist das Leben, aus denen man
die langweiligen Stellen herausgeschnitten hat.
Verfasser unbekannt

**ALFRED HITCHCOCK
(1899–1980)**
Der britische Regisseur widmete
sein Leben dem Film und arbeitete bereits in den 1920er Jahren
im Stummfilmgeschäft. Hitchcock
gilt als unerreichter Meister des
„Thrillers". Mit psychologischem
Gespür verfilmte er abgründige
Kriminalgeschichten wie in
„Der unsichtbare Dritte" (1959),
„Psycho" (1960) oder „Die
Vögel" (1963). Seine Filme drehte er altmodisch in schwarz-weiß.
Hitchcock-Kenner wissen: Der
Meister höchstpersönlich – kor-
pulent, im dunklen Anzug mit
weißem Hemd und Krawatte –
tritt in jedem Film in einer kleinen Sequenz in Erscheinung.

Vor der Flimmerkiste

Fernsehen ist fabelhaft.
Man bekommt nicht nur Kopfschmerzen davon,
sondern erfährt auch gleich in der Werbung,
welche Tabletten dagegen helfen.
Bette Davis

Fernsehen ist das einzige Schlafmittel,
das mit den Augen eingenommen wird.
Vittorio de Sica

Es gibt nichts Demokratischeres als einen
Fernsehapparat: Man kann einschalten,
umschalten und ausschalten.
Günther Jauch

Am zuverlässigsten unterscheiden sich
die einzelnen Fernsehprogramme noch immer
durch den Wetterbericht.
Woody Allen

Fernsehen gefährdet das Familienleben,
weil es mehr Anlass ist für Nüsschen
als für Küsschen.
Karl Wenzel

Wer ein schlechtes Gedächtnis hat,
ist zu beneiden, denn er kann sich
Fernsehkrimis mehrmals anschauen.
Alberto Sordi

Das Fernsehen hat feste Regeln.
Bei den Western gewinnen immer die Guten,
bei den Nachrichten immer die Bösen.
Robert Lembke

Harry, hol schon mal den Wagen!

Derrick

Seltsam, aber dieses Zitat zur international erfolgreichsten deutschen Fernsehproduktion „Derrick" taucht in keiner Folge der Krimiserie auf. Als 1998 feststand, dass weitere Folgen nicht gedreht würden, verbreitete sich der Satz „Harry, hol schon mal den Wagen!" rasch in den Medien und wurde bald zum geflügelten Wort. Der Grund? Der Ausspruch scheint wohl sehr treffend das Verhältnis des souveränen Oberinspektors Derrick (Horst Tappert) zu seinem jungen, weniger erfahrenen Assistenten Harry Klein (Fritz Wepper) zu charakterisieren.

Kraft in den Teller,
Knorr auf den Tisch.

Franz Beckenbauer, Werbespot für die Suppenfirma Knorr,
kurz nach dem Gewinn des Europapokals 1966

Die gute alte Zeit, als Fußballspieler
die Suppe noch zu Hause aßen
und nicht im Werbefernsehstudio.

Robert Lembke

Die sportlichen Seiten des Lebens

Ich jogge ja ungern, weil ich das
für die lächerlichste Fortbewegungsart halte.
Da hat man blöde Klamotten an und
verscheucht das Wild damit.

Dieter Hildebrandt

Ich habe ein einfaches Rezept,
um fit zu bleiben –
ich laufe jeden Tag Amok.

Hildegard Knef

Höchstleistung im Sport und vergnügliches Leben
sind wie Feuer und Wasser. Man kann nicht
zwei Herren gleichermaßen dienen.
Entweder – oder!

Sepp Herberger

Sport stärkt Arme, Rumpf und Beine,
kürzt die öde Zeit,
und er schützt uns durch Vereine
vor der Einsamkeit.

Joachim Ringelnatz, Ruf zum Sport

Fußball

Der Fußballwahn ist eine Krankheit,
aber selten, Gott sei Dank!

Joachim Ringelnatz, Fußball (nebst Abart und Ausartung)

Wenn im Fernsehen Fußball läuft, muss alles um
mich herum ruhig sein. Da bin ich wie weggetreten.

Uwe Seeler

Es gibt nur etwas,
    das noch sinnvoller ist als Fußball:
Nachdenken über Fußball.

Martin Walser

Fußball ist Ding, Dang, Dong.
Es gibt nicht nur Ding.

Giovanni Trappatoni

Beim Fußball verkompliziert sich alles
durch die Anwesenheit des Gegners.

Jean-Paul Sartre

Im Fußballspiel steckt auch Zärtlichkeit.
Man muss den Ball so mit den Füßen streicheln,
dass er im Netz des Gegners landet.

Pelé

Eines der Probleme beim Fußball ist, dass die
einzigen Leute, die wissen, wie man spielen sollte,
hinter einem Mikrofon sitzen.

Robert Lembke

Ein Tag ohne Fußball ist ein verlorener Tag.

Ernst Happel

Schach – eine Passion

Schach ist für mich neben Fußball der
schönste Sport, weil es aufgrund der Figuren
auch ein Mannschaftssport ist.
Felix Magath

Schach ist für das Spiel zu ernst,
für den Ernst zuviel Spaß.
Gotthold Ephraim Lessing

Ich bedauere jeden, der das Schachspiel
nicht kennt. Bringt es schon dem Lernenden
Freude, so führt es den Kenner zu hohem Genuss.
Leo Tolstoi

Im Leben werden Partien nie so unstrittig
gewonnen wie im Spiel; das Spiel gibt uns
Genugtuungen, die das Leben versagt.
Jean Paul

Schach ist ein Reich, in dem sich
die Fantasie frei entfalten kann.
David Bronstein

Schach ist wie ein Gewächshaus, in dem
die Früchte eines Charakters besser reifen
als im normalen Leben.
Edward Morgan Foster

Schach ist dem Wesen nach ein Spiel, der Form nach
eine Kunst, der Darstellung nach eine Wissenschaft.
Baron Tassilo von Heydebrand und der Lasa

Schach ist wie Liebe. Allein macht es weniger Spaß.
Stefan Zweig, Schachnovelle

Die schönste Nebensache ...

Es gibt überhaupt nur zwei Dinge auf der Welt,
die mir Spaß machen – das zweite ist der Film.
Roman Polanski

Ich habe nichts gegen Gruppensex,
wenn die Gruppe aus zwei Personen besteht.
Anthony Quinn

Der Mensch besteht aus zwei Teilen –
seinem Gehirn und seinem Körper.
Aber der Körper hat mehr Spaß.
Woody Allen

Wenn Sex die natürlichste Sache der Welt ist,
warum gibt es dann so viele Ratgeber darüber?
Bette Midler

Sex ohne Liebe ist ein hohles Erlebnis –
aber von den hohlen Erlebnissen
ist es eines der schönsten.
Woody Allen

Was zur sexuellen Harmonie notwendig ist,
ist nicht raffinierte Technik,
sondern das Vertrauen auf den
erotischen Charme des Augenblicks.
Simone de Beauvoir

Die Lippen und Leiber finden
einander bald, aber der Weg
von einer Seele zu der anderen ist meilenlang.
Gorch Fock

Kunst kommt von Können

Künstler, Kunst und Kritiker –
ein spannungsgeladenes Verhältnis!
Dem Unbekümmerten, nur gute
Unterhaltung suchend, seien daher
folgende Einsichten empfohlen …

Was ist Kunst?

Kunst und Leben sind ein und dasselbe.
Ludwig Hohl, Notizen V

Kunst kommt von Können,
nicht von Wollen.
Sonst müsste es ja Wunst heißen.
Karl Valentin

Kunst ist, wenn man's nicht kann.
Denn wenn man's kann,
ist es ja keine Kunst mehr.
Johann Nepomuk Nestroy

Kunst ist das, was Welt wird,
nicht was Welt ist.
Karl Kraus, Pro domo et mundo

Kunst ist die Verzierung dieser Welt.
Wilhelm Busch

Wenn ich wüsste, was Kunst ist,
würde ich es für mich behalten.
Pablo Picasso

Vom Wesen der Kunst

Die Kunst ist lang!
Und kurz ist unser Leben.
Johann Wolfgang von Goethe, Faust I

Das Geheimnis der Kunst liegt darin,
dass man sie nicht sucht, sondern findet.
Pablo Picasso

» L'art pour l'art.

Victor Cousin

Wörtlich übersetzt heißt dieser Satz des französischen Philosophen und Politikers Victor Cousin (1792–1867): „Die Kunst für die Kunst." oder etwas freier: Kunst um der Kunst willen. Im 19. Jh. entwickelte sich in Frankreich daraus eine Theorie, nach der die Kunst reiner Selbstzweck sei. Heute versteht man unter dem Schlagwort „L'art pour l'art" eine intensive, aber zweckfreie Beschäftigung mit etwas – eine Art „Spielerei" ohne tiefere Bedeutung.

Die Kunst ist der Schamhaftigkeit ähnlich.
Sie kann die Dinge nicht direkt aussprechen.
Albert Camus

Ernst ist das Leben, heiter ist die Kunst.
Friedrich Schiller, Wallensteins Lager

Die Kunst hat Schwingen,
die Wissenschaft gibt Krücken.
Georges Braque

Kunst ist schön,
macht aber viel Arbeit.
Karl Valentin

Die Kunst ist eine Vermittlerin
des Unaussprechlichen.
Johann Wolfgang von Goethe,
Maximen und Reflexionen

Die Kunst mag ein Spiel sein,
aber sie ist ein ernstes Spiel.
Caspar David Friedrich

Die Kunst ist zwar nicht das Brot,
aber der Wein des Lebens.
Jean Paul, Museum

Das Ziel der Kunst ist es,
einfach eine Stimmung zu erzeugen.
Oscar Wilde, Der Kritiker als Künstler

Sehnsucht nach dem Schönen
schafft die Kunst.
Maxim Gorki

Die Sprache der Malerei

Ein Kunstinteressierter besuchte einmal Pablo Picasso in seinem Atelier in Paris. Da er die abstrakte Malerei von Picasso nicht verstand, fragte er den Künstler: „Können Sie mir Ihre Bilder erklären?" „Sicher", antwortete Picasso und fragte den Besucher: „Sagen Sie, verstehen Sie Chinesisch?" „Nein", antwortete der Mann irritiert. „Sehen Sie, mit der Kunst ist es genauso wie mit der chinesischen Sprache. Wenn man sie nicht erlernt hat, dann kann man sie auch nicht verstehen", erklärte Picasso ihm.

Kunst genießen und verstehen

Tatsächlich werden Kunstwerke desto weniger genossen, je mehr einer davon versteht.

Theodor W. Adorno, Ästhetische Theorie

Zum Verstehen eines Bildwerks gehört ein Stuhl.

Anselm Feuerbach

Kunst genießen heißt nichts andres, als sein eignes Selbst im Kunstwerke widerspiegeln. Darum ist der wahre Kunstgenuss durchaus subjektiv.

Friedrich Adolf Geißler

Anstaunen ist auch eine Kunst. Es gehört etwas dazu, Großes als groß zu begreifen.

Theodor Fontane

Über das Künstlerdasein

Ein großer Künstler sieht die Dinge niemals so, wie sie sind. Sähe er sie so, wäre er kein Künstler mehr.

Oscar Wilde, Der Verfall der Lüge

Wer heutzutage eine Kunst wirklich betreibt und in ihr etwas leisten will, muss vor allem Talent, gleich hinterher aber Bildung, Einsicht, Geschmack und eisernen Fleiß haben.

Theodor Fontane

Die Schwalbe

NACH GOTTHOLD
EPHRAIM LESSING

In den ersten Zeiten war die Schwalbe ein ebenso tonrei-
cher melodischer Vogel wie die Nachtigall. Die Schwalbe
ward aber schon bald müde geworden, in den einsamen
Büschen zu wohnen und da von niemandem als von
dem fleißigen Landmanne und der unschuldigen Schäferin
gehört und bewundert zu werden. So verließ sie schließlich
ihre demütigere Freundin und zog in die Stadt.

Was geschah? Weil man
in der Stadt nicht Zeit
hatte, ihr göttliches
Lied zu
hören, so
verlernte sie es
nach und nach
und lernte
dafür – bauen.

Vielleicht dient man als Künstler den Menschen
wirklich am besten, wenn man ihnen nur
kleine Erfrischungen reicht.

Woody Allen

Künstler ist nur einer, der aus der Lösung
ein Rätsel machen kann.

Karl Kraus

Für einen Künstler ist es vor allem gefährlich,
gelobt zu werden.

Edvard Munch

Die gefährlichste Klippe im Leben eines Künstlers
ist die Heirat, besonders eine glückliche Heirat.

Anselm Feuerbach

Als Kind ist jeder ein Künstler.
Die Schwierigkeit liegt darin,
als Erwachsener einer zu bleiben.

Pablo Picasso

Als Künstlernatur bezeichnen wir allgemein
die Summe von Eigenschaften, die den Künstler
im Produzieren behindert.

Arthur Schnitzler, Werk und Widerhall

Es hat doch im Grund niemand einen
rechten Begriff von der Schwierigkeit der Kunst
als der Künstler selbst.

Johann Wolfgang von Goethe, Italienische Reise

Uneinig sein mit seiner Zeit – das gibt
dem Künstler seine Daseinsberechtigung.

André Gide, Tagebuch

Von der Muse geküsst

Die erste Pflicht der Musensöhne ist,
dass man sich ans Bier gewöhne.

Wilhelm Busch, Bilder zur Jobsiade IV

Die Rolle der Muse im Mythos
war immer die der Inspiration.

Anaïs Nin, Die Frau legt den Schleier ab

Von wem die Musen berichten werden,
der wird leben.

Tibull, Elegien I

Langeweile! Du bist Mutter der Musen.

Johann Wolfgang von Goethe, Venezianische Epigramme

Gedanken über die Malerei

Es ist ebenso interessant und schwer,
etwas gut zu sagen, wie es gut zu malen ist.

Vincent van Gogh, Briefe

Das, was man malt, ist dem Maler,
wie das Instrument, auf dem
der Musiker seine Töne streicht.

Emil Nolde, Ungemalte Bilder

Der beste Teil der Schönheit ist der,
den ein Bild nicht wiedergeben kann.

Francis Bacon, Die Essays

Malerei besteht aus klingenden,
mit Leidenschaft erfüllten Formen.

Marc Chagall

Bezeichnest du die Malerei als stumme Dichtung,
so kann der Maler erst recht die Dichtung
als blinde Malerei bezeichnen.

Leonardo da Vinci, Tagebücher und Aufzeichnungen

Manche Maler machen aus der Sonne
einen gelben Punkt.
Andere machen aus einem gelben Punkt
eine Sonne.

Pablo Picasso

Ein Gemälde ist eine Brücke,
welche den Geist des Malers
mit dem des Betrachters verbindet.

Ferdinand Victor Eugène Delacroix

Im Museum

Die meisten Dummheiten in der Welt
muss sich wahrscheinlich ein Gemälde
in einem Museum anhören.

Edmond de Goncourt

Wenn das Museum schläft,
leiden die alten Meister.

Verfasser unbekannt

In Gemäldegalerien lernst du die Völker schätzen.

Eduard Paulus

Toren besuchen im fremden Land die Museen,
Weise gehen in die Tavernen.

Erhart Kästner, Ölberge, Weinberge

Ausstellungsbesucher sollten bezahlt werden.
Bazon Brock

Es gibt eine Menge gute Malerei,
aber sehr wenige gute Gemälde.
John Constable

Moderne Kunst

Die moderne Kunst produziert manches,
was zu begreifen eine Kunst ist.
Peter Sirius, Tausend & ein Gedanke

Es besteht der Verdacht,
dass die ganze moderne Kunst
von Nebenwirkungen lebt.
Die Schauspielerei von Mängeln,
die Musik von Nebengeräuschen.
Karl Kraus, Sprüche und Widersprüche

So manches Bildwerk heutzutage
ist nichts als eine offene Frage.
Erich Limpach

Leute hängen sich heutzutage
wirklich alles ins Wohnzimmer.
Roy Lichtenstein

BAZON BROCK (* 1936)
Zeitgenössische Kunst ist oft
nicht immer verständlich. Brock,
Professor für Ästhetik und Kunst-
vermittlung, wirkte in den 1960er
Jahren an Happenings (Kunst-
ereignissen) mit Künstlern wie
Hundertwasser und Beuys mit. Er
entwickelte ein Unterrichts- und
Schulungskonzept, das die künst-
lerischen Mittel von Happening
und anderen Formen der Aktions-
kunst nutzte. Auf der Kasseler
documenta 4 (1968) richtete
Brock erstmals eine Besucher-
schule für Kunstbetrachtung ein.

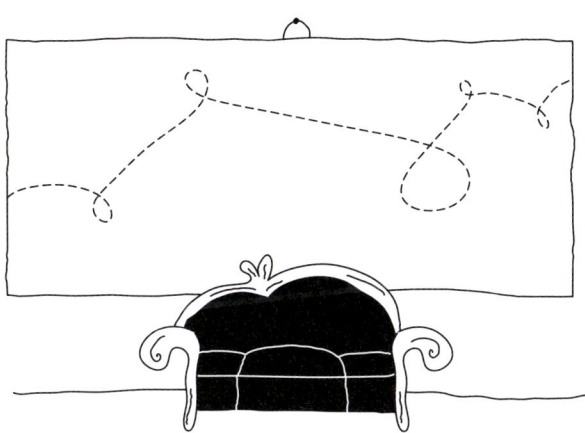

Kunst und Kommerz

Die Kunst geht nach Brot.

Gotthold Ephraim Lessing

Nutzbare Kunst gibt Brot und Gunst.

deutsches Sprichwort

Kunst ist,
aus nichts etwas zu machen
und es zu verkaufen.

Frank Zappa

Es ist keine Kunst, ein Kunstwerk zu gestalten.
Die Kunst besteht darin, das Kunstwerk
als Kunst zu verkaufen.

Kurt Marti

Kunst ist das, was du als Kunst verkaufst.

Oliver Welke, Grundsätze der Vergänglichkeit

Seit die Kunst nur noch eine milchende Kuh ist,
nimmt die Zahl der Ochsen unter den Künstlern
immer mehr zu.

Johannes Friedrich Freiherr von Cottendorf Cotta

Die Welt des Klangs

Ohne Musik wär' alles nichts.

Wolfgang Amadeus Mozart

Die Musik drückt das aus, was nicht gesagt
werden kann und worüber es unmöglich ist,
zu schweigen.

Victor Hugo

Die Berührung zwischen Gott und
der Seele ist Musik.

Bettina von Arnim

Wo die Sprache aufhört, fängt die Musik an.

E. T. A. Hoffmann

Das Beste in der Musik steht nicht in den Noten.

Gustav Mahler

Musik darf das Ohr nie beleidigen,
sondern muss es vergnügen.

Wolfgang Amadeus Mozart

Von alters her wird der Musik heilende Kraft
zugeschrieben. Musik heilt. Musik bringt Freude.
Musik tröstet.

Yehudi Menuhin

Musik ist höhere Offenbarung
als alle Weisheit und Philosophie.
Wem sich meine Musik auftut,
der muss frei werden von all dem Elend,
womit sich die anderen Menschen schleppen.

Ludwig van Beethoven, Tagebuch

Musik ist der vollkommenste Typus der Kunst:
Sie kann ihr letztes Geheimnis nie enthüllen.

Oscar Wilde, Der Kritiker als Künstler

Musik wird oft nicht schön gefunden,
weil sie stets mit Geräusch verbunden.

Wilhelm Busch, Der Maulwurf (Dideldum)

Die Musik ist die Sprache der Engel.

Thomas Carlyle

**E. T. A. HOFFMANN
(1776–1822)**

Ernst Theodor Wilhelm Hoffmann änderte seinen dritten Vornamen in Amadeus um, weil er Wolfgang Amadeus Mozart so sehr bewunderte. Bekannt wurde Hoffmann vor allem als Autor romantischer Erzählungen wie „Das Fräulein von Scuderi" oder „Der Sandmann", doch wirkte er ebenfalls als Jurist, Komponist, Kapellmeister, Musikkritiker, Zeichner und Karikaturist. Hoffmann pendelte zeitlebens zwischen Staatsdienst und Künstlerdasein. Dabei zog ihn die Musik immer wieder besonders in ihren Bann. Sein umfangreiches musikalisches Schaffen geriet in Vergessenheit.

Die Musik ist die beste Gottesgabe –
und dem Satan sehr verhasst.

Martin Luther, Tischreden

Die Musik spricht für sich allein.
Vorausgesetzt, wir geben ihr eine Chance.

Yehudi Menuhin

Große Komponisten, Musiker und Sänger

Wenn die Engel für Gott spielen,
so spielen sie Bach,
füreinander spielen sie Mozart.

Isaiah Berlin

Bach sollte nicht Bach, sondern Meer heißen.

Ludwig van Beethoven

*Beethoven erreicht in manchen
seiner Werke den Himmel,
aber Mozart, der kommt von dort.*

Josef Krips

Beethovens Musik bewegt die Hebel des Schauers,
der Furcht, des Entsetzens und erweckt
jene unendliche Sehnsucht, die
das Wesen der Romantik ist.

E. T. A. Hoffmann, aus der Rezension über Beethovens Fünfte Sinfonie

Beethoven war so taub,
dass er sein Leben lang dachte, er malt.

Konrad Beikircher, Andante Spumante.

Händel ist der größte Komponist, der je lebte.
Ludwig van Beethoven, 1824

Wenn Mozart gespielt wird,
scheint eigentlich immer die Sonne.
Justus Frantz

Mozarts Musik ist so rein und schön,
dass ich sie als die innere Schönheit
des Universums selbst ansehe.
Albert Einstein

Mit der Stimme wird nur Lärm gemacht.
Gesungen wird mit dem Gehirn.
Luciano Pavarotti

Wenn ich das hohe C oder einen richtig
schönen Ton treffe, dann ist das die Erfüllung.
Placido Domingo

Das Zubehör eines Sängers:
ein großer Brustkorb, ein großer Mund,
neunzig Prozent Gedächtnis,
zehn Prozent Intelligenz, sehr viel schwere Arbeit
und ein gewisses Etwas im Herzen.
Enrico Caruso

Natürlich singt man mit der Seele,
mit dem Herzen, mit all seinen Gefühlen,
aber der Verstand ist immer dabei.
Placido Domingo

Ich verstehe nichts von Musik.
In meinem Fach ist das nicht nötig.
Elvis Presley

Schauspieler auf der Bühne

Ich liebe das Schauspiel.
Es ist so viel realistischer als das Leben.

Oscar Wilde, Das Bildnis des Dorian Gray

Ihr wisst, auf unsern deutschen Bühnen
probiert ein jeder, was er mag.

Johann Wolfgang von Goethe, Faust I

Die Gesellschaft braucht Theater
in guten und in schlechten Zeiten.

August Everding

Die Bühne scheint mir der Treffpunkt
von Kunst und Leben zu sein.

Oscar Wilde

Ein guter Abgang ziert die Übung.

Friedrich Schiller

Ein guter Schauspieler
macht uns bald eine elende unschickliche
Dekoration vergessen,
dahingegen das schöne Theater
den Mangel an guten Schauspielern
erst recht fühlbar macht.

Johann Wolfgang von Goethe, Wilhelm Meisters Lehrjahre II

Der Schauspieler ist von der unbändigen Lust
getrieben, sich unaufhörlich in andere Menschen
zu verwandeln, um in den anderen
am Ende sich selbst zu entdecken.

Max Reinhardt

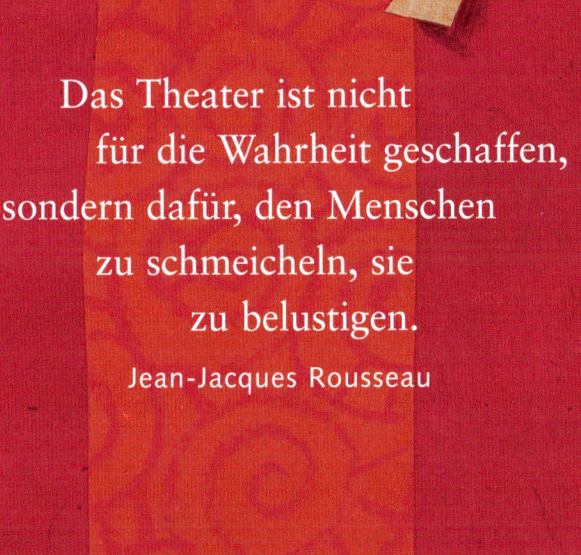

Das Theater ist nicht
für die Wahrheit geschaffen,
sondern dafür, den Menschen
zu schmeicheln, sie
zu belustigen.

Jean-Jacques Rousseau

Es wundert einen,
dass die Leute immer noch
ins Theater gehen, nach allem,
was sie in der Schule
durchgemacht haben.

Orson Welles

Es gibt Stücke,
die so schwach sind,
dass sie aus eigener Kraft
nicht vom Spielplan
herunterkommen.

Stanislaw Jerzy Lec

Die Menschen würden
noch viel schlechter schlafen,
wenn es das
Theater nicht gäbe.

Mark Twain

Launen des Publikums

Der Dirigent Hans von Bülow setzte sich sehr für den Komponisten Johannes Brahms ein. Eines Abends dirigierte er dessen Erste Sinfonie. Danach: peinliche Stille. Niemand klatschte. Bülow wandte sich zum Publikum: „Meine Damen und Herren, ich habe diese Sinfonie auch nicht beim ersten Mal verstanden, ich musste sie zweimal spielen, um sie zu genießen. Erlauben Sie mir, dass ich sie auch Ihnen noch einmal vorspiele." Bülow erhob den Taktstock und dirigierte die Komposition noch einmal. Danach: tosender Beifall.

Gutes und schlechtes Publikum

Abonnenten sind nicht so leicht zu vertreiben. Es ist zum Staunen, was ein guter Abonnent verträgt.
Johann Nepomuk Nestroy

Früher gingen die Leute ins Konzert, um Musik zu hören. Heute gehen sie hinein, um Dirigenten zu sehen.
Paul Hörbiger

Theater wird erst wirklich, wenn das Publikum innerlich mitspielt.
Hermann Bahr

Es gibt Abende, an denen nicht das Schauspiel, sondern das Publikum durchfällt.
Max Reinhardt

Jedes Publikum kriegt die Vorstellung, die es verdient.
Curt Goetz, Dreimal täglich

Ein Schnarcher im Publikum ist unbezahlbar, denn er hindert die anderen Theaterbesucher am Einschlafen.
Brooks Atkinson

Das Publikum weiß erst dann, was es will, wenn es das, was es will, zu sehen bekommt.
Samuel Goldwyn

Die Erfahrung hat gelehrt, dass die Gesamtstimme des Publikums beinahe immer gerecht ist.
Carl Maria von Weber

Literatur und Dichtung ...

Literatur hebt den Augenblick auf,
dazu gibt es sie.
Max Frisch, Montauk

Dichtungen gleichen Gemälden.
Horaz, De arte poetica

Die deutsche Literatur ist einäugig.

Das lachende Auge fehlt.
Erich Kästner

Aus dem Werke manches Dichters
spüren wir wohl heraus,
dass er irgendwie und irgendwo ein Genie ist,
nur leider gerade nicht in seiner Dichtung.
Arthur Schnitzler, Buch der Sprüche und Bedenken

Schund in der Literatur,
das ist eine Art Steuer für die Freiheit.
Václav Havel

Vom Wert der Bücher

Die Bekanntschaft mit einem einzigen
guten Buch kann ein Leben ändern.
Marcel Prévost

Begeisterung über ein Buch
ist zuweilen nichts anderes
als Befriedigung darüber,
es begriffen zu haben.
Hans Albrecht Moser, Die Komödie des Lebens

So etwas wie ein moralisches oder
unmoralisches Buch gibt es nicht.
Bücher sind gut oder schlecht geschrieben.
Weiter nichts.

Oscar Wilde, Aphorismen

Was machte ich mit dem Gelde,
wenn ich nicht Bücher kaufte?

Gotthold Ephraim Lessing, an Friedrich Nicolai, 22. Oktober 1762

Wenn man ein Buch nicht mit Genuss
immer und immer wieder lesen kann,
lohnt es sich nicht, es überhaupt zu lesen.

Oscar Wilde, Der Verfall der Lüge

Einer der Hauptnachteile mancher Bücher
ist die zu große Entfernung zwischen
Titel- und Rückseite.

Robert Lembke

Manche Bücher entfalten
erst im Kamin ihr volles Aroma.

Manuel Vázquez Montalbán

Über das Lesen

Manchmal denke ich, der Himmel
besteht aus ununterbrochenem,
niemals ermüdendem Lesen.

Virginia Woolf, an Ethel Smyth

Die Schrift ist ein toter Buchstabe,
den nur die Einbildungskraft und
der Verstand des Lesers beleben kann.

Christian Garve, Über Gesellschaft und Einsamkeit

Lesen? Das geht ein, zwei Jahre gut,
dann bist du süchtig.

Buchtitel von Achim Greser und Heribert Lenz

Und nichts ist schlimmer, als ein Buch
anzufangen und es dann nicht mehr
zu Ende lesen zu können.

Kurt Tucholsky, Gruppenakkord, in: Vossische Zeitung, 20. August 1931

Ich lösche das Licht selten aus,
ohne vorher gelesen zu haben.
Indem man das Geistige
zwischen das Sinnliche des Tages
und den Schlaf legt, reinigt man sich.

Otto Flake, Gedankengut

Man sollte auch gute, ja, ausgezeichnete Bücher
verbieten, bloß damit sie mehr gelesen
und beachtet werden.

Albert Camus

Wenn Bücher zu Freunden werden

Warum soll man sich nicht
mit Büchern unterhalten?
Sie sind ebenso klug wie Menschen
und oft ebenso spaßhaft
und drängen sich weniger auf.

Hermann Hesse

Bücher, die wir zu unseren Freunden machen,
werden uns nie zum Ekel.
Sie nützen sich durch den Gebrauch nicht ab.

Ludwig Feuerbach, Der Schriftsteller und der Mensch

HERMANN HESSE (1877–1962)
Die Lektüre seiner Bücher hat viele Jugendliche der vergangenen Jahrzehnte geprägt. Die bekanntesten Werke des deutsch-schweizerischen Dichters, Schriftstellers, Malers und Literatur-Nobelpreisträgers von 1946 sind wohl „Der Steppenwolf" (1927), „Narziss und Goldmund" (1930) und „Das Glasperlenspiel" (1943). Seine Liebe zu Büchern und zur Literatur entwickelte der junge Hesse zu Hause. Dort stand ihm die große Bibliothek seines belesenen Großvaters Hermann Gundert mit Werken der Weltliteratur zur Verfügung, die Hesse systematisch durchschmökerte.

Es geht uns mit Büchern wie mit den Menschen.
Wir machen zwar viele Bekanntschaften, aber nur
wenige erwählen wir zu unseren Freunden.

Ludwig Feuerbach

Es gibt Bücher, die uns in einer Stunde
mehr leben lassen, als das Leben uns
in 20 Jahren gewährt.

Oscar Wilde

Die hohe Kunst des Schreibens

Jede Art zu schreiben ist erlaubt.
Nur nicht die langweilige.

Voltaire

Gedanken sind nicht stets parat,
man schreibt auch, wenn man keine hat.

Wilhelm Busch, Sprikker

Snob: ein Mann, der sich,
wenn er ein Buch lesen will,
selbst eines schreibt.

Robert Lembke

Wie wohl ist dem, der dann und wann
sich etwas Schönes dichten kann!

Wilhelm Busch, Balduin Bählamm

Die echten Schriftsteller
sind die Gewissensbisse der Nation.

Ludwig Feuerbach

Sorgen, Nöte und Bekenntnisse des Schriftstellers

Ein Dichter kann alles überleben,
außer einen Druckfehler.

Oscar Wilde, The Children of the Poets,
in: Pall Mall Gazette, 14. Oktober 1886

Jeder Schriftsteller, den ich kenne,
hat Probleme mit Schreiben.

Joseph Heller

Zum Schreiben drängt mich nicht das Gewissen,
sondern nur die Unzufriedenheit mit der Welt,
deshalb bin ich Schriftstellerin.

Patricia Highsmith

Guter Stil

Nur der maßvolle Stil ist der klassische.

Joseph Joubert, Gedanken, Versuche und Maximen

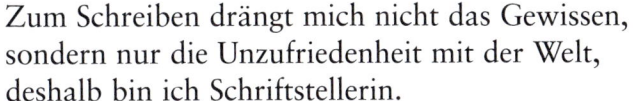

*Stil ist ein richtiges Weglassen
des Unwesentlichen.*

Anselm Feuerbach, Ein Vermächtnis

Es ist wichtiger und leichter,
Stillaster abzulegen,
als Stiltugenden zu erlernen.

Ludwig Reiners, Stilkunst I,3

In der Beschränkung zeigt sich erst der Meister.

Johann Wolfgang von Goethe, Römische Elegien

Goethes Faust –
Sprachkunst im Alltag

Von Tatendrang und Lebenslust

Im Anfang war die Tat!

Faust I, Faust

* * *

Der Worte sind genug
gewechselt, lasst mich
auch endlich Taten sehn!

Faust I,
Vorspiel auf dem Theater, Direktor

* * *

Grau, teurer Freund,
ist alle Theorie, und grün
des Lebens goldner Baum.

Faust I, Studierzimmer II,
Mephistopheles

* * *

Werd ich zum Augenblicke
sagen: Verweile doch!
Du bist so schön! Dann magst
du mich in Fesseln schlagen,
Dann will ich gern
zugrunde gehen!

Faust I, Studierzimmer I, Faust

Im Streben um das Wissen der Welt

Dass ich erkenne,
was die Welt
im Innersten zusammenhält.

Faust I, Nacht, Faust

* * *

Wenn ihr's nicht fühlt,
ihr werdet's nicht erjagen.

Faust I, Nacht, Faust

* * *

Was du ererbt
von deinen Vätern,
erwirb es, um es zu besitzen.
Was man nicht nützt,
ist eine schwere Last.
Nur was der Augenblick
erschafft, das kann er nützen.

Faust I, Nacht, Faust

* * *

Da steh' ich nun,
ich armer Tor!
Und bin so klug
als wie zuvor.

Faust I, Nacht, Faust

Einsichten und Erkenntnisse

Es irrt der Mensch,
solang' er strebt.

Faust I, Prolog im Himmel, Der Herr

* * *

Das also war des Pudels Kern!

Faust I, Studierzimmer, Faust

* * *

Denn, was man
Schwarz auf Weiß besitzt,
kann man getrost
nach Hause tragen.

Faust I, Studierzimmer II, Schüler

* * *

Nach Golde drängt,
am Golde hängt doch alles.

Faust I, ein kleines reinliches Zimmer,
Margarete

Über den Glauben,
das Gute und das Böse

Nun sag, wie hast
du's mit der Religion?

Faust I, Marthens Garten, Margarete

* * *

Die Botschaft hör ich wohl –
allein mir fehlt der Glaube.

Faust I, Faust

Ich bin ein Teil
von jener Kraft,
die stets das Böse will
und stets das Gute schafft.

Faust I, Studierzimmer I,
Mephistopheles

* * *

Ich bin der Geist,
der stets verneint!

Faust I, Studierzimmer II,
Mephistopheles

Liebe und die Folgen

Schönes Fräulein,
darf ich es wagen,
meinen Arm und Geleit
Ihr anzutragen?

Faust I, Straße, Faust

* * *

Bin weder Fräulein,
weder schön,
kann ungeleit
nach Hause gehn.

Faust I, Straße, Margarete

* * *

Zwei Seelen wohnen, ach!
in meiner Brust, die eine will
sich von der andern trennen …

Faust I, Vor dem Tor, Faust

Über die Kritik

Die Kritik gleicht einer Bürste.
Bei allzu leichten Stoffen darf man sie nicht
verwenden, sonst bliebe nichts mehr übrig.

Honoré de Balzac

Unter die größten Entdeckungen,
auf die der menschliche Verstand
in den neuesten Zeiten gefallen ist, gehört
meiner Meinung nach wohl die Kunst,
Bücher zu beurteilen, ohne sie gelesen zu haben.

Georg Christoph Lichtenberg

Es ist leicht, ein Werk zu kritisieren.

Aber es ist schwer, es zu würdigen.

Luc de Vauvenargues

Besser die Leute reden einen tot,
als sie schweigen einen tot.

Oscar Wilde

Eine schlechte Kritik kann einem das Frühstück
verderben. Aber man sollte nicht zulassen,
dass sie einem auch das Mittagessen verdirbt.

Kingsley Amis

Was selber man nicht machen kann,
das sieht man als misslungen an.

Otto von Leixner

Kritiker sind Leute, die ursprünglich
Henker werden wollten, diesen Beruf
aber knapp verfehlt haben.

Harold Pinter

Wie Künstler mit Kritik umgehen

Ich liebe Kritik,
aber ich muss damit einverstanden sein.

Mark Twain

Kümmere dich nicht um das,
was die Kritiker sagen.
Noch keinem von ihnen
ist ein Denkmal gesetzt worden.

Jean Sibelius

Was der Künstler sich wünscht,
ist ja nicht Lob, sondern Verständnis
für das, was er angestrebt hat, einerlei,
wie weit sein Versuch gelungen sei.

Hermann Hesse, Lektüre für Minuten

Ein Künstler braucht nur drei Dinge:
Lob und Lob und Lob.

Sergei Rachmaninoff

Schlagt ihn tot, den Hund! Es ist ein Rezensent.

Johann Wolfgang von Goethe

Dieser Ausruf ist die letzte Zeile eines Gedichts von Goethe, das 1774 anonym veröffentlicht und später unter dem Titel „Der Rezensent" bekannt wurde. Der gekränkte Goethe rächt sich hier an den verhassten Kritikern, speziell an einem Rezensenten seines „Götz von Berlichingen". Im Gedicht geht es um einen Gast, der sich beim Dichter zuerst satt isst und dann an der eben genossenen Mahlzeit herummäkelt: „Und kaum ist mir der Kerl so satt, tut ihn der Teufel zum Nachbarn führen, über mein Essen zu räsonieren: Die Supp hätt können gewürzter sein, der Braten brauner, firner der Wein. Der Tausendsakerment! Schlagt ihn tot, den Hund! Es ist ein Rezensent."

Gegen Kritik kann man sich weder wehren
noch schützen. Man muss ihr zum Trotz handeln,
und das lässt sie sich nach und nach gefallen.

Johann Wolfgang von Goethe

Manche Worte gibt's, die treffen wie Keulen.
Doch manche schluckst du wie Angeln und
schwimmst weiter und weißt es noch nicht.

Hugo von Hofmannsthal

Für Kritiker zu schreiben lohnt sich nicht,
wie es sich nicht lohnt, denjenigen Blumen
riechen zu lassen, der einen Schnupfen hat.

Anton Tschechow

Vom Ruhm des Künstlers

Der Ruhm zu Lebzeiten ist eine fragwürdige
Sache; man tut gut, sich nicht davon blenden,
sich kaum davon erregen zu lassen.

Thomas Mann

Ruhm ist der Schatten,
der den Erfolg begleitet.

Francesco Domenico Guerrazzi

Die Berühmtheit manches Zeitgenossen
ist unmittelbar mit der Dummheit
seiner Bewunderer verbunden.

Heiner Geißler

Ruhm ist die Summe der Missverständnisse,
die sich um einen Namen sammeln.

Rainer Maria Rilke

Alles Schicksal, alles Zufall?

Das Leben planen? Klar, machen viele – aber das Schicksal nimmt darauf selten Rücksicht! Und so sollte man auf die Wechselfälle des Lebens vorbereitet sein …

Über das Schicksal

Das Schicksal mischt die Karten,
und wir spielen.

Arthur Schopenhauer, Parerga und Paralipomena

Jeder Mensch hat sein eigenes Schicksal,
weil jeder Mensch seine Art zu sein
und zu handeln hat.

Johann Gottfried Herder, Das eigene Schicksal, in: Die Horen 1795

Gewiss ist es fast noch wichtiger,
wie der Mensch sein Schicksal nimmt,
als wie sein Schicksal ist.

Wilhelm von Humboldt, Briefe an eine Freundin

Wir werden vom Schicksal
hart oder weich geklopft.
Es kommt auf das Material an.

Marie von Ebner-Eschenbach, Aphorismen

In deiner Brust sind
deines Schicksals Sterne.

Friedrich Schiller, Wallenstein

Vom Zufall

Der Zufall ist ein Rätsel, welches das Schicksal
dem Menschen aufgibt.

Chrsitian Friedrich Hebbel

Auch der Zufall ist nicht unergründlich.
Er hat seine Regelmäßigkeit.

Novalis, Fragmente

Des Zufalls Wege sind uns unbekannt,
sie zu berechnen lehrt uns keine Kunst.

Euripides

Alle Zufälle unseres Lebens sind Materialien,
aus denen wir machen können, was wir wollen.
Wer viel Geist hat, macht viel aus seinem Leben.

Novalis, Blüthenstaub

Der Zufall ist die in Schleier gehüllte
Notwendigkeit.

Marie von Ebner-Eschenbach, Aphorismen

Das Wichtigste im Leben ist die Wahl des Berufes.
Der Zufall entscheidet darüber.

Blaise Pascal

Was wir den Zufall nennen,
ist vielleicht die Logik Gottes.

Georges Bernanos

Der Zufall ist das Pseudonym, das der liebe Gott
wählt, wenn er inkognito bleiben will.

Albert Schweitzer, Treffende Albert-Schweitzer-Zitate

Zufall ist ein Wort ohne Sinn;
nichts kann ohne Ursachen existieren.

Voltaire, Philosophisches Taschenwörterbuch

Überall herrscht Zufall. Lass deine Angel
nur hängen; wo du es am wenigsten glaubst,
sitzt im Strudel der Fisch.

Ovid, Ars armatoria III

Die besten Dinge verdanken wir dem Zufall.

Giacomo Girolamo Casanova

BLAISE PASCAL (1623–62)
Zufall und Wahrscheinlichkeit
sind keineswegs Gegensätze.
Mit 24 Jahren beschäftigte den
französischen Mathematiker,
Physiker, Literaten und Philoso-
phen Pascal das Prinzip des
Zufalls. Angeregt durch das
Würfelspiel, einem typischen
Zeitvertreib des Adels, gelangte
er zu mathematischen Beschrei-
bungen und Erklärungen der
Gewinnchancen im Glücksspiel,
die später in die Wahrschein-
lichkeitstheorie und in die
Statistik münden sollten.

Was Schicksal und Zufall verbindet

Ein Zufall, der Gutes bringt,
wird als Vorsehung angesehen,
ein Zufall jedoch, der böse ausgeht,
ist Schicksal.

Knut Hamsun

Das Schicksal wird im Leben

oft „Zufall" genannt.

Oswald Spengler

Zufall? Schicksal? Ich glaube, je älter ich werde,
an Schicksal, nicht an Zufälle.

Heinz Rühmann

Des Schicksals Wege …

Das Schicksal ereilt einen oft gerade
auf den Wegen, die man eingeschlagen hat,
um ihm zu entgehen.

Jean de La Fontaine

Wohin auch das Schicksal uns zieht
und wieder wegzieht, dorthin
wollen wir ihm folgen.

Vergil, Aeneis

Früher haben wir gedacht,
unser Schicksal stünde in den Sternen.
Heute wissen wir, es liegt mehr oder weniger
in unseren Genen.

James Watson

Einsamkeit ist der Weg,
auf dem das Schicksal den Menschen
zu sich selber führen möchte.

Hermann Hesse

Mein Schicksal führt mich.
Sorge nicht, ich werde ans Ziel gelangen,
ohne dass ich's suche.

Friedrich Schiller, Die Jungfrau von Orleans

Wir planen – das Leben auch

Aber hier, wie überhaupt,
kommt es anders, als man glaubt.

Wilhelm Busch, Plisch und Plum

Das, worauf es ankommt,
können wir nicht vorausberechnen.
Die schönste Freude erlebt man immer da,
wo man sie am wenigsten erwartet.

Antoine de Saint-Exupéry, Wind, Sand und Sterne

Alea iacta est! – Die Würfel sind gefallen!

Gaius Julius Caesar

„Alea iacta est" – Julius Caesars berühmter Spruch beim Überschreiten des Rubikons wird seit Generationen falsch übersetzt: Der Satz heißt auf Deutsch nicht „Die Würfel sind gefallen", sondern „Der Würfel ist geworfen". Und damit bedeutet er nicht, dass der Ausgang einer Sache bereits entschieden ist, sondern das Gegenteil: Man steht erst am Anfang, und es ist völlig unklar, wie es weitergeht. Der mittelalterliche Gelehrte Erasmus von Rotterdam vermutet, dass Caesar hier das griechische Sprichwort „Hochgeworfen sei der Würfel" zitiert habe, und bietet so einen weiteren Beleg für die richtige Übersetzung.

Man soll das Schicksal nicht mit
Vorschlägen verärgern, es legt zu viel Wert
auf seine eigenen Einfälle.

Karl Heinrich Waggerl

Je üppiger die Pläne blühn, desto
verzwickter wird die Tat.

Erich Kästner

Stets findet Überraschung statt,
wo man's nicht erwartet hat.

Wilhelm Busch

Leben ist das, was passiert,
während du eifrig dabei bist,
andere Pläne zu machen.

John Lennon, aus dem Song „Beautiful Boy (Darling Boy)"
aus dem Album „Double Fantasy", 1980

Weißt du, wie du Gott zum Lachen
bringen kannst? Erzähl ihm deine Pläne.

Blaise Pascal

Je planmäßiger der Mensch vorgeht,
umso wirkungsvoller trifft ihn der Zufall.

Friedrich Dürrenmatt, 21 Punkte zu den Physikern

Das Unerwartete zu erwarten verrät einen
durch und durch modernen Geist.

Oscar Wilde, Ein idealer Gatte

Das Leben ist zu einem Zehntel so,
wie man es sich macht, und zu
neun Zehnteln so, wie man es nimmt.

Verfasser unbekannt

Die ungeschriebenen Gesetze des Lebens

Alles kommt zu dem, der es nicht braucht.

französisches Sprichwort

Es ist ein Gesetz im Leben:
Wenn sich eine Tür schließt,
öffnet sich dafür eine andere.

André Gide

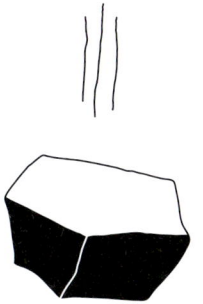

Wenn dir ein Fels vom Herzen fällt,
so fällt er auf den Fuß dir prompt!
So ist es nun mal auf der Welt:
ein Kummer geht, ein Kummer kommt ...

Heinz Erhardt, Der Fels, Das große Heinz-Erhardt-Buch

Es ist eine komische Sache mit dem Leben;
wenn wir nur das Beste akzeptieren,
dann bekommen wir es sehr oft!

William Somerset Maugham

Die wesentlichen Dinge des Lebens kommen
nicht aus uns selbst, sondern auf uns zu.

Verfasser unbekannt

Vorhersehung und Bestimmung

Es kann passieren, was will:
Es gibt immer einen, der es kommen sah.

Fernandel

Ich kann nicht voraussehen,
aber ich kann zu etwas den Grund legen.

Antoine de Saint-Exupéry, Flug nach Arras

Hartnäckige Übellaunigkeit ist ein
klares Symptom dafür, dass ein Mensch
gegen seine Bestimmung lebt.

José Ortega y Gasset

Wenn man es genau betrachtet, so wird jede,
auch nur die geringste Fähigkeit uns angeboren.

Johann Wolfgang von Goethe, Wilhelm Meisters Lehrjahre

Vorhersagen sind schwierig,
besonders wenn sie die Zukunft betreffen.

Mark Twain

Man muss das Beste daraus machen

Ein frei denkender Mensch bleibt nicht da stehen,
wo der Zufall ihn hinstößt.

Heinrich von Kleist, Brief an Ulrike von Kleist, Mai 1799

Siehe zuerst, was du bist und was du hast
und was du kannst und weißt,
ehe du bedenkst, was du nicht bist,
nicht hast, nicht weißt und nicht kannst.

Johann Caspar Lavater, zitiert in: Chrismon 01/2008

Gott gebe mir die Gelassenheit,
die Dinge hinzunehmen,
die ich nicht ändern kann,
den Mut, die Dinge zu ändern,
die ich ändern kann,
und die Weisheit,
das eine vom anderen zu unterscheiden.

Reinhold Niebuhr

Die Astrologie ist eine
Form von Aberglauben,
die sich anmaßt,
Gott in die Karten zu schauen.
Hoimar von Ditfurth

Mit Würde auf
der Welt zu sein heißt,
jeden Tag sein Horoskop
zu korrigieren.

Umberto Eco, Das Foucaultsche Pendel

Wahrsagen
kann jeder.
Die Frage ist,
ob man recht behält.
Roberto Benigni

Über den Aberglauben

Je weniger Aberglaube,
desto weniger Fanatismus,
und je weniger Fanatismus,
desto weniger Unheil.

Voltaire, Philosophisches Wörterbuch

Eigentlich ergreift der Aberglaube
nur falsche Mittel,
um ein wahres Bedürfnis zu befriedigen.

Johann Wolfgang von Goethe, Farbenlehre

Im Prinzip bin ich ja wirklich nicht abergläubisch,
aber wenn wir heute tatsächlich
Freitag den 13. haben,
komme ich doch lieber ein andermal wieder.

Alexander Puschkin

Ob eine schwarze Katze
Glück oder Unglück bringt,
hängt davon ab, ob man
eine Maus oder ein Mensch ist.

Max O'Rell

Mit dem Aberglauben ist es auch so eine Sache.
Ich habe noch keinen Menschen getroffen,
der sein 13. Monatsgehalt zurückgegeben hat.

Fritz Muliar

Aberglaube ist immer noch
etwas Besseres als Unglaube.

Johann Nepomuk Nestroy, Höllenangst

Schicksalsschläge und Katastrophen

Im Glück sagt sich der Lebenskünstler, dass es
kaum besser hätte kommen können.
Im Unglück sagt er sich, dass es
noch schlimmer hätte kommen können.

Paul Hörbiger

Keulen sind als Vernichtungswerkzeuge
etwas aus der Mode.
Aber das Schicksal bedient sich ihrer noch.

Heinz Rühmann

Schicksalsschläge lassen sich ertragen –
sie kommen von außen, sind zufällig.
Aber durch eigene Schuld leiden –
darin liegt der Schmerz des Lebens.

Oscar Wilde, Lady Windermeres Fächer

Jedes Mal, wenn du das Abwendbare
abgewendet hast, geschieht
das Unabwendbare.

Kaiserin Elisabeth von Österreich-Ungarn (Sisi)

Ist alles relativ?

Was manchem Menschen als Himmel erscheint,
ist für andere die Hölle.

Ralph Waldo Emerson

Menschen, denen niemals etwas zugestoßen ist,
können nicht verstehen, dass
manche Geschehnisse unwichtig sind.

T. S. Eliot

KAISERIN ELISABETH (1837–98)

Das Leben der als Sisi bekannten Kaiserin bietet reichlich Stoff für Geschichten. Schönheits- und Diätwahn, sportlicher Ehrgeiz, Reiselust und Unabhängigkeit – vor allem aber ihr von Schicksalsschlägen gezeichnetes Leben – umgeben Kaiserin Elisabeth mit einer Aura des Geheimnisvollen. Die kränkliche Sisi floh ab 1860 immer wieder aus der für sie unerträglichen Enge des Wiener Hofs ins Ausland. Es war eine Odyssee, die sie bis zu ihrem Tod fortführen sollte. 1898 inkognito in Genf unterwegs, wurde sie von dem italienischen Anarchisten Luigi Lucheni erstochen.

> Man ist niemals so glücklich oder
> so unglücklich, wie man glaubt.
>
> François de La Rochefoucauld, Maximen und Reflexionen

> Es ist merkwürdig, wie fern ein Unglück ist,
> wenn es uns nicht betrifft.
>
> John Steinbeck

> Du weißt nicht, wie schwer die Last ist,
> die du nicht trägst.
>
> afrikanisches Sprichwort

Kleine und große Probleme

> In jedem kleinen Problem steckt ein großes,
> das gern rausmöchte.
>
> Edward Aloysius Murphy

> Es gibt keine einfachen Lösungen
> für sehr komplizierte Probleme.
> Man muss den Faden geduldig entwirren,
> damit er nicht reißt.
>
> Michail Gorbatschow

> Wenn du ein Problem hast,
> versuche es zu lösen.
> Kannst du es nicht lösen,
> dann mache kein Problem daraus.
>
> Siddhartha Gautama (Buddha)

> Das Schlimme ist, dass wir die einfachsten Fragen
> mit Tricks zu lösen versuchen, darum
> machen wir sie auch so ungewöhnlich kompliziert.
> Man muss nach einfachen Lösungen suchen.
>
> Anton Tschechow, Notizbücher

Houston, we have a problem.

Jack Swigert

Die Meldung aus der Apollo 13 an Houston am 13. April 1970 lautete nicht wie oft zitiert „Houston, we have a problem" – Jack Swigert meldete der Bodenstation: „Okay, Houston, we've had a problem here." Die Nachricht an die NASA-Zentrale war sehr untertrieben formuliert, denn an Bord war die Sauerstoffversorgung zusammen-gebrochen. Reserveakkus lieferten noch maximal Energie für zehn Stunden – zu wenig, um die Erde lebend zu erreichen. Mit dem Bodenpersonal und vielen Wissen-schaftlern gelang den Astronauten das scheinbar Unmögliche: Nach 142 Stunden und einem Umstieg in die Mondlandefähre kamen sie wohlbehalten zurück.

Krisen und Niederlagen gehören zum Leben

Äußere Krisen bedeuten die große Chance,
sich zu besinnen.

Viktor E. Frankl

In der Krise beweist sich der Charakter.

Helmut Schmidt

Jede Krise hat nicht nur ihre Gefahren,
sondern auch ihre Möglichkeiten.

Martin Luther King

Krise kann ein produktiver Zustand sein.
Man muss ihr nur den Beigeschmack
der Katastrophe nehmen.

Max Frisch

Von den Chinesen könnten wir einiges lernen.
Man hat mir gesagt, sie hätten ein und dasselbe
Schriftzeichen für die Krise und für die Chance.

Richard von Weizsäcker

Niederlagen sind das Stärkendste,
was einem widerfahren kann.

Tony Benn

Wie oft sind es erst die Ruinen,
die den Blick freigeben auf den Himmel.

Viktor E. Frankl, Der Seele Heimat ist der Sinn

Aus Niederlagen lernt man leicht.
Schwieriger ist es, aus Siegen zu lernen.

Gustav Stresemann

Wünsche zur Genesung und zu glücklichen Fügungen

Es geht wieder aufwärts!

Drei Wochen war
der Frosch so krank,
jetzt raucht er wieder,
Gott sei Dank.

Wilhelm Busch,
Münchener Bilderbogen

* * *

Genesung ist,
wenn man wieder
alles zu sich nehmen kann,
was einem nicht bekommt.

Verfasser unbekannt

* * *

Gesundheit: Immer auf die
Signale deines Körpers hören.
Wenn's im Ohr pfeift,
dann den Teekessel von
der Herdplatte nehmen.

Elmar Hörig

* * *

Zerbrecht das Thermometer,
dann sind wir das Fieber los!

Hans Peter Linss

Lachen ist Medizin!

Gegen all Eure Leiden
verschreibe ich euch Lachen.

François Rabelais

* * *

Das Lachen ist der Lebenskraft
zuträglich, denn es fördert
die Verdauung.

Immanuel Kant

* * *

Lachen ist eine
großartige Medizin,
und sie hat nur
positive Nebenwirkungen.

Sam Ewing, Mature Living, Juli 1998

* * *

Der Himmel hat den
Menschen als Gegengewicht
gegen die Mühseligkeit
des Lebens drei Dinge gegeben:
die Hoffnung,
den Schlaf und
das Lachen.

Immanuel Kant

Na also … doch noch alles gut gegangen!

Gott kommt nicht,
wenn wir es möchten,
aber er kommt rechtzeitig.

Tennessee Williams

* * *

Was den Menschen
unmöglich ist, das kann
Gott möglich machen.

Die Bibel, Lukas 18,27

* * *

Bedeutende Erfolge
sind auch die Ergebnisse
überwundener Krisen.

Hans Arndt, Im Visier, Leuchtspuren

* * *

Zur Macht des Glücks
bekennen sich nur
die Unglücklichen, denn
die Glücklichen führen
alle ihre Erfolge auf Klugheit
und Tüchtigkeit zurück.

Jonathan Swift

* * *

Das Schicksal weiß immer
das Beste für uns.

Max Dauthendey

Für den Neuanfang!

Verzage nicht an der eigenen
Kraft. Dein Herz ist reich
genug, sich selber zu beleben.

Friedrich Schiller, Wallenstein

* * *

Was die Raupe
„Ende der Welt" nennt,
nennt der Rest der Welt
„Schmetterling".

Laotse

* * *

Man sieht die Blumen welken
und die Blätter fallen, aber
man sieht auch Früchte reifen
und neue Knospen keimen.

Johann Wolfgang von Goethe,
Wilhelm Meisters Wanderjahre

* * *

Erfahrung ist nicht das,
was einem zustößt.
Erfahrung ist das,
was man aus dem macht,
was einem zustößt.

Aldous Leonard Huxley

* * *

Wir müssen oft neu anfangen,
aber nur selten von vorne.

Ernst Ferstl

**HIPPOKRATES VON KOS
(460–370 v. Chr.)**

Der Grieche Hippokrates gilt als bedeutendster Arzt der Antike. Nach ihm ensteht Krankheit durch ein Ungleichgewicht der Körperflüssigkeiten. Gesundheit wird durch die Mobilisierung der natürlichen Heilkräfte des Körpers hergestellt. Bei der Diagnose bezog Hippokrates erstmals Lebensweise und Lebensumstände wie den Beruf des Kranken mit ein. Seine Erkenntnis, dass eine Krankheit bei jedem Patienten anders verläuft, bezeichnet man als Hippokratismus.

Lässt Schicksal sich beeinflussen?

Das Einzige, was du auf der Welt verändern kannst, ist die Lage deines Kopfkissens.
Gabriel García Márquez

Du bist heute,
was du gestern gedacht hast.
Siddhartha Gautama (Buddha)

Nicht was wir erleben, sondern wie wir empfinden, was wir erleben, macht unser Schicksal aus.
Marie von Ebner-Eschenbach, Aphorismen

Achte auf deine Gedanken,
denn sie werden Worte.
Achte auf deine Worte,
denn sie werden Handlungen.
Achte auf deine Handlungen,
denn sie werden Gewohnheiten.
Achte auf deine Gewohnheiten,
denn sie werden dein Charakter.
Achte auf deinen Charakter,
denn er wird dein Schicksal.
aus dem Talmud

Wenn man krank wird

Man muss die Krankheiten gewähren lassen.
Michel de Montaigne, Essais

Nicht der Arzt heilt die Krankheit,
sondern der Körper heilt die Krankheit.
Hippokrates

Wer aber seine Krankheit nicht offenbart,
kann auch kaum Heilung davon finden.

Marie de France, Die Lais

Wer nur dann Zuwendung erhält,
wenn er krank ist, wird krank.

Gehard Kocher, Vorsicht, Medizin!

Krankheit lässt den Wert
der Gesundheit erkennen.

Heraklit

Wie Krankheit die Dimension des Ichs vergrößert!

Charles Lamb, Essays

Vom Sinn der Krankheit

Jede Krankheit hat ihren besonderen Sinn,
denn jede Krankheit ist eine Reinigung;
man muss nur herausbekommen, wovon.

Christian Morgenstern, Stufen

Man muss eine schwere Krankheit
durchmachen, um zu erkennen,
worin das Leben besteht:
Je schwächer der Leib,
umso stärker die geistige Aktivität.

Leo Tolstoi

Ich glaube, dass Krankheiten Schlüssel sind,
die uns gewisse Tore öffnen können.
Denn es gibt gewisse Tore,
die nur die Krankheit öffnen kann.

André Gide

Auch eine Krankheit hat ihren Lohn:
die reine Freude am Dasein, am Dasein selbst,
nicht an einer Einzelheit desselben.

Christian Friedrich Hebbel

Krankheiten, besonders langwierige, sind Lehrjahre
der Lebenskunst und der Gemütsbildung.

Novalis

Manch einem wird Krankheit zum Segen
und Gesundheit zum Schaden.
Gott weiß schon, was uns vorwärtsbringt.

Augustinus

Nicht aufgeben – Leben verlangt Mut!

Wir müssen immerfort Deiche des Mutes bauen
gegen die Flut der Furcht.

Martin Luther King

Mut ist, wenn man Todesangst hat,
aber sich trotzdem in den Sattel schwingt.

John Wayne

Selbst denken ist der höchste Mut. Wer wagt,
selbst zu denken, der wird auch selbst handeln.

Bettina von Arnim

Weiche dem Unheil nicht;
noch mutiger geh ihm entgegen!

Vergil, Aeneis

Der beste Weg heraus ist immer mittendurch.

Robert Frost

> ## Ich will dem Schicksal in den Rachen greifen.

Ludwig van Beethoven

Als Beethoven 1801 diese Worte in einem Brief an Franz Gerhard Wegeler schrieb, litt er bereits unter einer zunehmenden Hörschwäche, die schließlich zur Taubheit führen sollte … die Katastrophe für einen Musiker! Beethoven schien das sich ankündigende Schicksal – mit allen Konsequenzen – annehmen zu wollen. Zu diesem Zeitpunkt schöpfte er jedoch aus einer neuen Liebe Lebensmut und Schaffenskraft: „Ich will dem Schicksal in den Rachen greifen, ganz niederbeugen soll es mich gewiss nicht. Oh, es ist so schön, das Leben tausendmal leben!"

Die beiden Frösche VON ÄSOP

Zwei Frösche, deren Tümpel die Sommersonne ausgetrocknet hatte, gingen auf die Wanderschaft. Gegen Abend kamen sie in die Kammer eines Bauernhofs und fanden eine Schüssel Milch vor, die zum Abrahmen aufgestellt worden war. Sie hüpften sogleich hinein und ließen es sich schmecken. Als sie ihren Durst gestillt hatten und wieder ins Freie wollten, konnten sie es nicht: Die glatte Wand der Schüssel war nicht zu bezwingen, sie rutschten immer wieder in die Milch zurück. Viele Stunden mühten sie sich vergebens, und ihre Schenkel wurden immer matter. Da quakte der eine Frosch: „Alles Strampeln ist umsonst, das Schicksal ist gegen uns, ich geb's auf!"
Er machte keine Bewegung mehr und ertrank.
Sein Gefährte kämpfte verzweifelt weiter bis in die Nacht hinein. Da fühlte er den ersten Butterbrocken unter seinen Füßen. Er stieß sich mit letzter Kraft ab und war frei.

Keiner weiß, was morgen sein wird, deshalb
darf man sich heute nicht aufgeben.

Verfasser unbekannt

In den Stürmen des Lebens bedarf der Mensch
drei Dinge, um als Sieger einzugehen
in den Hafen des Friedens: Mut im Unglück,
Demut im Glück, Edelmut zu allen Zeiten.

Wilhelm Förster

Das Wesen der kleinen und großen Dinge

Willst du dich am Ganzen erquicken,
so musst du das Ganze im Kleinen erblicken.

Johann Wolfgang von Goethe, Gedankensplitter

Es ist schon lange einer meiner Grundsätze, dass die
kleinsten Dinge bei Weitem die Wichtigsten sind.

Sir Arthur Conan Doyle, Sherlock Holmes, Eine Frage der Identität

Auch das kleinste Ding
hat seine Wurzel in der Unendlichkeit,
ist also nicht völlig zu ergründen.

Wilhelm Busch, Spruchweisheiten und Gedichte

Je länger man lebt, desto deutlicher sieht man, dass
die einfachen Dinge die wahrhaft größten sind.

Romano Guardini

Das Wesen der Dinge hat die Angewohnheit,
sich zu verbergen.

Heraklit

Wer weiß, wofür etwas gut ist?

Wie alles sich zum Ganzen webt,
eins in dem andern wirkt und lebt!

Johann Wolfgang von Goethe, Faust I

Auch eine Enttäuschung, wenn sie nur gründlich
und endgültig ist, bedeutet einen Schritt vorwärts.

Max Planck

Bereit sein ist viel;
warten können ist mehr.
Doch erst den rechten Augenblick nutzen,
das ist alles.

Arthur Schnitzler, Buch der Sprüche und Bedenken

Wer kann wissen, was sich alles
an einen Lebenspunkt anschließt?

Johann Wolfgang von Goethe,
an Carl Friedrich Zelter, am 12. August 1826

Rätsel und Geheimnisse

Die Lösung des Rätsels des Lebens
in Raum und Zeit liegt außerhalb
von Raum und Zeit.

Ludwig Wittgenstein, Tractatus logico-philosophicus

Die Rätsel Gottes sind befriedigender
als die Lösungen der Menschen.

Gilbert Keith Chesterton

Die schönste Erfahrung, die wir haben können,
ist die des Geheimnisvollen.

Albert Einstein

Folgen eines Unfalls

Der spätere französische Staatsmann und Diplomat Charles Maurice de Talleyrand (1754 bis 1838) war noch ein Säugling, als ihn seine Amme versehentlich fallen ließ. Die Folgen waren einschneidend: Er wurde schwer verletzt, sodass er sein Leben lang hinkte. Dadurch verlor er als ältester Sohn einer bedeutenden Adelsfamilie sein Erstgeburtsrecht und musste auf die vorgezeichnete Karriere verzichten. Doch unerwartet gut fand er seinen Weg: Er wurde zuerst Geistlicher, wandte sich der Politik zu und galt bald als einflussreichster Diplomat Europas.

Keiner von uns weiß, was Gott Menschen gibt.
Es ist für uns verborgen und soll es bleiben.
Manchmal dürfen wir ein wenig davon sehen,
um nicht mutlos zu werden.
Das Wirken der Kraft ist geheimnisvoll.

Albert Schweitzer

Das Geheimnis der kleinsten natürlichen Freuden
geht über die Vernunft hinaus.

Luc de Vauvenargues

Wir tappen alle in Geheimnissen
und Wundern.

Johann Wolfgang von Goethe

Von den Wundern

Es gibt Wunder, von denen man
besser schweigt. Man tut sogar besser daran,
nicht zuviel an sie zu denken.

Antoine de Saint-Exupéry, Wind, Sand und Sterne

Es geschehen noch Zeichen und Wunder.

Die Bibel, 2. Buch Moses 7,3

Wenn man schon nicht mehr daran glaubt, dass etwas noch jemals eintreffen könnte, dann kommt dieser Ausruf gerade recht. Die „Zeichen und Wunder" stammen aus dem Alten Testament und tauchen dort mehrfach auf, unter anderem im 2. Buch Moses 7,3: „… dass ich meiner Zeichen und Wunder viel tue in Ägyptenland". Berühmt wurden diese Worte auch durch Friedrich Schillers „Kapuzinerpredigt" in seinem Drama „Wallenstein" (1798). Dort heißt es: „Es ist eine Zeit der Tränen und Not, am Himmel geschehen Zeichen und Wunder."

Wunder stehen nicht im Gegensatz zur Natur,
sondern nur im Gegensatz zu dem,
was wir über die Natur wissen.

Augustinus

Der Mensch gewöhnt sich rasch an die Wunder,
die er selbst vollbringt.

François Mauriac

Das Wunder ist das einzig Reale.

Christian Morgenstern, Aphorismen – Weltbild (Tagebuch 1906)

Jeder muss sich das Wunder seines Lebens
stets aufs Neue erwirken.

Adalbert Stifter

Der Mensch verlangt nicht so sehr
nach Gott als nach dem Wunder.

Fjodor Dostojewski

Das Wunder ist des Augenblicks Geschöpf.

Johann Wolfgang von Goethe, Die natürliche Tochter

Was plötzlich kommt,
hat stets des Wunders Kraft.

Ernst Raupach

Wie wenig Lärm machen die wirklichen Wunder.

Antoine de Saint-Exupéry, Brief an eine Geisel (1943)

Wunder geschehen plötzlich. Sie lassen sich
nicht herbeiwünschen, sondern kommen
ungerufen, meist in den unwahrscheinlichsten
Augenblicken, und widerfahren denen,
die am wenigsten damit gerechnet haben.

Georg Christoph Lichtenberg

Wunder sehen,
hören und erleben …

Es gibt kein Wunder für den,
der sich nicht wundern kann.

Marie von Ebner-Eschenbach, Aphorismen

Nicht müde werden, sondern
dem Wunder leise wie einem Vogel
die Hand hinhalten.

Hilde Domin, Nicht müde werden

Ich glaube nicht an Wunder.

Ich habe ihrer zu viele gesehen.

Oscar Wilde, Salomé

Die wahre Lebensweisheit besteht darin,
im Alltäglichen das Wunderbare zu sehen.

Pearl S. Buck

Wer nicht an Wunder glaubt, ist kein Realist.

David Ben Gurion

An Wundern ist niemals Mangel in dieser Welt,
sondern nur am Sich-wundern-Können.

Gilbert Keith Chesterton

Alles in der Welt ist merkwürdig und
wunderbar für ein paar wohlgeöffnete Augen.

José Ortega y Gasset

Selbstaufopferung ist das wirkliche Wunder,
aus dem alle anderen Wunder entspringen.

Ralph Waldo Emerson

Trauer, Trost und Hoffnung

Tröstende Worte in Zeiten der Trauer – wer würde diese nicht manchmal suchen? Oder auch den in hoffnungsvolle Worte gefassten Silberstreif am Horizont …

Über das Leid

Das Leben hält in seiner einen Hand
den goldenen Königsreif des Glücks,
in der anderen die Dornenkrone des Leids.
Seinen Lieblingen reicht es beide.

Ellen Key

Geburt ist Leiden, Alter ist Leiden,
Krankheit ist Leiden,
mit Ungeliebten vereint sein,
von Geliebten getrennt sein,
nicht erreichen, was man begehrt –
all das ist Leiden.

Siddharta Gautama (Buddha)

Die zwei Feinde
des menschlichen Glücks
heißen Leid und Langeweile.

Arthur Schopenhauer, Aphorismen zur Lebensweisheit

Ist die Welt voller Leid,
so ist sie doch auch voller Beispiele
für dessen Überwindung.

Helen Keller

Denken Sie nur nicht die Leiden
zu groß und die Freuden zu gering.
Der Himmel nimmt einem nichts,
ohne es unermesslich zu vergelten.

Edith Stein

Ungeduld begleitet wahre Leiden.

William Shakespeare, Heinrich VI.

Dem Leide aus dem Weg gehen zu wollen
heißt, sich einem wesentlichen Teil
des menschlichen Lebens zu entziehen.

Konrad Lorenz

Wo das Leid ist,
da kommen auch leicht
die Liebe und der Glaube.

Peter Rosegger, Erdsegen

Wir werden von einem Leiden nur geheilt,
indem wir es bis zum Letzten auskosten.

Marcel Proust, Auf der Suche nach der verlorenen Zeit

Anteilnahme und Mitgefühl

Nur wenn wir an den Sorgen anderer
teilnehmen, bleiben wir menschlich.

Nadja Tiller

Mitgefühl und Liebe sind
wertvolle Dinge im Leben.
Sie sind nicht kompliziert.
Sie sind einfach, aber sie sind
schwierig zu praktizieren.

Tenzin Gyatso, XIV. Dalai-Lama, Ansprache 1981

Das Mitleid ist die Grundlage der Moral.

Arthur Schopenhauer, Grundlage der Moral

Fühle mit allem Leid der Welt, aber richte
deine Kräfte nicht dorthin, wo du machtlos bist,
sondern zum Nächsten, dem du helfen,
den du lieben und erfreuen kannst.

Hermann Hesse

DALAI-LAMA (* 1935)
Der jetzige XIV. Dalai-Lama
mit dem Mönchsnamen Tenzin
Gyatso, Friedensnobelpreisträger
und bedeutende Figur der Welt-
politik, erinnert immer wieder
an die zentrale Bedeutung des
Mitgefühls: „Mitgefühl ist das
Wertvollste in unserem Leben.
Religion kommt erst später ...
freiwilliges Mitgefühl benötigt
ein starkes Selbstvertrauen.
Wer sich selbst nicht schätzt, tut
sich schwer, aktives Mitgefühl
auszuüben." Seit 1578 ist der
Dalai-Lama (Mongolisch:
ozeangleicher Lehrer) kultisch-
religiöses Oberhaupt des
Vajrayana-Buddhismus, der vor
allem in Tibet praktiziert wird.

Mit Kummer, Verzweiflung und Sorge umgehen

Wenn du recht schwer betrübt bist,
dass du meinst, kein Mensch auf der Welt
könnte dich trösten,
so tue jemandem etwas Gutes,
und gleich wird's besser.

Peter Rosegger

Wir kommen nie aus den Traurigkeiten heraus,

wenn wir uns ständig den Puls fühlen.

Martin Luther, Warnung an seine lieben Deutschen

Fünf Heilmittel gegen
Schmerzen und Traurigkeit:
Tränen,
das Mitleid der Freunde,
der Wahrheit ins Auge sehn,
schlafen,
baden.

Thomas von Aquin

Wer mit dem Geist der Traurigkeit geplagt wird,
der soll aufs Höchste sich hüten und vorsehen,
dass er nicht allein sei.

Martin Luther, Deutsche Schriften

Dass die Vögel der Sorge und des Kummers
über deinem Haupte fliegen,
kannst du nicht verhindern.
Aber dass sie Nester in deinen Haaren bauen,
das kannst du verhindern.

aus China

Freud und Leid reichen einander die Hand –
manche Tage sind schwarz
und voller Trübsal,
und sie können kommen,
wenn man es am wenigsten erwartet.

Astrid Lindgren, Ferien auf Saltkrokan

Traurigkeit ist
nicht ungesund –
sie hindert uns,
abzustumpfen.

George Sand, Briefe,
an Gustave Flaubert

Nichts ist so traurig,
dass nicht auch irgendetwas
Erfreuliches dabei wäre,
und umgekehrt nichts
so schön, dass nicht
irgendein Mangel
daran haftete.

Francesco Guicciardini, Ricordi

Traurigkeit ist
etwas Natürliches.
Es ist wohl ein
Atemholen zur Freude.

Paula Modersohn-Becker

Wenn die Träne ein Heilmittel des Leidens wäre
und den Weinenden vom Leid befreite, dann
würden wir gern Gold umtauschen gegen Tränen.
Philemon, Fragmente

Die Sorge treibt mich ins Gebet hinein
und dieses wieder aus der Sorge hinaus.
Ulrich Zwingli

Es verliert die schwerste Bürde
die Hälfte ihres Druckes,
wenn man von ihr reden kann.
Jeremias Gotthelf

Arbeit ist das beste Mittel gegen Verzweiflung.
Sir Arthur Conan Doyle, Sherlock Holme, Das leere Haus

Ich weine wohl oft bittre, bittre Tränen,
aber eben diese Tränen sind es,
die mich erhalten.
Susette Gontard, Briefe, an Friedrich Hölderlin, Januar 1799

Von der Geduld

Ich lerne es täglich, lerne es
unter Schmerzen, denen ich dankbar bin:
Geduld ist alles!
Rainer Maria Rilke, Briefe an einen jungen Dichter

Jedes Werden in der Natur, im Menschen,
in der Liebe muss abwarten, geduldig sein,
bis seine Zeit zum Blühen kommt.
Dietrich Bonhoeffer

Versuche nicht, Stufen zu überspringen.
Wer einen weiten Weg hat, läuft nicht.

Paula Modersohn-Becker

Geduld ist die Kunst zu hoffen.

Luc de Vauvenargues, Reflexionen und Maximen

Du kannst noch so oft an der Olive zupfen.
Sie wird deshalb nicht eher reif.

toskanisches Sprichwort

Hab Geduld. Alle Dinge sind schwierig,
bevor sie leicht werden.

französisches Sprichwort

Ist man in kleinen Dingen nicht geduldig,
bringt man die großen Vorhaben zum Scheitern.

Konfuzius

Kein Sonnenstrahl geht verloren.
Aber das Grün, das er weckt,
braucht Zeit zum Sprießen.

Albert Schweitzer

Wie arm sind die, die nicht Geduld besitzen.
Wie heilten Wunden als nur nach und nach?

William Shakespeare, Othello

Geduld ist alles!

In der chinesischen Provinz Fujian lebte einst ein Mann, der sich nichts sehnlicher wünschte, als dass sein Reis schneller wachsen würde. Täglich wurde er ungeduldiger. Schließlich lief er ins Feld und zog die Setzlinge einzeln ein Stück aus dem Boden. Am Abend war er erschöpft. „Ich habe hart gearbeitet. Aber es hat sich gelohnt: Der Reis steht schon etwas höher." Tags darauf aber boten die Setzlinge einen traurigen Anblick: Weil der Mann sie aus dem Boden gezogen hatte, waren sie alle verwelkt.

Vom Trost der Zeit

Man säe nur, man erntet mit der Zeit.

Johann Wolfgang von Goethe, Faust II

Der Gedanke an die Vergänglichkeit aller
irdischen Dinge ist ein Quell unendlichen Leids –
und ein Quell unendlichen Trostes.

Marie von Ebner-Eschenbach, Aphorismen

Mit den Flügeln der Zeit
fliegt die Traurigkeit davon.

Jean de La Fontaine, Fabeln

Gereiche es dir zum Trost, dass, wie ein Bild,
alles Schöne und Gute, bis es anerkannt wird,
erst nachdunkeln muss.

Karl Gutzkow, Vom Baum der Erkenntnis

Gott hat der Zeit befohlen.
die Unglücklichen zu trösten.

Joseph Joubert

Des Menschen Engel ist die Zeit.

Friedrich Schiller, Wallensteins Tod

Diesen Satz sagt in Schillers Drama „Wallenstein" Generallieutenant Octavio Piccolomini. Er ist nicht unschuldig an der Ermordung Wallensteins durch den Oberst Buttler, doch bedauert er, dass dieser die Tat umgehend ausgeführt hat: „Musst es so rasch gehorcht sein? Konntest du dem Gnädigen nicht Zeit zur Gnade gönnen? Des Menschen Engel ist die Zeit, die rasche Vollstreckung an das Urteil anzuheften, ziemt nur dem unveränderlichen Gott." Neben der Warnung, bei wichtigen Entscheidungen nichts zu überstürzen, beinhaltet die Redewendung den Trost, dass schlimme Ereignisse mit der Zeit ihren Schrecken verlieren.

Immer ist irgendwo Abschied

Leben muss man ein Leben lang lernen,
und, darüber wirst du dich vielleicht
am meisten wundern:
Ein Leben lang muss man sterben lernen.

Seneca d. J., Von der Kürze des Lebens

Irgendwo blüht die Blume des Abschieds
und streut immerfort Blütenstaub,
den wir atmen, herüber;
auch noch im kommensten Wind
atmen wir Abschied.

Rainer Maria Rilke, Muzot, Oktober 1924

Rasche Abschiede sind unliebevoll,

und lange sind unerträglich.

Robert Walser, Jakob von Gunten, Ein Tagebuch

Beim Abschiednehmen kommt ein Augenblick,
in dem man die Trauer so stark vorausfühlt,
dass der geliebte Mensch
schon nicht mehr bei einem ist.

Gustave Flaubert, November

Das Leben ist ein beständiges Abschiednehmen.
Jeden Abend nimmt man von einem Tage Abschied,
oft mit einem Seufzer der Erleichterung,
aber oft auch mit Schmerz.

Ricarda Huch, Schlussworte auf dem 1. Deutschen Schriftstellerkongress

Sei allem Abschied voran, als wäre er hinter dir.

Rainer Maria Rilke, Die Sonette an Orpheus

Die Summe des Lebens

Das ist der glücklichste Mensch,
der das Ende seines Lebens mit dem Anfang
in Verbindung setzen kann.

Johann Wolfgang von Goethe, Maximen und Reflexionen

Weinend kommen wir auf die Welt,
während alle um uns herum lächeln.
Wir sollten so leben, dass wir
lächelnd aus der Welt scheiden,
während alle um uns herum weinen.

persisches Sprichwort

Ich fühle, dass Kleinigkeiten
die Summe des Lebens ausmachen.

Charles Dickens, David Copperfield

Das Leben ist wie ein Theaterstück.
Zuerst spielt man die Hauptrolle,
dann eine Nebenrolle,
dann soufliert man den anderen,
und schließlich sieht man zu,
wie der Vorhang fällt.

Sir Winston Churchill

Nicht der hat am meisten gelebt,
der die meisten Jahre zählt,
sondern der, der das Leben
am meisten empfunden hat.

Jean-Jacques Rousseau, Émile

Wer nicht mehr liebt und nicht mehr irrt,
der lasse sich begraben.

Johann Wolfgang von Goethe, Das Beste

Der Fuchs im Weingarten

AUS DEM MIDRASCH
KOHELET 5,21

Ein Fuchs kam vor einen dicht umzäunten Weingarten, in den er nicht gelangen konnte. Endlich entdeckte er eine Öffnung im Zaune, die aber zu eng für ihn war, um durchzuschlüpfen. Er fastete daher drei Tage lang, bis er magerer wurde und in den Garten drang; hier aß er sich aber so voll, dass er vor Beleibtheit nicht wieder durch die Öffnung ins Freie kommen konnte. Er fastete deshalb abermals drei Tage, bis er so mager war wie zuvor und aus dem Garten entkam. Außerhalb des Gartens rief er aber, auf ihn zurückblickend: „Weinberg, Weinberg! Wie köstlich bist du, wie köstlich deine Frucht, wie herrlich alles, was du enthältst. Aber welchen Nutzen hatte ich von dir?" Ebenso geht der Mensch nackt aus dieser Welt, wie er in sie gekommen.

Mitten unter uns – der Tod

Es ist unser Irrtum, dass wir den Tod
in der Zukunft erwarten.
Er ist zum großen Teil schon vorüber.
Was von unserem Leben hinter uns liegt,
hat der Tod.

Seneca d. J.

Das Leben ist nur ein Moment,
der Tod ist auch nur einer!

Friedrich Schiller, Maria Stuart

Man kann heutzutage alles überleben –
außer den Tod.

Oscar Wilde, Das Bildnis des Dorian Gray

Der Tod begleitet das Leben
wie der Schatten das Licht.

Rafik Schami, Der ehrliche Lügner

Der Tod dauert das ganze Leben
und hört vermutlich auf,
wenn er eintritt.

aus dem Film „Bandits" von Katja von Garnier

Wahrscheinlich ist keine Menschheit
je dem Tode gegenüber so ratlos gewesen
wie die heutige.

Carl Friedrich von Weizsäcker, Von Deutschland aus

Rasch tritt der Tod den Menschen an;
es ist ihm keine Frist gegeben.

Friedrich Schiller, Wilhelm Tell

Die Angst vor dem Tod

Nicht den Tod fürchten wir,
sondern die Vorstellung des Todes.

Seneca d. J., Moralische Briefe an Lucilius

Wenn wir das Leben lieben,
sollten wir den Tod nicht fürchten,
denn er kommt aus derselben Hand.

Michelangelo Buonarroti

Die meisten Menschen haben Angst
vor dem Tod, weil sie nicht genug
aus ihrem Leben gemacht haben.

Sir Peter Ustinov

Die Angst vor dem Tod ist eine unbestreitbare
Tatsache. Aber ebenso unbestreitbar ist,
dass diese Angst, und mag sie noch so groß sein,
noch nie stark genug war, um die Leidenschaft
der Menschen einzudämmen.

Albert Camus, Betrachtungen zur Todesstrafe

Nicht den Tod sollte man fürchten, sondern
dass man nie beginnen wird, zu leben.

Mark Aurel

Ich bin bereit, meinem Schöpfer gegenüberzutreten.
Ob mein Schöpfer bereit ist, diese Begegnung
über sich ergehen zu lassen, ist eine andere Sache.

Sir Winston Churchill

Ich habe keine Angst vor dem Tod,
ich möchte nur nicht dabei sein,
wenn's passiert.

Woody Allen

**SENECA D. J.
(um 1 v. Chr. – 65 n. Chr.)**
Den Tod fürchtete er nicht. Als
der spätere Kaiser Nero dem
Philosophen und Staatsmann die
Selbsttötung befahl, kam Seneca
ohne Zögern dem Befehl nach,
indem er sich die Pulsadern öffnete
und einen Schierlingsbecher leerte.
Seine philosophische Ausrichtung
als Stoiker hatte ihm den Weg
gewiesen, damit umzugehen: „Ich
werde vor dem letzten Augenblick
nicht zittern, ich bin bereit, ich
rechne nie mit einem ganzen Tag,
den ich noch zu leben hätte."

**KONFUZIUS
(551–479 v. Chr.)**

Konfuzius, über dessen Leben
wenig bekannt ist, gilt als einer
der bedeutendsten Philosophen
Chinas. Zentrale Themen seiner
Lehre sind das Ideal des „Edlen",
eines moralisch einwandfreien
Menschen, und die Ordnung
der Welt, die durch Achtung vor
anderen und durch die Verehrung der Ahnen zu erreichen ist.
Der Konfuzianismus geht vom
Weiterleben der Seele nach dem
Tod aus. Ein strenger Ahnenkult
ist Pflicht. Mithilfe von Riten
kann die Familie mit dem Geist
eines Verstorbenen kommunizie-
ren und ihn somit in die Welt
der Lebenden zurückrufen.

Der Tod ist die Ruhe, aber der Gedanke
an den Tod ist der Störer jeglicher Ruhe.
Cesare Pavese

Mit dem Tod umzugehen ist
die Schule des Glaubens.
Martin Luther

Der Tod geht zwei Schritte hinter dir.
Nutze den Vorsprung und lebe.
Werner Mitsch, Hin- und Widersprüche

Alle weltlichen Dinge sind nur ein Traum
im Frühling. Betrachte den Tod als Heimkehr.
Konfuzius

Jeder Augenblick im Leben
ist ein Schritt zum Tode hin.
Pierre Corneille, Titus und Berenice

Der Mensch soll um der Güte
und Liebe willen dem Tode
keine Herrschaft einräumen
über seine Gedanken.
Thomas Mann, Der Zauberberg

Über das Sterben

Man stirbt nicht an einer bestimmten Krankheit,
man stirbt an einem ganzen Leben.
Charles Péguy

Sterben kann gar nicht so schwer sein.
Bisher hat es noch jeder geschafft.
Norman Mailer

Wem es bestimmt war, geboren zu werden,
dem ist es auch bestimmt, zu sterben.

fernöstliche Weisheit

Ihr glaubt, eine Beerdigung zu besuchen,
aber in Wirklichkeit kommt ihr zu einer Geburt.

Jostein Gaarder, Maya oder Das Wunder des Lebens

Sterben ist das Auslöschen der Lampe
im Morgenlicht, nicht das Auslöschen der Sonne.

Rabindranath Tagore, Eine Anthologie

Ist der Tod das Ende?

Das Leben kann als ein Traum angesehen
werden und der Tod als Erwachen.

Arthur Schopenhauer, Parerga und Paralipomena

Kein Wesen kann in nichts zerfallen,
das Ewige regt sich in allen.

Johann Wolfgang von Goethe, Vermächtnis

Wie wir mitten im Leben vom Tod umfangen sind,
so müsst ihr jetzt auch ganz fest überzeugt sein,
dass wir mitten im Tod vom Leben umfangen sind.

Johannes Calvin

Wenn dir jemand erzählt, dass die Seele
mit dem Körper vergeht und dass das,
was einmal tot ist, niemals wiederkommt,
so sag ihm: Die Blume geht zugrunde,
aber der Samen bleibt zurück und liegt vor uns,
geheimnisvoll wie die Ewigkeit des Lebens.

Khalil Gibran

Unsterblich werden – unsterblich sein

Teile dein Wissen. Das ist ein Weg,
Unsterblichkeit zu erlangen.

Tenzin Gyatso, XIV. Dalai-Lama

Kinder sind eine Art Lebensversicherung –

die einzige Art der Unsterblichkeit,

derer wir sicher sein können.

Sir Peter Ustinov

Wir sind sterblich, wo wir lieblos sind;
unsterblich, wo wir lieben.

Karl Jaspers

Der Tod ist der Beginn der Unsterblichkeit.

Maximilien de Robespierre

Trauer und Trauern

Wenn uns etwas fortgenommen wird,
womit wir tief und wunderbar zusammenhängen,
so ist viel von uns selbst mit fortgenommen.

Rainer Maria Rilke

Die Trauer eines Menschen lässt sich besser aus
seinen Tränen erschließen als aus seinen Worten.

Lü Bu We, Frühling und Herbst des Lü Bu We

Manchmal denke ich, das Lachen ist ein Nomade,
sesshaft ist nur die Trauer.

Rafik Schami

Das Schwerste auf der Welt ist ein schweres Herz.
Johann Wolfgang von Goethe

Nichts zeigt uns so sehr, woran wir hängen,
wie die Trauer darüber, es verloren zu haben.
Peter Amendt, Wenn das Leben uns lehrt

Weinen kann ich nicht,
aber mein Herz blutet.
William Shakespeare, Das Wintermärchen

Von Zuspruch und Trost

Trösten ist eine Kunst des Herzens.
Sie besteht oft nur darin, liebevoll zu schweigen
und schweigend mitzuleiden.
Otto von Leixner

Die Menschen, denen wir eine Stütze sind,
geben uns den Halt im Leben.
Marie von Ebner-Eschenbach, Aphorismen

Kein besseres Heilmittel gibt es im Leid,
als eines edlen Freundes Zuspruch.
Euripides

Der Trost der Welt besteht darin, dass es keine
unaufhörlichen Leiden gibt. Ein Schmerz geht,
eine Freude entsteht, sie halten sich die Waage.
Albert Camus

Der Glaube tröstet, wo die Liebe weint.
Nichts tut der Seele besser, als jemandem
seine Traurigkeit abzunehmen.
Paul Verlaine

Tröstende Worte
in Zeiten der Trauer

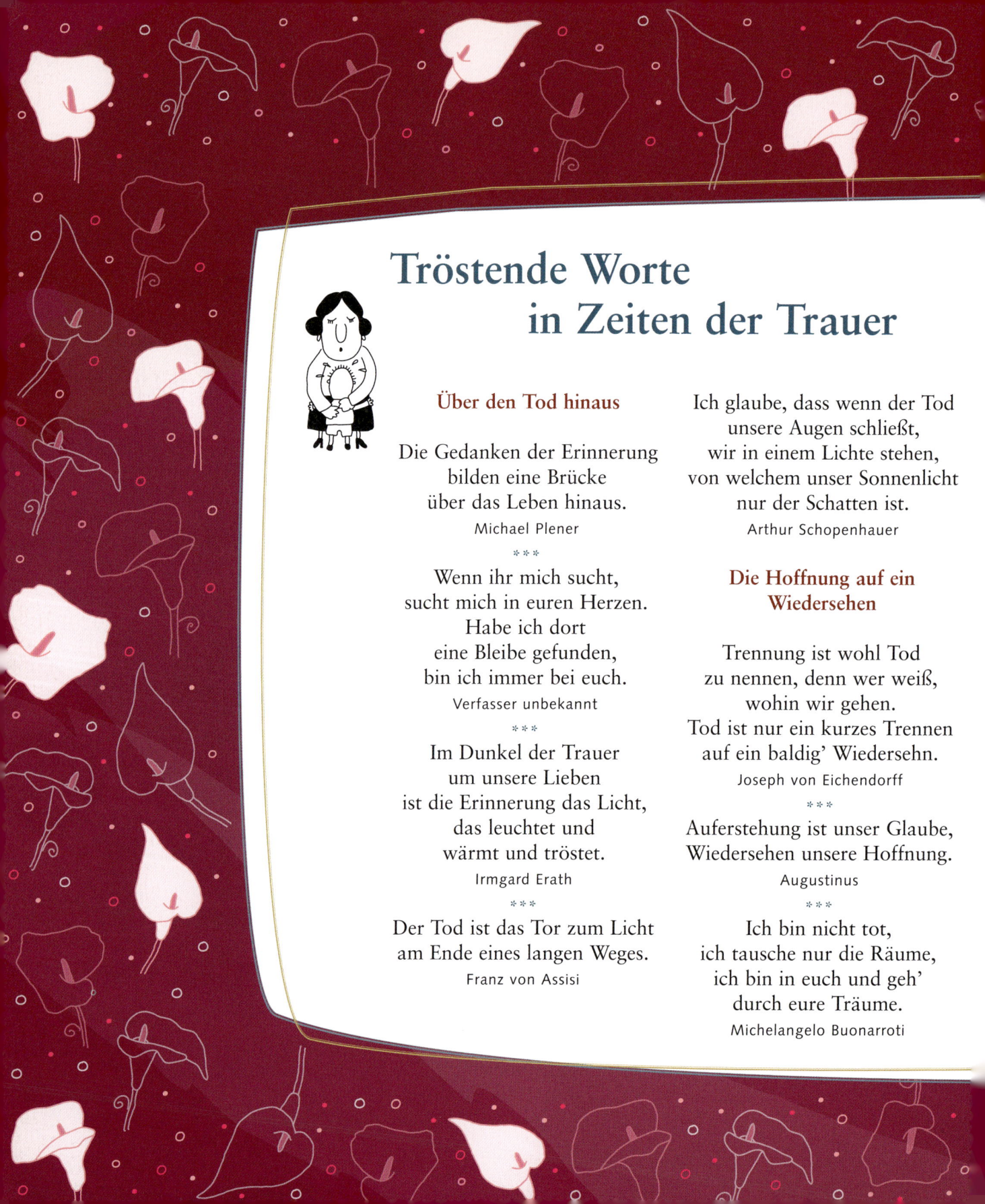

Über den Tod hinaus

Die Gedanken der Erinnerung
bilden eine Brücke
über das Leben hinaus.

Michael Plener

* * *

Wenn ihr mich sucht,
sucht mich in euren Herzen.
Habe ich dort
eine Bleibe gefunden,
bin ich immer bei euch.

Verfasser unbekannt

* * *

Im Dunkel der Trauer
um unsere Lieben
ist die Erinnerung das Licht,
das leuchtet und
wärmt und tröstet.

Irmgard Erath

* * *

Der Tod ist das Tor zum Licht
am Ende eines langen Weges.

Franz von Assisi

Ich glaube, dass wenn der Tod
unsere Augen schließt,
wir in einem Lichte stehen,
von welchem unser Sonnenlicht
nur der Schatten ist.

Arthur Schopenhauer

Die Hoffnung auf ein Wiedersehen

Trennung ist wohl Tod
zu nennen, denn wer weiß,
wohin wir gehen.
Tod ist nur ein kurzes Trennen
auf ein baldig' Wiedersehn.

Joseph von Eichendorff

* * *

Auferstehung ist unser Glaube,
Wiedersehen unsere Hoffnung.

Augustinus

* * *

Ich bin nicht tot,
ich tausche nur die Räume,
ich bin in euch und geh'
durch eure Träume.

Michelangelo Buonarroti

Erfülltes Leben

Schöne Tage –
nicht weinen,
dass sie vergangen,
sondern lächeln,
dass sie gewesen.

Rabindranath Tagore

* * *

So wie ein gut erfüllter Tag
uns sanft schlafen lässt,
so führt ein gut erfülltes Leben
zu einem sanften Tod.

Leonardo da Vinci

* * *

Ist es so wenig,
die Sonne genossen zu haben,
im Frühling unbeschwert
gelebt zu haben,
geliebt, gedacht,
getan zu haben?

Matthew Arnold

* * *

Nicht von Jahren und
Tagen hängt es ab,
ob wir genug gelebt haben,
sondern von der
inneren Einstellung.

Seneca d. J.

Was immer bleiben wird

Das einzig Wichtige
im Leben sind
die Spuren der Liebe,
die wir hinterlassen,
wenn wir weggehen.

Albert Schweitzer

* * *

Ein guter, edler Mensch,
der mit uns gelebt, kann uns
nicht genommen werden;
er lässt eine Spur zurück
gleich jenen erloschenen
Sternen, deren Bild
nach Jahrhunderten
die Erdbewohner sehen.

Thomas Carlyle

* * *

Die Wurzel der Liebe
ist in der Ewigkeit.

Annie Besant

* * *

Nur durch die Hoffnung
bleibt alles bereit,
immer wieder
neu zu beginnen.

Charles Péguy

Von guten Mächten wunderbar geborgen …

Dietrich Bonhoeffer

Die Zeilen zu dem wohl populärsten geistlichen Lied des 20. Jh. schrieb der evangelische Theologe und Widerstandskämpfer Dietrich Bonhoeffer 1944 aus seiner Zelle im Berliner Gestapo-Gefängnis. Als Weihnachtsgruß legte er den Text dem letzten Brief an seine Verlobte bei – wenig später wurde er von den Nationalsozialisten hingerichtet. Trotz aller Unsicherheit und Zweifel über die Zukunft strahlen die Briefe Bonhoeffers Hoffnung und Lebensfreude aus. Die Kraft dafür schöpfte der überzeugte Nazigegner aus seinem Glauben. 1970 komponierte Siegfried Fietz zu Bonhoeffers Gedicht eine Melodie.

Die Hoffnung bleibt

Hoffnung ist nicht die Überzeugung, dass etwas gut ausgeht, sondern die Gewissheit, dass etwas Sinn hat, wie es ausgeht.
Václav Havel

Hoffnung ist die einzige Biene, die Honig ohne Blumen herzustellen vermag.
Robert Green Ingersoll

Irgendeine Hoffnung muss der Mensch haben, soll er nicht verdorren und verwelken.
Paul Busson, Die Wiedergeburt des Melchior Dronte

Die Hoffnung hilft uns leben.
Johann Wolfgang von Goethe, an Charlotte von Stein, 9. April 1882

Neuen Lebensmut finden

Alles, was ich über das Leben gelernt habe, kann ich in drei Worte fassen: Es geht weiter.
Robert Frost

Gott verlangt nichts von einem Menschen, ohne ihm zugleich die Kraft dafür zu geben.
Edith Stein

Fasst frischen Mut!
So lang ist keine Nacht, dass endlich nicht der helle Morgen lacht.
William Shakespeare, Macbeth

Die Liebe macht, dass man mutig sein kann.
Mutter Teresa

Unsere Erde – unsere Zukunft

Frieden, Freiheit, Verantwortung –
nur im Licht dieser Ideen können
wir unsere Welt bewahren und
richtig handeln. Denn die Erde ist
die Zukunft unserer Kinder.

Die Schönheit der Welt

Schön ist eigentlich alles,
was man mit Liebe betrachtet.
Je mehr jemand die Welt liebt,
desto schöner wird er sie finden.

Christian Morgenstern, Stufen

Die schönsten Dinge auf der Welt
sind die nutzlosesten;
zum Beispiel Pfauen und Lilien.

John Ruskin

Es gibt Gegenden in der Welt,
die so schön sind, dass man sie
an sein Herz pressen möchte.

Gustave Flaubert

Die Welt ist so schön bei allem Graus
und wäre noch schöner, wenn es keine
Schwächlinge und Feiglinge auf ihr gäbe.

Rosa Luxemburg, an Mathilde Wurm, 28. Dezember 1916

Betrachtet das Erwachen des Frühlings und
das Erscheinen der Morgenröte! Die Schönheit
offenbart sich denjenigen, die betrachten.

Khalil Gibran

Die meisten Menschen wissen gar nicht,
wie schön die Welt ist und wie viel Pracht
in den kleinsten Dingen, in einer Blume,
einem Stein, einer Baumrinde oder
einem Birkenblatt sich offenbart.

Rainer Maria Rilke

Mensch, Welt und Universum

Mich erstaunen die Menschen,
die das Universum begreifen wollen,
wo es doch schon schwierig genug ist,
sich in Chinatown zurechtzufinden.

Woody Allen

Wenn ich mich im Zusammenhang
des Universums betrachte,
was bin ich?

Ludwig van Beethoven, Brief an die „Unsterbliche Geliebte", 6. Juli 1801

Das Universum ist vollkommen.
Es kann nicht verbessert werden.
Wer es verändern will, verdirbt es.
Wer es besitzen will, verliert es.

Laotse, Jenseits des Nennbaren. Sinnsprüche von Laotse

Das Unverständlichste am Universum
ist im Grunde, dass man es verstehen kann.

Albert Einstein, zitiert nach Antonina Valentin: Einstein: A Biography

Und sie bewegt sich doch.

Abbé Trailh

1632 hatte Galileo Galilei (1564–1642) ein Werk veröffentlicht, in dem er sich für die kopernikanische Lehre aussprach, die die Sonne als Mittelpunkt der Welt ansieht. Auf kirchlichen Befehl wurde das Buch verboten und Galilei 1633 vor die Inquisition zitiert. Galilei soll beim Verlassen des Gerichts, nachdem er dem kopernikanischen Weltbild öffentlich hatte abschwören müssen, trotzig „… und sie (die Erde) bewegt sich doch" gemurmelt haben. Diese Worte gehen tatsächlich aber auf Abbé Trailh zurück, der sie 128 Jahre später zur Zeit der Aufklärung Galileo Galilei nachträglich in den Mund legte.

Zwei Dinge sind unendlich: das Universum und die menschliche Dummheit. Aber beim Universum bin ich mir nicht ganz sicher.

Albert Einstein

Das Universum ist ein Gedanke Gottes.

Friedrich Schiller, Philosophische Briefe: Theosophie des Julius

Geheimnisse der Natur

Die Natur macht nichts vergeblich.

Aristoteles

Keine Wirkung in der Natur ist ohne Vernunftgrund. Erkenne den Vernunftgrund, und du bedarfst nicht des Experiments.

Leonardo da Vinci, Tagebücher und Aufzeichnungen

Die Natur beginnt immer von Neuem mit den gleichen Dingen: den Jahren, den Tagen, den Stunden.

Blaise Pascal, Pensées

Wer die Natur betrachtet, wird vom Geheimnis des Lebens gefangen genommen.

Albert Schweitzer

Ahme den Gang der Natur nach. Ihr Geheimnis ist Geduld.

Ralph Waldo Emerson

Blumen sind die schönen
Worte und Hieroglyphen
der Natur, mit denen sie uns
andeutet, wie lieb sie uns hat.

Johann Wolfgang von Goethe

Wir sind so gern
in der freien Natur,
weil diese keine
Meinung über uns hat.

Friedrich Nietzsche,
Menschliches,
Allzumenschliches

Blumen sind
das Lächeln der Natur.
Es geht auch ohne sie,
aber nicht so gut.

Max Reger

Fange bei dir an!

In der Abtei von Westminster steht auf einem Bischofsgrab: „Als ich jung war, wollte ich die Welt ändern. Als ich älter wurde, sah ich, dass sich die Welt nicht ändern würde. Ich beschloss, mein Land zu ändern. Auch das schien nicht möglich. Als ich alt wurde, versuchte ich die, die mir am nächsten standen, zu ändern. Doch sie ließen es nicht zu. Jetzt, da ich sterbe, wird mir klar: Hätte ich mich selbst zuerst geändert, hätte ich meine Familie durch mein Vorbild geändert. Durch ihre Ermutigung hätte ich mein Land und vielleicht die Welt verbessert."

Wie wir mit unserer Umwelt umgehen

Wir gehen mit dieser Welt um, als hätten wir noch eine zweite im Kofferraum.

Jane Fonda

Die Erde schenkt uns mehr Selbsterkenntnis als alle Bücher, weil sie uns Widerstand leistet. Und nur im Kampf findet der Mensch zu sich selber.

Antoine de Saint-Exupéry, Wind, Sand und Sterne

Der Mensch erfand die Atombombe, doch keine Maus der Welt würde eine Mausefalle konstruieren.

Albert Einstein

Wir haben uns die Erde nicht unterworfen. Wir haben ihr nur tiefe Wunden geschlagen.

Johannes Mario Simmel

Kein Mensch, wenn er die Welt sieht, die sie ihm hinterlassen, versteht seine Eltern.

Max Frisch, Andorra

Höchste Zeit zum Handeln!

Während wir Philosophen noch streiten, ob die Welt überhaupt existiert, geht um uns herum die Natur zugrunde.

Sir Karl R. Popper

Die Welt ist ein schöner Ort und wert, dass man um sie kämpft.

Ernest Hemingway, Wem die Stunde schlägt

Meine Generation weiß, dass sie die Welt
nicht neu erbauen wird. Aber vielleicht fällt ihr
eine noch größere Aufgabe zu. Sie besteht darin,
den Zerfall der Welt zu verhindern.

Albert Camus

Es ist nicht genug, zu wissen,
man muss auch anwenden. Es ist nicht genug,
zu wollen, man muss auch tun.

Johann Wolfgang von Goethe, Wilhelm Meisters Wanderjahre

Die Welt wird nicht bedroht von den Menschen,
die böse sind, sondern von denen,
die das Böse zulassen.

Albert Einstein

Handle, ehe es da ist,

lenke es, ehe es wirr wird.

Laotse

Wir sind nicht nur verantwortlich für das, was
wir tun, sondern auch für das, was wir nicht tun.

Molière

Kein Problem wird gelöst, wenn wir träge darauf
warten, dass Gott allein sich darum kümmert.

Martin Luther King

An allem Unfug, der passiert, sind nicht etwa
nur die Schuld, die ihn tun, sondern auch die,
die ihn nicht verhindern.

Erich Kästner

Die Zukunft gehört denen, die bereit sind,
in der Gegenwart zu handeln!

Sebastian Esterle

Man muss etwas machen,
um selbst keine Schuld zu haben.
Dazu brauchen wir einen
harten Geist und ein weiches Herz.
Wir haben alle unsere Maßstäbe in uns selbst,
nur suchen wir sie zu wenig.

Sophie Scholl, zitiert in Hermann Vinke:
Das kurze Leben der Sophie Scholl

Suche keinen Schuldigen. Schaffe Abhilfe.

Henry Ford

Wer eine Not erblickt und wartet,
bis er um Hilfe gebeten wird, ist ebenso schlecht,
als ob er sie verweigert hätte.

Dante Alighieri

Das, was einmal geschah, kann niemand
ungeschehen machen. Aber kümmere dich
sorglich um das, was noch kommt.

Theognis von Megara

Verantwortung übernehmen

Freiheit bedeutet Verantwortlichkeit;
das ist der Grund, warum sich die meisten
Menschen vor ihr fürchten.

George Bernard Shaw

Und wenn wir sagen, dass der Mensch
für sich selber verantwortlich ist, so wollen wir
nicht sagen, dass der Mensch gerade eben nur
für seine Individualität verantwortlich ist, sondern
dass er verantwortlich ist für alle Menschen.

Jean-Paul Sartre, Ist der Existentialismus ein Humanismus?

Der Weg zum Ziel beginnt an dem Tag,
an dem du die hundertprozentige Verantwortung
für dein Tun übernimmst.

Dante Alighieri

Sobald wir nämlich die persönliche Verantwortung
übernehmen für alles, was geschieht, wird uns
auch klar, dass wir eine individuelle Welt und
eine schöne Welt aufbauen können.

Anaïs Nin

Was alle angeht, können nur alle lösen.

Friedrich Dürrenmatt, 21 Punkte zu den Physikern

Ich beschäftige mich nicht mit dem,
was getan worden ist. Mich interessiert,
was getan werden muss.

Marie Curie

Manchmal muss man etwas tun,
weil man sonst kein Mensch ist,
sondern nur ein Häuflein Dreck.

Astrid Lindgren, Die Brüder Löwenherz

Man kann nicht seine Verantwortung für andere
wahrnehmen und dabei schuldlos bleiben wollen.

Dietrich Bonhoeffer

Die Verantwortung für sich selbst
ist die Wurzel jeder Verantwortung.

Mong Dsi

Jeder Einzelne soll sich sagen: Für mich ist die Welt
geschaffen, darum bin ich mitverantwortlich.

Talmud

Niemand beging einen größeren Fehler als jener,
der nichts tat, weil er nur wenig tun konnte.
Edmund Burke

Es bleibt einem jeden immer noch so viel Kraft,
das auszuführen, wovon er überzeugt ist.
Johann Wolfgang von Goethe, Maximen und Reflexionen

Der eine wartet, dass die Zeit sich wandelt.
Der andere packt sie an und handelt.
Dante Alighieri

Jeder Tag hat zwei Henkel. Wir können ihn
entweder an dem der Zaghaftigkeit anpacken
oder an dem der Zuversicht.
Dwight David Eisenhower

Es gibt nichts Gutes, außer man tut es

Meine Aufgabe ist es nicht, anderen objektiv
das Beste zu geben, sondern das Meine
so rein und aufrichtig wie möglich.
Hermann Hesse

Alles Gute auf der Welt geschieht nur, wenn
einer mehr tut, als er tun muss. Das Gute, das ich
nicht tue, kann niemand für mich tun.
Hermann Gmeiner

Das Gute – dieser Satz steht fest –
ist stets das Böse, was man lässt.
Wilhelm Busch, Die fromme Helene

Das wahrhaft Gute, selbst wenn wir es
im Verborgenen tun, zieht seine Kreise,
wie wenn wir einen Stein ins Wasser werfen.

Robert Lerch

Was ein Mensch an Gutem in die Welt hinausgibt,
geht nicht verloren.

Albert Schweitzer

Es ist sinnlos zu sagen: Wir tun unser Bestes. Es
muss dir gelingen, das zu tun, was erforderlich ist.

Sir Winston Churchill

Man soll nie etwas Gutes, sei es noch so klein,
aufschieben in der Hoffnung, in der Zukunft
Größeres tun zu können.

Ignatius von Loyola

Die guten Taten retten die Welt.

Bjørnstjerne Bjørnson

Über die Macht

Je höher der Mensch steht, umso stärkere
Schranken hat er nötig, welche die Willkür
seines Wesens bändigen.

Gustav Freytag

Gegen organisierte Macht gibt es nur
organisierte Macht; ich sehe kein anderes Mittel,
so sehr ich es auch bedaure.

Albert Einstein, Brief an einen Studenten, 14. Juli 1941

Der hat die Macht, an den die Menge glaubt.

Ernst Raupach, Die Hohenstaufen

**ALBERT SCHWEITZER
(1875–1965)**

Der evangelische Theologe,
Orgelkünstler, Philosoph und
Arzt widmete sein Leben der
Krankenpflege in Afrika und
Europa. Seine Berufung war es,
Gutes zu tun. So setzte
Schweitzer 1913 sein Vorhaben
in die Tat um und gründete in
Französisch-Äquatorialafrika
(heute Gabun) das Urwald-
hospital Lambaréné. Sein karitati-
ves Wirken zog weite Kreise:
Ende des Zweiten Weltkriegs
entstanden in der Schweiz,
Österreich und Deutschland
zahlreiche Dörfer für verwaiste
Kinder und Jugendliche. 1952
erhielt er den Friedensnobelpreis.

Da man Macht haben muss, um das Gute
durchzusetzen, setzt man zunächst
das Schlechte durch, um Macht zu gewinnen.

Ludwig Marcuse, Argumente und Rezepte

Nicht deshalb ist Macht dem Menschen gegeben,
damit er den Schwachen bedrücke, sondern damit
er ihn stütze und ihm helfe.

John Ruskin

Vom Krieg

Ich denke daran, wie leicht man alles
unnötig zerstören kann.

Astrid Lindgren, Ronja Räubertochter

Der klügste General ist derjenige,
der es nie zum Krieg kommen lässt.

Sun Tzu

Merkt euch eins:
Lieber ein mittelmäßiger Frieden
als ein glorreicher Krieg!

Kaiserin Maria Theresia

Jeder Krieg ist eine Niederlage.
Denn Krieg vernichtet Leben.

Kurt Tucholsky

Keinem vernünftigen Menschen wird es einfallen,
Tintenflecken mit Tinte, Ölflecken mit Öl
wegwaschen zu wollen. Nur Blut soll immer
wieder mit Blut abgewaschen werden.

Bertha von Suttner, Die Waffen nieder!

Der Krieg spielt sich immer so ab,
als wäre die Menschheit auf
den Begriff der Gerechtigkeit
noch überhaupt nie gekommen.

Elias Canetti, Die Provinz des Menschen

Der Krieg ist die Fortsetzung
der Politik mit anderen Mitteln.

Carl von Clausewitz, Vom Kriege I

Jeder Krieg ist eine Niederlage
des menschlichen Geistes.

Henry Miller

Jeder Krieg wird unter den
nichtigsten Vorwänden begonnen, aus
guten Gründen weitergeführt und mit den
verlogensten Ausreden beschlossen.

Arthur Schnitzler, Buch der Sprüche und Bedenken

Es gab nie einen guten Krieg
oder einen schlechten Frieden.

Benjamin Franklin, Letter to Josiah Quincy, 1783

Wann Krieg beginnt,
das kann man wissen,
aber wann beginnt der Vorkrieg?

Christa Wolf, Kassandra

Man kann einen Krieg beginnen,
aber niemals beenden,
wenn man will.

Niccolò Machiavelli

Der Krieg ist der Winterschlaf der Kultur.

Friedrich Nietzsche

>> **Stell dir vor,
es ist Krieg, und
keiner geht hin.**

Carl Sandburg

Anfang der 1980er Jahre, als
die Friedensbewegung gegen
den Nato-Doppelbeschluss auf
die Straße ging, wurde dieser
Slogan populär und war auf
Karten, Aufklebern und Graffitis
zu lesen. Oft schrieb man die
Zeilen Bertolt Brecht zu. Sie
stammen jedoch aus dem
1936 erschienenen Buch „The
People, Yes" des Amerikaners
Carl Sandberg. Darin will ein
Mädchen wissen, was Soldaten
sind, und sagt dann: „Einmal
wird es einen Krieg geben, und
niemand wird hinkommen."
(„Sometimes they'll give a war
and nobody will come."). «

Des Löwen Anteil von Äsop

Löwe, Esel und Fuchs schlossen einen Bund und gingen
zusammen auf die Jagd. Als sie nun reichlich Beute gemacht
hatten, befahl der Löwe dem Esel, diese unter ihnen
zu verteilen. Der machte drei gleiche Teile und forderte
den Löwen auf, sich selbst einen davon zu wählen.
Da aber wurde der Löwe wild, zerriss den Esel und
befahl nun dem Fuchs zu teilen. Der nun schob fast
die ganze Beute auf einen großen Haufen
zusammen und ließ für sich selbst nur
ein paar kleine Stücke über.
Da schmunzelte der Löwe:
„Ei, mein Bester, wer hat
dich so richtig teilen
gelehrt?"

Was Frieden bedeutet

Wirklicher Friede bedeutet auch wirtschaftliche
Entwicklung und soziale Gerechtigkeit,
bedeutet Schutz der Umwelt, bedeutet Demokratie,
Vielfalt und Würde und vieles, vieles mehr.

Kofi Annan, Global Marshall Plan

Freude ist die Tochter des Friedens.

finnisches Sprichwort

Frieden wird nicht zwischen Freunden,
sondern zwischen Feinden geschlossen.

Yitzhak Rabin

Wenn die Macht der Liebe die Liebe zur Macht
übersteigt, erst dann wird die Welt endlich wissen,
was Frieden heißt.

Jimi Hendrix

Wege zum Frieden

Bewahre erst den Frieden mit dir selbst,
dann kannst du auch anderen Menschen
Frieden bringen.

Thomas von Kempen

Alle denken nur darüber nach, wie man
die Menschheit ändern könnte, doch
niemand denkt daran, sich selbst zu ändern!

Leo Tolstoi

Der Weg des Friedens ist der Weg der Wahrheit.

Mahatma Gandhi

**MAHATMA GANDHI
(1869–1948)**

Zeit seines Lebens setzte sich der indische Rechtsanwalt für die Rechte Benachteiligter ein. Der Pazifist und politische sowie geistige Führer der indischen Unabhängigkeitsbewegung gilt bis heute als Vorbild für den gewaltlosen Widerstand. Durch seinen beharrlichen, stets friedlichen Widerstand führte er 1947 das Ende der britischen Kolonialherrschaft über Indien herbei. Am 30. Januar 1948 wurde er von einem Fanatiker erschossen.

Wir müssen der Wandel sein, den wir
in der Welt zu sehen wünschen.
Mahatma Gandhi

Die Pioniere einer Welt ohne Kriege sind
die Jugendlichen, die den Kriegsdienst ablehnen.
Albert Einstein

Nur wenn wir teilen,
haben wir den Frieden auf der Welt.
Den Frieden lernen,
das ist nichts weiter, als teilen lernen.
Hermann Gmeiner

Es gibt keinen Weg zum Frieden.
Frieden ist der Weg.
Mahatma Gandhi

Frieden kannst du nur haben, wenn du ihn gibst.
Marie von Ebner-Eschenbach, Aphorismen

Von der Freiheit

Wer sagt: Hier herrscht Freiheit,
der lügt, denn Freiheit herrscht nicht.
Erich Fried

Die Freiheit wird einem nicht gegeben,
man muss sie nehmen.
Meret Oppenheim, Dankesrede von Meret Oppenheim anlässlich der
Preisverleihung des Kunstpreises der Stadt Basel, 1975

Freiheit wird nie geschenkt,
immer nur gewonnen.
Heinrich Böll

Der Mensch ist frei geboren,
und dennoch ist er überall in Ketten.

Jean-Jacques Rousseau, Der Gesellschaftsvertrag

Das ist der Weisheit letzter Schluss:
Nur der verdient sich Freiheit wie das Leben,
der täglich sie erobern muss.

Johann Wolfgang von Goethe, Faust II

Frieden und Freiheit können

nur dann unter uns sein,

wenn jeder jeden zufrieden und frei sein lässt.

Robert Walser

Die Freiheit besteht in erster Linie nicht
aus Privilegien, sondern aus Pflichten.

Albert Camus, Fragen der Zeit

Freiheit ist ein Gut,
das durch Gebrauch wächst,
durch Nichtgebrauch dahinschwindet.

Carl Friedrich von Weizsäcker

Von der Toleranz

Ignorieren ist noch keine Toleranz.

Theodor Fontane

Toleranz sollte eigentlich nur eine
vorübergehende Gesinnung sein;
sie muss zur Anerkennung führen.
Dulden heißt beleidigen.

Johann Wolfgang von Goethe, Maximen und Reflexionen

Echte Toleranz beruht nicht auf Schwäche,
sondern auf verständnisvoller Liebe.
Verfasser unbekannt

Toleranz ist die schönste Gabe der Menschlichkeit.
Wir sind alle voller Schwächen und Irrtümer;
vergeben wir uns also gegenseitig unsere Torheiten.
Das ist das erste Gebot der Natur.
Voltaire, Philosophisches Wörterbuch

Toleranz ist vor allem die Erkenntnis,
dass es keinen Sinn hat, sich aufzuregen.
Ambrose Bierce, Des Teufels Wörterbuch

Dreierlei ist wichtig im Leben: Erstens: Toleranz.
Zweitens: Toleranz. Und drittens: Toleranz.
Henry James

Toleranz ist gut, aber nicht
gegenüber den Intoleranten.
Wilhelm Busch, Aphorismen und Reime, Vergebens predigt Salomo

Aus der Geschichte lernen

Ohne Kenntnis der Geschichte bleibt
die Gegenwart unbegreifbar.
Helmut Schmidt

Die einzige Pflicht, die wir der Geschichte
gegenüber haben, ist, sie umzuschreiben.
Oscar Wilde, Der Kritiker als Künstler

Die Geschichte lehrt die Menschen, dass
die Geschichte die Menschen nichts lehrt.
Mahatma Gandhi

» Jeder muss nach
seiner Fasson
selig werden.

Friedrich II. von Preußen (1712–86)

Am 22. Juni 1740 erhielt der
preußische König eine Anfrage
des Staatsministers, ob die neu
errichteten römisch-katholischen
Schulen wieder abgeschafft
werden sollten. Der „Alte Fritz"
schrieb an den Rand des Schrift-
stücks obige Zeilen und fügte
hinzu, „... keine Religion dürfe
die Ausübung der anderen behin-
dern". Oft benutzt man das
Sprichwort „Jedem das Seine"
als Synonym für Friedrichs Notiz.

Wir sind die informierteste und gleichzeitig
ahnungsloseste Gesellschaft, die je existiert hat.

Peter Turrini

Mein Freund, die Zeiten der Vergangenheit
sind uns ein Buch mit sieben Siegeln.

Johann Wolfgang von Goethe, Faust I

Die Weltgeschichte ist der Fortschritt
im Bewusstsein der Freiheit.

Georg Wilhelm Friedrich Hegel,
Vorlesungen über die Philosophie der Geschichte

Wer die Enge seiner Heimat ermessen will, reise.
Wer die Enge seiner Zeit ermessen will,
studiere Geschichte.

Kurt Tucholsky, Interessieren Sie sich für Kunst?

Wer in der Zukunft lesen will,
muss in der Vergangenheit blättern.

André Malraux

Glücklich das Volk, dessen Geschichte
sich langweilig liest.

Charles-Louis de Montesquieu

Vernunft und Unvernunft

Der Mensch ist vielerlei,
aber vernünftig ist er nicht.

Oscar Wilde, Das Bildnis des Dorian Gray

Helfen und Lieben ist der reifste und vollkommenste
Ausdruck menschlicher Vernunft.

Hermann Gmeiner

Vernunft ist rein und klar, doch aus dem Herzen
steigt der Sturm, der sie verdunkelt.
Christian Dietrich Grabbe

Die vernünftigen Menschen passen sich
der Welt an; die Unvernünftigen versuchen,
sie zu verändern. Deshalb hängt aller Fortschritt
von den Unvernünftigen ab.
George Bernard Shaw

Der einzige Mensch, der sich vernünftig benimmt,
ist mein Schneider. Er nimmt jedes Mal neu Maß,
wenn er mich trifft, während alle anderen immer
die alten Maßstäbe anlegen, in der Meinung,
sie passten auch heute noch.
George Bernard Shaw

Drei Dinge von unschätzbarem Wert hat Gott
unserem Land gegeben: die Freiheit der Rede,
die Freiheit des Glaubens und die Vernunft,
beide nicht in Anspruch zu nehmen.
Mark Twain

Wie geht es weiter?

Es ist nicht eure Aufgabe, die Zukunft
vorherzusagen, sondern sie zu ermöglichen.
Antoine de Saint-Exupéry, Die Stadt in der Wüste

Das Denken der Zukunft muss Kriege
unmöglich machen.
Albert Einstein

Die Investition in Wissen zahlt die besten Zinsen.
Benjamin Franklin

Die Zukunft hat viele Namen:
Für Schwache ist sie das Unerreichbare,
für die Furchtsamen das Unbekannte,
für die Mutigen die Chance.

Victor Hugo

Die Zukunft fängt zu Hause an.

Ursula von der Leyen, Frankfurter Allgemeine Sonntagszeitung,
15. April 2007

Was morgen mit der Welt passiert, hängt
davon ab, was wir heute für unsere Kinder tun.

Frank Sinatra, Rede in Israel, April 1962

Wege, die in die Zukunft führen, liegen nie
als Wege vor uns. Sie werden zu Wegen
erst dadurch, dass man sie geht.

Franz Kafka

Die Welt kann verändert werden.
Zukunft ist kein Schicksal.

Robert Jungk

Nach uns die Sintflut!

Marquise de Pompadour
(1721–64)

„Nach uns die Sintflut!" („Après nous le déluge!"), rief die Marquise de Pompadour, Mätresse Ludwigs XV., angesichts der verlorenen Schlacht bei Rossbach 1757 – ohne zu ahnen, wie berühmt ihr Ausspruch werden würde. Schon im folgenden Jahr zitierte der Abbé de Mably die Worte der Pompadour im 6. Brief seiner „Rechte und Pflichten des Bürgers" („Droits et devoirs du citoyen"): „Die Zukunft beunruhigt sie wenig – nach ihnen die Sintflut." Der Ausspruch entwickelte sich zum geflügelten Wort für eine verantwortungslose Haltung des Menschen der Umwelt und Nachwelt gegenüber.

Wahrheiten aus Fernost

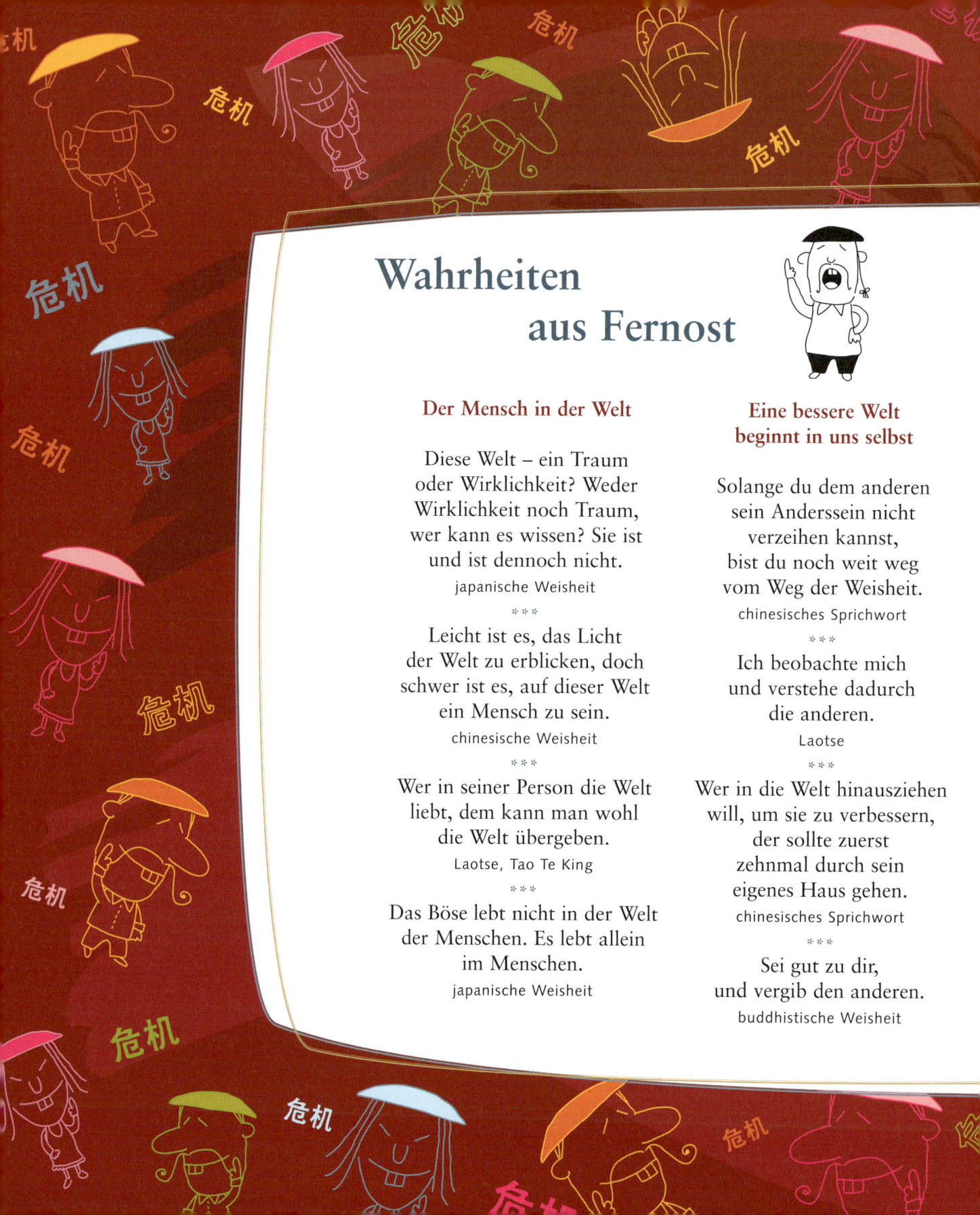

Der Mensch in der Welt

Diese Welt – ein Traum
oder Wirklichkeit? Weder
Wirklichkeit noch Traum,
wer kann es wissen? Sie ist
und ist dennoch nicht.

japanische Weisheit

* * *

Leicht ist es, das Licht
der Welt zu erblicken, doch
schwer ist es, auf dieser Welt
ein Mensch zu sein.

chinesische Weisheit

* * *

Wer in seiner Person die Welt
liebt, dem kann man wohl
die Welt übergeben.

Laotse, Tao Te King

* * *

Das Böse lebt nicht in der Welt
der Menschen. Es lebt allein
im Menschen.

japanische Weisheit

Eine bessere Welt beginnt in uns selbst

Solange du dem anderen
sein Anderssein nicht
verzeihen kannst,
bist du noch weit weg
vom Weg der Weisheit.

chinesisches Sprichwort

* * *

Ich beobachte mich
und verstehe dadurch
die anderen.

Laotse

* * *

Wer in die Welt hinausziehen
will, um sie zu verbessern,
der sollte zuerst
zehnmal durch sein
eigenes Haus gehen.

chinesisches Sprichwort

* * *

Sei gut zu dir,
und vergib den anderen.

buddhistische Weisheit

Die Zeichen
der Zeit erkennen

Wenn der Wind des Wandels
weht, bauen die einen Mauern,
die anderen Windmühlen.

chinesisches Sprichwort

* * *

Ganz gleich, wie
beschwerlich das Gestern war,
stets kannst du im Heute
von Neuem beginnen.

buddhistische Weisheit

* * *

Es gibt dreierlei Wege,
klug zu handeln: Durch
Nachdenken ist der edelste,
durch Nachahmen ist der
einfachste, durch Erfahrung
ist der bitterste.

Konfuzius

* * *

Die Zeit erkennen, das heißt,
die Vergangenheit und die
Gegenwart richtig begreifen.

chinesische Weisheit

* * *

Es gibt nur eine Zeit, in der
es wesentlich ist, aufzuwachen.
Diese Zeit ist jetzt.

buddhistische Weisheit

Was der Mensch achten
und pflegen soll

Gehe mit den Menschen wie
mit Holz um: Um eines wurm-
stichigen Stücks würdest du nie
den ganzen Stamm wegwerfen.

chinesische Weisheit

* * *

Die Jugend ist mit Achtung
zu betrachten; denn wie
kann man wissen, ob
die Künftigen nicht besser als
die Heutigen sein werden?

Konfuzius

* * *

Beobachte, was früher war,
dann weißt du,
was kommen wird.

chinesisches Sprichwort

* * *

Die eine Generation baut
die Straße, auf der die
nächste fährt.

japanische Weisheit

* * *

Schade um der Erde Pracht,
allwo kein empfindsam Herz
dankbar ihr entgegenlacht.

aus Japan

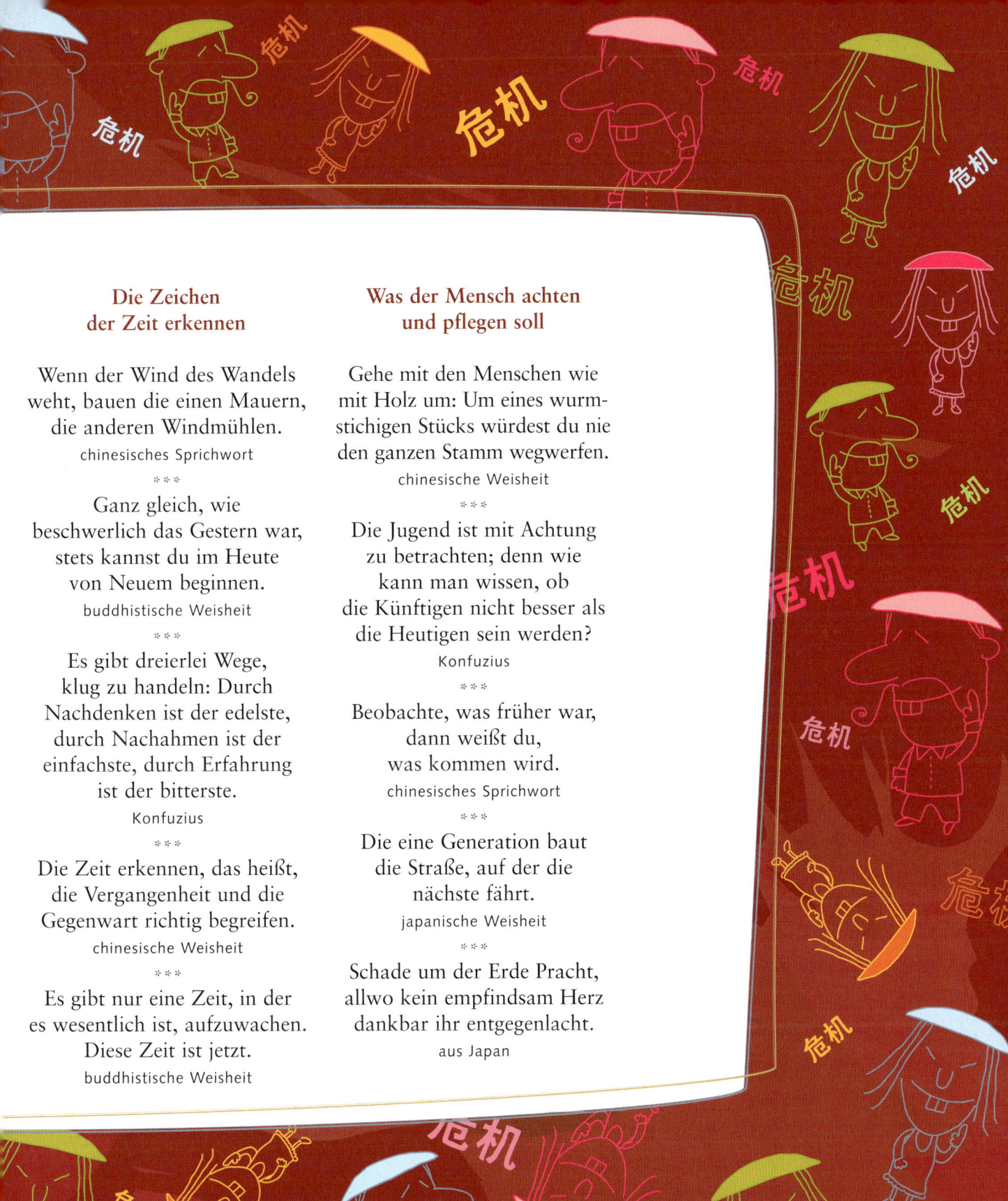

Unsere Zukunft sind die Kinder

Ein Land verliert den Glauben an die
eigene Zukunft, wenn sich seine Bürger
Kinder nicht mehr zutrauen.

Helmut Kohl, focus Nr. 1, 1994

Wir müssen wie die Kinder reden,
wenn wir überleben wollen.
Die Blauäugigen waren es seit je,
die neue Wege fanden, nicht die Verblendeten.

Wolf Biermann

Ich kann nur hoffen, dass die Kinder
die Dummheiten der Erwachsenen überwinden.

Astrid Lindgren, Süddeutsche Zeitung, 14. November 1997

Wo Anmaßung mir wohl gefällt?
An Kindern. Denen gehört die Welt.

Johann Wolfgang von Goethe, Sprichwörtlich

Die Zukunft des Volkes hängt
nicht von der Zahl der Kraftwagen ab,
sondern von der Zahl der Kinderwagen.

Kardinal Josef Frings, in einer Predigt aus den 1960er Jahren

Die Kinder sind die wirklichen
Lehrmeister der Menschheit.

Peter Rosegger

Wenn wir wahren Frieden in der Welt
erlangen wollen, müssen wir
bei den Kindern anfangen.

Mahatma Gandhi

Kinder sind nicht nur freundliche Lichtstrahlen
des Himmels und Gottesgrüße, sondern auch
ernste Fragen aus der Ewigkeit und
schwere Aufgabe für die Zukunft.

Friedrich Daniel Ernst Schleiermacher

Lasst uns unseren Verstand zusammennehmen
und bedenken, welches Leben wir
unseren Kindern hinterlassen können.

Sitting Bull

Was wir den Kindern schuldig sind

Der Mensch schuldet dem Kind das Beste,
was er zu geben hat.

Aus der UNO-Deklaration zum Schutz des Kindes

An den Frieden denken heißt
an die Kinder denken.

Michail Gorbatschow, in einem Brief an Astrid Lindgren

Es gibt keine großen Entdeckungen
und Fortschritte, solange es noch
ein unglückliches Kind auf Erden gibt.

Albert Einstein

Wir haben die Erde nicht
von unseren Eltern geerbt,
sondern von unseren Kindern geliehen.

Wilhelm Busch zugeschrieben

Was Kinder betrifft,
betrifft die Menschheit!

Maria Montessori

Für jeden Anlass einen Spruch

Auf den nachfolgend genannten Doppelseiten finden Sie zu verschiedenen Themen und Situationen die passenden Lebensweisheiten und Zitate:

Personen- und Autorenregister

Kursiv gesetzte Namen verweisen auf Fabeln, Anekdoten und Textkästen mit Informationen zu Autoren und Zitaten.

Schlagwortregister

Kursiv gesetzte Namen verweisen auf Fabeln, Anekdoten und Textkästen mit Informationen zu Autoren und Zitaten.

Abbildungsnachweis

Fotos
15 akg-images. 24 akg-images/Michael Teller. 26 akg-images/
Binder. 37 akg-images/album. 42 akg-images. 47 akg-images/Ingo
Barth. 65 akg-images/album. 66 Corbis/Bettmann. **72, 95, 101,
108, 112, 124:** akg-images. 129 akg-images/Erich Lessing. **134**
akg-images. 140 akg-images/NordicPhotos. **144, 161:** akg-images/
Erich Lessing. **165, 174, 188:** akg-images. 201 akg-images/Jazz
Archiv Hamburg. 212 akg-images/album. **216, 229:** akg-images.
238 akg-images/AP. **241, 251, 266, 270:** akg-images. 280 ullstein
bild/Herrmann. 285 akg-images/album. 299 akg-images/Niklaus
Stauss. **301, 309, 319:** akg-images. 327 akg-images/Erich Lessing.
332 akg-images. 343 akg-images/Isabelle Picarel. **353, 354, 371,
376:** akg-images.

Illustrationen
Einband Vorderseite, Seiten 3, 5, 6, 7, 8, 9, 23, 27, 43, 49, 63,
71, 93, 98, 115, 128, 146, 153, 177, 182, 193, 202, 219, 231,
247, 255, 273, 283, 295, 305, 325, 335, 345, 351, 365, 374:
Heidi Stulle-Gold;
alle übrigen Illustrationen: Marion Burbulla

Wir können dem Leben nicht mehr Tage geben, aber versuchen, den Tagen mehr Leben zu geben. Leben muss man das Leben vorwärts, verstehen kann man es nur rückwärts. Das Leben ist ein Spiel, macht keine größeren Fehler, ohne Verluste zu riskieren. Alles was du sagst, sollte wahr sein. Aber nicht alles, was wahr ist, solltest auch sagen. Verbunden werden auch die Schwachen mächtig. Nie kann der Mensch nicht voll bestehen, daher schließt es sich zusammen mit Partei, weil es da, wenn auch nicht Ruhe, doch Bereit...

Tagen mehr Leben zu geben. Leben muss man das Leben vorwärts, verstehen kann man es nur rückwärts. Das Leben ist ein Spiel, macht keine größeren Fehler, ohne Verluste zu riskieren. Alles Wir können dem Leben nicht mehr Tage geben, aber versuchen, den Tagen mehr Leben zu geben. Leben muss man das Leben vorwärts, verstehen kann man es nur rückwärts. Das Leben ist ein Spiel, macht keine größeren Fehler, ohne Verluste zu riskieren. Alles du sagst, sollte wahr sein. Aber nicht alles, was wahr ist, solltest auch sagen. Verbunden werden auch die Schwachen mächtig. Nie kann der Mensch nicht voll bestehen, daher schließt es sich zusammen mit Partei, weil es da, wenn auch nicht Ruhe, doch Bereit... Tagen mehr Leben zu geben. Leben muss man das Leben vorwärts, verstehen kann man es nur rückwärts. Das Leben ist ein Spiel, macht keine größeren Fehler, ohne Verluste zu riskieren. Alles

Wir können dem Leben nicht mehr Tage geben, aber versuchen, den Tagen mehr Leben zu geben. Leben muss man das Leben vorwärts...